汽车维修技能与技巧点拨丛书

汽车空调系统维修技能与技巧点拨

刘春晖 主编

机械工业出版社

本书结合一线汽车空调系统维修工作实践，以汽车空调维修操作和检测技能为核心，以解决实际问题为主线，详细解答了汽车空调系统维修工作中经常遇到的问题，重点介绍了常见的汽车空调系统维修中的新技术、新诊断设备、新诊断方法以及新维修理念。全书内容包括奔驰车系维修技能与技巧、宝马车系维修技能与技巧、大众车系维修技能与技巧、通用车系维修技能与技巧、丰田车系维修技能与技巧、福特车系维修技能与技巧以及其他车系维修技能与技巧共七个部分。书中内容涉及面广，基本涵盖了汽车空调系统维修工作的方方面面。

本书简明扼要、通俗易懂、易学实用，内容均为汽车空调系统维修所必须掌握的维修技能和故障检测、诊断的基本技巧。

本书主要供汽车维修工、汽车机电维修人员、汽车空调维修工和汽车维修一线管理人员使用，也可供职业院校、技工院校汽车运用与维修、汽车检测与维修技术、汽车电子技术和汽车维修专业的师生学习和参考。

图书在版编目(CIP)数据

汽车空调系统维修技能与技巧点拨/刘春晖主编. —北京：机械工业出版社，2021.3

（汽车维修技能与技巧点拨丛书）

ISBN 978-7-111-67731-4

Ⅰ. ①汽… Ⅱ. ①刘… Ⅲ. ①汽车空调–车辆修理 Ⅳ. ①U472.41

中国版本图书馆 CIP 数据核字（2021）第 042188 号

机械工业出版社（北京市百万庄大街 22 号 邮政编码 100037）

策划编辑：连景岩　　责任编辑：连景岩　徐　霆
责任校对：肖　琳　　封面设计：马精明
责任印制：常天培

北京虎彩文化传播有限公司印刷

2021 年 6 月第 1 版第 1 次印刷
184mm×260mm・15.5 印张・379 千字
0 001—1 900 册
标准书号：ISBN 978-7-111-67731-4
定价：69.90 元

电话服务　　　　　　　　　网络服务

客服电话：010-88361066　　机　工　官　网：www.cmpbook.com
　　　　　010-88379833　　机　工　官　博：weibo.com/cmp1952
　　　　　010-68326294　　金　书　网：www.golden-book.com
封底无防伪标均为盗版　机工教育服务网：www.cmpedu.com

前 言

随着电子技术的快速发展以及人们对汽车舒适性要求的不断提高，汽车空调系统已经成为汽车上的标配，汽车空调向着更舒适、更多功能的自动空调方向发展。目前，空调系统的结构越来越复杂，新技术不断应用于汽车空调系统中，因此其故障变得更加隐蔽难排。

广大维修人员在实际维修过程中渴望掌握一些汽车空调系统相关的维修技能与技巧，以便能更加快捷地诊断故障，达到尽可能短时间修复的目的。本书作者正是基于这样的目的，结合多年的维修工作经验和汽车空调课程教学经验，将汽车空调维修中的常用技能内容展现出来，密切结合汽车空调系统维修一线实际，以使汽车空调系统维修人员快速入门。本书内容全部来自一线的汽车空调系统维修实践操作及检测维修经验，有很强的指导意义，是汽车机电维修人员特别是汽车空调维修工初学入门及日常维修工作难得的学习资料。

本书以汽车空调系统维修技能与技巧知识为重点，联系实际操作过程中经常遇到的一些重点、难点问题，重点强化维修人员对于汽车空调系统的实践操作及检测维修技能，同时采用较多篇幅介绍目前应用于新型车辆的空调方面的新技术、新诊断设备、新诊断方法以及新维修理念，力求做到理论与实践相结合。本书从汽车空调使用与维修的角度出发，介绍了汽车空调系统的结构、使用、检测、维修方面的内容，重在强化维修人员的维修思路和维修操作技能，力求使维修人员在汽车空调维修工作中达到举一反三的目的。

本书由刘春晖主编，参加编写工作的还有尹文荣、方玉娟、王淑芳、刘玉振、吴云、陈明、张薇薇、王学军、张洪梅。

本书在编写过程中参考了大量的汽车维修资料，在此向这些资料的作者及编者深表感谢！由于各种原因不能将广大作者及编者一一注明，在此表示深深的歉意。由于编者水平有限，书中难免有错误和不当之处，恳请广大读者批评指正。

目 录

前 言
第一章 奔驰车系 ··· 1
 第一节 奔驰S级 ·· 1
  一、奔驰S400中央出风口不出风，空调不制冷 ····························· 1
  二、2012款奔驰S400空调不制冷 ··· 2
  三、奔驰S300左右B柱出风口不出风 ·· 6
 第二节 奔驰E级 ·· 7
  一、奔驰E300空调系统中央出风口不出风 ·································· 7
  二、奔驰E260空调系统工作不正常 ··· 9
  三、奔驰E260空调出风口位置不能调节 ···································· 12
  四、奔驰B200空调不制冷 ·· 15
 第三节 奔驰SUV ··· 17
  一、奔驰GLA200空调不制冷，仪表无报警 ······························· 17
  二、2010年奔驰ML350空调压缩机不工作 ································ 21
  三、2012款奔驰GL350空调鼓风机一直工作 ····························· 23
  四、奔驰GLK300右侧出风口制暖时出凉风 ······························ 24
  五、奔驰GLC260空调不制冷，仪表提示蓄电池缺电 ···················· 27
 第四节 奔驰其他车型 ·· 30
  一、2016年奔驰VITO发动机风扇很响 ···································· 30
  二、2005年奔驰唯雅诺空调系统不制冷 ···································· 33
  三、奔驰VIANO空调没有低速档 ··· 37
  四、奔驰V级商务车前排空调无暖风 ······································· 39
  五、奔驰R350空调系统不制冷 ·· 39
第二章 宝马车系 ··· 43
 第一节 宝马轿车 ·· 43
  一、2007年宝马750Li空调制冷功能突然失效 ···························· 43
  二、2002年宝马745Li空调不制冷 ·· 44
  三、2016年宝马730Li空调制冷不正常 ···································· 45
  四、宝马730Li空调制冷效果不好 ·· 47
  五、2011年宝马535i断开点火开关后，空调鼓风机常转 ················ 48

六、2004 款宝马 530Li 空调系统制冷效果差 ·················· 50
七、2012 款宝马 525Li 空调系统异响 ·························· 52
八、2004 年宝马 523Li 空调制冷效果不好 ····················· 53
九、宝马轿车空调有时不出风 ··································· 55
第二节　宝马 SUV ··· 56
一、2010 年宝马 X6 开空调时发动机抖动 ····················· 56
二、2011 年宝马 X5 JBE 控制单元连续损坏 ·················· 57
三、2012 年宝马 X5 空调不制冷 ································ 59
四、2009 年宝马 X5 空调制冷效果差 ··························· 61
五、2010 年宝马 X5 空调不制冷，燃油显示不准确 ·········· 62
六、宝马 X3 车前乘客侧空调无暖风 ··························· 64

第三章　大众车系 ·· 65
第一节　奥迪轿车 ··· 65
一、奥迪 A8 空调不制冷故障 ···································· 65
二、2015 年奥迪 A6L 电子扇高速运转 ························· 66
三、2013 年奥迪 A6L 空调不出风 ······························· 69
四、2012 年奥迪 A6L 中央出风口不出风 ······················· 71
五、2012 款奥迪 A6L 空调突然不制冷且喇叭不响 ··········· 73
六、2011 款奥迪 A6L 空调中部出风口风量异常 ·············· 75
七、2010 年奥迪 A6L 空调不制冷 ······························· 77
八、2009 款奥迪 A6L 空调有时不出风 ························· 78
九、2009 年奥迪 A6L 空调控制器熔丝偶尔熔断 ·············· 80
十、奥迪 A6L 散热器风扇常转，但空调不工作 ··············· 82
十一、2013 年奥迪 A4L 鼓风机不受控制 ······················· 84
十二、奥迪 A4 空调不制冷 ······································· 85
第二节　奥迪 SUV ··· 88
一、奥迪 Q5 空调制冷效果不理想 ······························· 88
二、奥迪 Q3 空调不工作，鼓风机不运转 ······················ 89
第三节　迈腾系列 ··· 92
一、2012 款全新迈腾 PDI 检测时空调不工作 ················· 92
二、2012 款迈腾偶发鼓风机不运转 ····························· 93
三、2011 款迈腾突然出现不制冷 ································ 94
第四节　速腾系列 ··· 96
一、2013 款大众速腾空调制冷性能不佳 ······················· 96
二、2012 款速腾空调不够凉 ····································· 98
三、2011 款速腾出风口不出风 ·································· 99
四、2009 款一汽大众速腾空调偶发性不工作 ················ 100
五、新速腾开空调出风口偶尔出热风 ·························· 102
第五节　高尔夫系列 ·· 104

一、2014年大众高尔夫行驶中空调不制冷 ……………………………………… 104
二、2012款高尔夫A6空调不工作 …………………………………………… 106
第六节 大众CC系列 …………………………………………………………… 108
一、2012款大众CC空调不制冷,出风模式无法调整 ……………………… 108
二、2012款大众CC空调开关灯不亮,空调不工作 ………………………… 110
三、2010年大众CC空调开启一会儿就自动切断 …………………………… 111
第七节 捷达系列 ………………………………………………………………… 112
一、2016年捷达空调不制冷 …………………………………………………… 112
二、2014年捷达空调偶发性不制冷 …………………………………………… 114
三、2014款全新捷达空调系统不工作,电磁离合器不吸合 ………………… 117
四、2011款新捷达空调系统不制冷 …………………………………………… 117
五、2009款捷达行驶中出现空调偶发性不制冷 ……………………………… 118
第八节 大众其他车型 …………………………………………………………… 119
一、2015年上汽大众朗行空调不制冷 ………………………………………… 119
二、2013年途锐空调不制冷 …………………………………………………… 121
三、2011款新宝来空调系统不制冷 …………………………………………… 124
四、2008年帕萨特1.8T空调有时不制冷 …………………………………… 125
五、新桑塔纳空调系统鼓风机不转,前照灯不亮 …………………………… 125

第四章 通用车系 ……………………………………………………………………… 129
第一节 凯迪拉克车系 …………………………………………………………… 129
一、2016年凯迪拉克ATS-L空调不制冷 …………………………………… 129
二、2014年凯迪拉克XTS空调出风口两侧温度不一致 …………………… 132
第二节 别克车系 ………………………………………………………………… 136
一、别克陆尊冷却风扇常转、制冷效果差 …………………………………… 136
二、别克陆尊冷却风扇常转 …………………………………………………… 138
三、别克陆尊后空调鼓风机不运转 …………………………………………… 139
四、2012款别克君越空调制冷效果不良 ……………………………………… 141
五、2008款君威散热风扇常转 ………………………………………………… 144
六、2010年别克林荫大道车内温度无法达到设定要求 ……………………… 145
七、别克英朗空调不制冷 ……………………………………………………… 147
第三节 雪佛兰车系 ……………………………………………………………… 149
一、2013款雪佛兰科鲁兹压缩机不工作,空调不制冷 ……………………… 149
二、2009款雪佛兰科鲁兹鼓风机不工作 ……………………………………… 151
三、雪佛兰景程空调制冷系统不工作 ………………………………………… 152
四、2013款新赛欧压缩机不工作 ……………………………………………… 157
五、2011款科帕奇自动空调系统不工作 ……………………………………… 157

第五章 丰田车系 ……………………………………………………………………… 160
第一节 雷克萨斯系列 …………………………………………………………… 160
一、2015年雷克萨斯ES300h空调无法正常工作 …………………………… 160

二、2011 款雷克萨斯 ES240 空调不能自动切换外循环 …… 163
三、雷克萨斯 GS300 空调制冷效果差 …… 164
四、雷克萨斯 ES240 伺服电机无法正常工作 …… 167
五、2010 款雷克萨斯 RX450h 冷却风扇异常运转 …… 169
第二节　丰田系列 …… 171
一、2009 年广汽丰田汉兰达空调制冷效果差 …… 171
二、丰田锐志空调不制热 …… 172
三、丰田凯美瑞开空调发动机熄火 …… 174
四、2014 款丰田 RAV4 空调系统不制冷 …… 175
五、丰田雅力士空调鼓风机不工作 …… 176

第六章　福特车系 …… 178
第一节　福克斯系列 …… 178
一、2007 款长安福特福克斯空调突然不制冷 …… 178
二、长安福特经典福克斯空调左侧出风口出热风 …… 179
第二节　蒙迪欧系列 …… 181
一、2015 款新蒙迪欧空调和音响系统均不工作 …… 181
二、2015 年新蒙迪欧冷却风扇常转 …… 182
三、2013 年新蒙迪欧空调不制冷 …… 187
第三节　福特其他车型 …… 191
一、福特翼虎空调系统不出风 …… 191
二、福特金牛座空调不制冷 …… 193
三、福特探险者前排乘客侧的出风口温度不受控制 …… 196
四、福特翼搏空调制冷效果差 …… 199
五、福特嘉年华散热风扇频繁高速运转 …… 200

第七章　其他车系 …… 204
第一节　本田车系 …… 204
一、东风本田思铂睿热车时空调制冷效果不良 …… 204
二、本田 CR-V 空调不制冷 …… 206
三、广汽本田奥德赛起停系统不工作 …… 206
四、本田思域空调压缩机和散热风扇不工作 …… 208
第二节　日产/雷诺车系 …… 209
一、2009 年日产皮卡空调不制冷 …… 209
二、东风日产轩逸空调压缩机不工作 …… 211
三、2011 款日产新阳光空调不制冷 …… 213
四、雷诺风朗空调不制冷 …… 215
第三节　斯巴鲁车系 …… 216
一、2010 年斯巴鲁傲虎空调不制冷 …… 216
二、2015 年斯巴鲁傲虎熄火后空调控制面板背景灯常亮 …… 217
第四节　其他品牌车型 …… 220

一、路虎揽胜 L405 空调暖风工作异常 ··· 220
二、保时捷卡宴空调制冷效果差 ··· 223
三、玛莎拉蒂吉博力行驶过程中空调突然失灵 ······································· 224
四、景逸 S50EV 纯电动车空调不工作 ·· 226
五、华晨阁瑞斯空调有时不制冷 ··· 228
六、比亚迪 S6 空调压缩机不工作,空调没有冷风吹出 ···························· 229
七、2013 款东风悦达起亚 K3 空调不制冷 ··· 230
八、江淮瑞风空调系统工作不良 ··· 231
九、荣威 550 空调不制冷 ··· 235

参考文献 ··· 237

第一章

奔驰车系

第一节 奔驰 S 级

一、奔驰 S400 中央出风口不出风，空调不制冷

故障现象 一辆奔驰 S400，底盘型号 222，行驶里程 91432km。驾驶人反映，中央出风口不出风，有时两边出风口也不出风，而且天热时空调不制冷。

故障诊断 出风口调节有时没反应，有时工作又正常。用诊断仪测试有故障码，如图 1-1 ~图 1-3 所示。

N118 - “燃油泵”控制单元（燃油系统控制单元（FSCU）08） - f -

梅赛德斯－奔驰硬件号	000 901 06 01	梅赛德斯－奔驰软件号	000 902 86 19
梅赛德斯－奔驰软件号	000 903 63 02	诊断标识	003307
硬件版本	11/47 000	软件状态	13/24 000
软件状态	13/24 000	引导程序软件版本	11/20 000
硬件供应商	Continental	软件供应商	Continental
软件供应商	Continental	控制单元型号	FSCM_GEN4_Programmstand_x307

故障	文本	状态
P206609	左侧燃油液位传感器存在故障。 存在一个部件故障。	S

S=已存储

图 1-1 故障码 1

N22/1 - 空调（KLA） - f -

梅赛德斯－奔驰硬件号	222 901 84 02	梅赛德斯－奔驰软件号	222 902 22 07
诊断标识	008214	硬件版本	12/25 000
软件状态	13/30 000	引导程序软件版本	13/04 000
硬件供应商	Hella	软件供应商	Hella
控制单元型号	HVAC222_HVAC_Rel_19_1		

故障	文本	状态
P261149	智能气候控制调节阀存在功能故障。 存在一个内部电气故障。	S

2016/02/24 16:23:33	12/2015	WDDUG6FB8EA029147
Copyright 1999 Daimler AG	222.165	第7页，共9页

图 1-2 故障码 2

故障	文本	状态
B119F11	"空调"传感器电源存在功能故障。存在对地短路。	S
B11B907	"左侧A柱"空气风门促动电机存在功能故障。存在一个机械故障。	S
B11BD07	"右侧A柱"空气风门促动电机存在功能故障。存在一个机械故障。	S
B1A8B15	"后排左侧中部出风口"电位计功能故障。存在对正极短路或断路。	S
B218115	LIN总线1的供电存在功能故障。存在对正极短路或断路。	S

S=已存储

图1-3 故障码3

查看故障码，都是已存储的，不是当前的。用诊断仪清除故障码，再检测，有时不会马上有故障，有时有后排左侧中部出风口电位计功能故障，存在对正极短路或断路，是当前的故障，有时又是已存储的故障。以上所述的故障码有时是当前的，有时又没有。故障码乱报，有点像控制单元程序有问题。更换了空调控制单元，故障依旧，怀疑可能是空调控制单元的供电及搭铁线路有接触不良的现象。根据WIS电路图检查空调控制单元的搭铁和供电，都良好，判断问题不在以上方面。于是重新连接诊断仪查看故障码。有后排左侧中部出风口电位计功能故障，存在对正极短路或断路，是当前的故障。于是查阅相关的电路图（图1-4），对后排左侧中部出风口电位计电路进行检查。

用万用表检测R41/9电位计插头的3号针脚与1号针脚的传感器供电，有5V，正常。检查发现2号针脚有5V电压，在拔掉R41/9电位计后信号电压应该不会有5V。经过测量右边R41/6电位计的信号线对比，在拔掉R41/9电位计后信号电压应该在0V左右。于是断开空调控制单元上的插头，测量2号针脚与3号针脚的电阻在0.4Ω左右，判断是信号线与5V供电线路短路。

故障排除 于是拆下右侧脚坑位置的控制单元护板，再进行测量，发现短路现象消失，且多次试车也没有故障现象。怀疑护板下面线路有短路现象，查看护板下面的线束，没有发现有明显的破损。再做多次试车也没有故障现象，为了能不返修，分解了R41/9电位计至空调控制单元的线束，终于在线束中找到了故障点，如图1-5所示。

技巧点拨 有4条线磨破且有互短，这4条线包括：红/白线是电位计的供电线；棕/灰线是R41/9电位计的信号线；2条棕色的线是搭铁线。此组线束铺在护板下面（图1-6），在护板下的固定控制单元的支架是铁支架，造成这4根线束磨破而相互有短路，导致故障现象时有时无，影响了判断思路。回过头来查看之前的故障码，再来分析就觉得比较合理。

二、2012款奔驰S400空调不制冷

故障现象 一辆2012款奔驰S400混合动力车型，配备M272 V6汽油发动机和128V三相电动机。该车空调系统采用高压电动制冷剂压缩机，因空调系统不制冷而进厂维修。

故障诊断 接车后，试车验证故障。接通点火开关起动车辆，打开空调开关，空调开关指示灯随即点亮，同时也能明显听到发动机前方散热风扇发出正常运转的声音，但空调出风口一直吹出自然风，将所有控制温度都调至最低，空调系统不制冷。

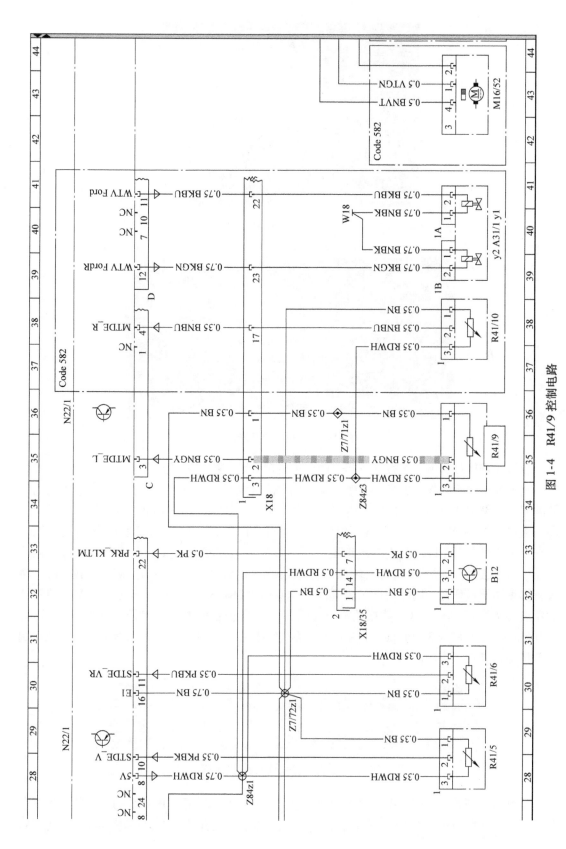

图1-4 R41/9控制电路

图1-5 故障点

图1-6 护板和线束位置

目视检查散热风扇、冷凝器及其表面，未发现有脏物覆盖等异常现象，可以排除系统散热不良导致空调不制冷的可能。连接奔驰专用故障检测仪，读取故障码，空调控制单元内无故障码存储，但在发动机控制单元内存有相关故障码"P06A064—电动制冷压缩机因转矩过高而失灵""P06A016—电动制冷压缩机因转矩过高而失灵"和"P0C3200—混合动力系统存在功能故障"（图1-7）。查看电动制冷剂压缩机的工作状态，其工作状态显示为"制冷剂压缩机已接通"（图1-8），接着查看空调控制单元的数据流，发现当空调开关接通后，将设置温度调至最低时，制冷剂压力值显示为7.0bar（1bar=100kPa），而蒸发器温度传感器的温度显示为32.2℃，这些数据明显不正常。接着再查看电动制冷剂压缩机的实际转速，为0r/min，正常应为3350r/min（图1-9）。从空调控制单元的数据流可以看出，此时电动制冷剂压缩机是不工作的。

编码	文本	状态
P06A064	电动制冷剂压缩机因转矩过高而失灵	已存储的
P06A016	电动制冷剂压缩机因转矩过高而失灵	已存储的
P0C3200	混合动力系统存在功能故障	已存储的

图1-7 故障检测仪读取到的故障码

本着由简到繁的诊断原则，对故障原因进行排查。首先查看高压系统的实际值，发现各高压系统的实际电压均在128V左右，由此可知高压系统正常（图1-10和图1-11），可以将

制冷剂压缩机关闭的原因

控制单元：KLA9

编号	名称	实际值
100	制冷剂压缩机关闭的原因	制冷剂压缩机已接通

图1-8 压缩机的数据流

空调控制系统

控制单元：KLA9

编号	名称	标准值	实际值	单位
022	车内温度		27.5	℃
023	车外温度（已计算）		19.5	℃
003 CAN	车外温度（原始值）		29.5	℃
024	制冷剂压力	[0.0...35.0]	7.0	bar
025	蒸发器传感器		32.2	℃
943	压缩机已为运行准备就绪		是/否	
048	制冷剂压缩机的目标转速		3350	1/min
049	制冷剂压缩机的实际转速		0	1/min
002 CAN	冷却液温度传感器	[-40.0...127.0]	88.0	℃
004 CAN	对部件辅助水泵的要求		关闭/打开	
005 CAN	部件'辅助水泵'状态		关闭/打开	
006 CAN	对部件Y19/1（空调器单向阀）的要求		关闭/打开	
038	A31/1y1（左侧复式阀）		关闭/打开	
039	A31/1y2（右侧复式阀）		关闭/打开	
040	水泵 后座区		关闭/打开	
041	Y67（后座空调制冷剂单向阀）		关闭/打开	

图1-9 空调控制单元数据流

故障范围缩小为高压蓄电池与电动制冷剂压缩机之间的线路或电动制冷剂压缩机本身。

根据相关电路图（图1-12），对高压蓄电池和电动制冷剂压缩机之间的线路进行检查，测量高压蓄电池（N82/2）的端子2与电动制冷剂压缩机（A9/5）的端子2之间的电阻，结果为0.1Ω，正常。测量N82/2的端子1和A9/5的端子1之间的电阻，结果为∞，不正常。由此说明高压蓄电池与电动制冷剂压缩机之间的线路存在故障，维修人员怀疑是该线路上的60A熔丝断了，但是由于此线路无法拆检，因此只能整体更换线束。

故障排除 更换高压蓄电池与电动制冷剂压缩机之间的线束后试车，空调系统制冷功能恢复正常。

> **技巧点拨** 电动制冷剂压缩机为什么不工作呢？空调系统没有制冷剂不足的故障提示信息，导致电动制冷剂压缩机停止运转的可能原因是电动制冷剂压缩机故障和供电故障等。

编号	名称	标准值	实际值	单位
048	高电压蓄电池的充电状态	[28...90]	55	%
042	高电压蓄电池的电压	[117.10...143.-50]	128.81	V
045	高电压蓄电池的电流强度	[-200.00...200.-00]	-0.16	A
041	高压车载电网电压	[48.00...150.00]	128.83	V
040	控制模块的供电电压(总线端30)	[11.0...14.5]	12.9	V
044	端子30c上的电压	[11.0...14.5]	13.5	V
085	接触器状态		关闭	

图 1-10 高压系统数据流

编号	名称	标准值	实际值	单位
031	12V车载电网电压	[8.5...15.5]	13.8	V
032	高压车载电网电压	[48.0...150.0]	128.6	V

图 1-11 车载电网的数据流

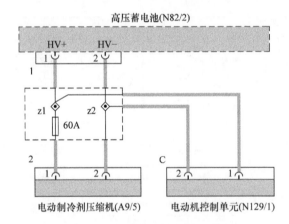

图 1-12 电动制冷剂压缩机电路

三、奔驰 S300 左右 B 柱出风口不出风

故障现象　一辆奔驰 S300，行驶里程 9.6 万 km，发动机型号为 272，变速器型号为 722.6。该车左右 B 柱出风口不出风。

故障诊断　接车后，首先验证故障现象，打开空调鼓风机，出风口调到吹面部状态，左右 B 柱出风口确实不出风。用故障检测仪读取故障码，读得故障码"M16/33—（左侧 B 柱气流分配伺服电动机）LIN 总线通信故障"和"M16/34—（右侧 B 柱气流分配伺服电动机）LIN 总线通信故障"。造成上述故障码的可能原因有气流分配伺服电动机故障、KLA 控制单元损坏、前 SAM 损坏或相关线路故障。断开蓄电池负极，拆除左右座椅，揭开地板，测量 B 柱气流分配伺服电动机的供电电压，为 11.6V，正常，测量 LIN 电压，正常，从而可以排除前 SAM、KLA 控制单元和线路有故障的可能性；查看右边气流分配伺服电动机（M16/34），发现该电动机可以拆卸，将电动机拆开后可以看到电动机内部已经严重生锈，需更换。但是更换气流分配伺服电动机后，自适应学习失败，再次读取故障码，依然显示当

第一章 奔驰车系

前存在，试运行控制气流分配伺服电动机，风门翻板没有任何动静。查看电路图，发现前SAM（N10/1）先控制右边气流分配伺服电动机（M16/34），经右边气流分配伺服电动机（M16/34）的3号线再控制左边气流分配伺服电动机（M16/33），右边气流分配伺服电动机（M16/34）也会造成左边气流分配伺服电动机（M16/33）报故障。但将左右气流分配伺服电动机互换后试车，故障码依然存在。难道是气流分配伺服电动机装配有问题导致翻板位置不对？因为之前的风门翻板处在极限位置，安装新气流分配伺服电动机时并未将风门翻板的位置返回中间位置，造成风门翻板卡住，导致气流分配伺服电动机自适应学习失败（因为气流分配伺服电动机自适应学习时风门翻板要从一侧向另一侧转动，通过移动的过程来识别气流分配伺服电动机的移动方向和移动位置）。

故障排除 更换气流分配伺服电动机，将风门翻板调到中间位置后装复气流分配伺服电动机，连接故障检测仪清除故障码，执行气流分配伺服电动机自适应学习，风门翻板能摆动，故障检测仪提示自适应学习成功，试车后确认故障排除。

> **技巧点拨** 奔驰空调系统的多个伺服电动机，其作用是在不同出风模式下控制出风的方向，某个出风口不出风，多数情况为相应伺服电动机工作不良。

第二节 奔驰 E 级

一、奔驰 E300 空调系统中央出风口不出风

故障现象 一辆奔驰 E300，底盘号为 LE4213148，装配 274 型发动机，行驶里程 1.2 万 km。该车因空调系统中央出风口不出风而进厂检修。

故障诊断 接车后，试车验证故障现象。接通点火开关，尝试起动发动机，发动机顺利起动；接通空调开关，发现无论如何调节，仪表台中央的两个空调出风口均不出风；两侧的空调出风口出风正常，空调制冷效果也正常。

连接故障检测仪，对车辆进行快速测试，读取到空调控制单元内存储的故障码如图 1-13 所示。经询问驾驶人得知，该车原车并没有装配芳香系统，但驾驶人在外面修理厂加装了芳香系统，此后就出现了中央出风口不出风的故障现象。

由于原车并没有装配芳香系统，所以原以为空调控制单元内也不会存储有关芳香系统的故障码，但是在该车空调控制单元内存储的故障码中出现了"芳香系统控制单元功能故障"及"电离器控制单元存在功能故障"。这说明该车在加装了芳香系统后，还对空调控制单元的软件进行了修改。

根据上述检查结果，结合该车的故障现象进行分析，初步推测故障原因是空调控制单元程序紊乱，使得系统不能通过 LIN 总线控制风门促动电动机对相关风门进行调节。

本着由简到繁的诊断原则进行排查，首先尝试与正常车调换空调控制单元，但故障依旧。对风门促动电动机进行标准化学习，失败；对 M2/14（除霜风门/脚部位置风门/中部喷嘴风门促动电动机）进行激活（图 1-14），发现其实际值一直为 0%；进一步查看 M2/14 的实际值（图 1-15），发现 M2/14 的多个实际值均不正常。

N22/1 - 空调 (KLA) - F -

梅赛德斯－奔驰硬件号	000 901 76 06	梅赛德斯－奔驰软件号	000 902 35
诊断标识	008229	硬件版本	15/50 002
软件状态	17/17 001	引导程序软件版本	16/04 001
硬件供应商	Hella	软件供应商	Hella
控制单元型号	HVAC222_HVAC_HSW06P1		

故障	文本	状态
B109F07	“除霜出风口/中间出风口/脚坑出风口”空气分配风门促动电机存在功能故障。 存在一个机械故障。	S
B109F87	“除霜出风口/中间出风口/脚坑出风口”空气分配风门促动电机存在功能故障。 信息缺失。	S
B10A287	左侧混合空气风门 伺服马达存在故障。 信息缺失。	S
B10A987	右侧混合空气风门 伺服马达存在故障。 信息缺失。	S
B112787	空气质量传感器存在故障。 信息缺失。	S
B113600	空气风门 伺服马达的测量行驶存在故障。 _	A+S
B1A8A87	“芳香系统”控制单元功能故障。 信息缺失。	A+S
B1A9287	“电离器”控制单元存在功能故障。 信息缺失。	A+S
U103B00	局域互联网（LIN）总线3存在功能故障。 _	S
U151300	“空调”和“仪表盘”控制单元之间的通信存在功能故障。 _	A+S

S=已存储，A+S=当前并且已存储

图 1-13 读取到的故障码

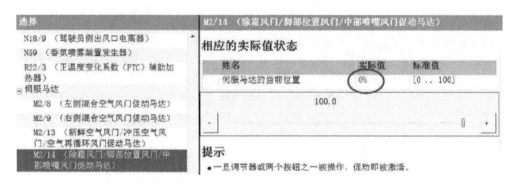

图 1-14 激活 M2/14

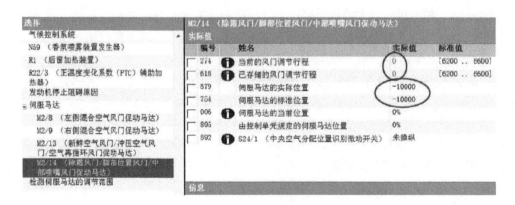

图 1-15 M2/14 的实际值

查阅相关电路（图 1-16）可知，该车装配的自动空调系统共有 4 个风门促动电动机，分别为 M2/8（左侧混合空气风门促动电动机）、M2/9（右侧混合空气风门促动电动机）、M2/13（新鲜空气风门促动电动机）、M2/14（除霜风门/脚部位置风门/中部喷嘴风门促动电动机）。这 4 个风门促动电动机共用供电和搭铁，并通过节点分配到 4 个风门促动电动机。N22/1（空调控制单元）通过 LIN 线对 4 个风门促动电动机进行控制，LIN 线从 N22/1 出来后，依次经过 M2/13、M2/14、M2/8、M2/9 后回到 N22/1。根据 LIN 线的控制特性可知，如果系统中某个风门促动电动机出现故障或 LIN 线断路，那么该风门促动电动机之后的风门促动电动机将不能正常工作，但存在故障的风门促动电动机之前的线路不受影响。

由于 M2/14 的位置比较隐蔽，位于蒸发器壳体的右侧，需要拆掉杂物箱才能看到。于是先把杂物箱拆掉，然后又把该风门促动电动机拆下仔细检查，最终发现了故障原因。原来，该风门促动电动机同时控制除霜风门、仪表台中央风门和脚部风门，而实现这三个风门相互转换的是一个类似三连杆机构的部件，其中一个连杆脱槽（图1-17），从而造成三连杆机构卡死无法调节。怀疑是之前加装芳香系统时，维修人员碰到了该部件（旁边是加装的芳香系统管路），造成连杆脱槽，最终导致故障产生。

故障排除　装复脱槽部位后试车，空调系统出风恢复正常。

技巧点拨　根据维修经验并结合系统原理，M2/14 处于 LIN 线的中间位置，而其前后的风门促动电动机都能正常工作，说明该车的故障并非线路故障，而是 M2/14 风门促动电动机的机械故障。

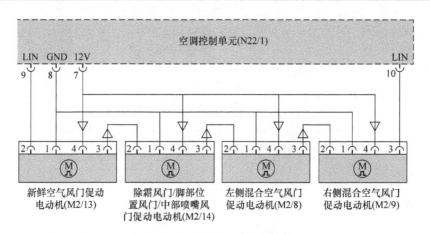

图 1-16　风门促动电动机电路

二、奔驰 E260 空调系统工作不正常

故障现象　一辆奔驰 E260，底盘号 LE4212147，装配 271 型发动机和自动空调系统。驾驶人反映，最近该车空调系统工作不正常，出风口吹出的风忽冷忽热。

故障诊断　接车后，试车验证故障。接通点火开关，起动发动机，接通空调开关，空调系统能够正常制冷。经询问驾驶人得知，在空调系统正常工作时，仪表台两侧的出风口会突然吹出热风，仪表台中间的两个出风口不出风，且当出现故障时，空调控制面板

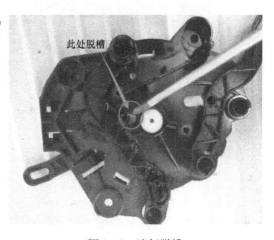

图 1-17　连杆脱槽

上的按键均能正常操作，但出风模式不受控制。故障出现几分钟后，空调系统就能恢复正常了，但故障出现得较频繁，大约 1 ~2h 出现 1 次。

连接故障检测仪对车辆进行快速测试，读取到空调控制单元中存储的故障码如图 1-18 所示。对故障码进行分析可知，空调控制单元中存储了 LIN 总线及所有风门电动机的故障码，而这款车的风门电动机确实是靠 LIN 线控制的，因此根据该车空调系统的功能原理及维修经验，决定重点检查 LIN 线系统。

首先利用故障检测仪对故障码 D00800 进行引导测试，故障引导提示需要检查局域互联网 LIN 总线导线的连接，并依次断开局域互联网 LIN 总线的参与部件，然后检查故障状态。而对其他故障码进行引导测试，故障检测仪提示部件可能没有安装，忽略故障码，并删除故障记忆。

由于故障引导并没有提供可靠的信息和准确的排查方向，维修人员只能根据空调及 LIN 线的原理进行排查。大约半小时后，故障现象再次出现，故障现象确实如驾驶人所述。用故障检测仪进入空调系统查看相关实际值（图 1-19），制冷剂压力正常，空调压缩机耗电量正常，但蒸发器温度传感器的实际值很高。

N22/7 - 空调 (KLA)

梅赛德斯－奔驰硬件号	212 830 47 00	梅赛德斯－奔驰软件号	212 902 74 06
诊断标识	00011C	硬件版本	11/40 00
软件状态	12/40 01	引导程序软件版本	12/03 128
硬件供应商	Hella	软件供应商	Hella
控制单元型号	ECE_Kanada_2_Zonen_B_Muster_28		

故障	文本	状态
D00800	局域互联网络（LIN）总线1存在故障。	S
912B49	冲压空气风门/空气内循环风门伺服马达存在故障。 存在一个内部电气故障。	S
90A949	右侧混合空气风门 伺服马达存在故障。 存在一个内部电气故障。	S
917849	空气分配风门 伺服马达存在故障。 存在一个内部电气故障。	S
90F749	“左侧除霜出风口”空气风门 伺服马达存在故障。 存在一个内部电气故障。	S
90A249	左侧混合空气风门 伺服马达存在故障。 存在一个内部电气故障。	S
90A987	右侧混合空气风门 伺服马达存在故障。 信息缺失。	S
90F787	“左侧除霜出风口”空气风门 伺服马达存在故障。 信息缺失。	S
917887	空气分配风门 伺服马达存在故障。 信息缺失。	S
90A287	左侧混合空气风门 伺服马达存在故障。 信息缺失。	S

S=已存储

图 1-18　空调控制单元中存储的故障码

气候控制系统

实际值

编号	姓名	实际值	标准值
416	制冷剂压力	15.60bar	[0.00 .. 35.00]
882	B10/6 （蒸发器温度传感器）	20.60° C	[-40.00 .. 90.00]
285	部件'A9（制冷剂压缩机）'的耗电量	0.84A	[0.00 .. 1.00]
447	B14（外部温度传感器）	46.50° C	[-40.00 .. 80.00]
439	车外温度	35.50° C	
188	B10/4 （车内温度传感器）	30.10° C	[-40.00 .. 90.00]
395	N70b1 （带集成式风扇的车内温度传感器）	29.50° C	[-40.00 .. 90.00]
043	冷却液温度	99.00° C	[-40.00 .. 125.00]
104	发动机转速	756 1/min	

信息

图 1-19　空调系统实际值

用故障检测仪对制冷剂回路进行检测，故障检测仪提示测量蒸发器温度传感器的电阻。测量蒸发器温度传感器的电阻，为 2690Ω。根据引导提示，用专用设备将制冷剂回收，并按照标准量重新加注后试车，故障依旧。

打开发动机舱盖，尝试用手触摸空调低压管路，空调低压管路的手感很凉，说明空调压缩机能正常工作。既然空调压缩机工作正常，空调系统却不能吹出凉风，判断风门控制存在问题。

故障现象持续几分钟后，空调系统又恢复正常了。查阅空调系统的电路图（图1-20），分析可知LIN线信号从空调控制单元发出后依次通过除霜风门电动机、空气分配风门电动机、左侧混合空气风门电动机、右侧混合空气风门电动机和内外循环风门电动机。等待故障再次出现时，查看空调系统的实际值，发现风窗玻璃的温度和露点温度均为 –40℃（图1-21），这显然是不正常的。露点温度的实际值也是通过LIN线传输的，怀疑是露点温度传感器有故障造成空调系统紊乱。于是，维修人员断开露点温度传感器的导线插接器后试车，空调依然不能正常工作。接着，维修人员在故障发生时测量了LIN线的电压，约为2.6V，异常，怀疑LIN线存在故障。正常情况下，如果某个风门电动机出现故障，那么整条LIN线上位于该风门电动机下游的部件都不能正常工作，而位于其上游的部件均可以正常工作。于是结合故障码顺序与风门电动机的电路图进行分析，并没有找到规律，只得逐个检查各风门电动机。

空气分配风门电动机（控制中间两个出风口）比较好拆卸，于是就先拆下空气分配风门电动机，测量LIN线的电阻，为0.6Ω，正常。接下来检查相对比较容易拆卸的两个混合空气风门电动机，断开这两个混合空气风门电动机的导线插接器后，发现导线插接器内都有进水的痕迹（图1-22）。怀疑是蒸发器壳体温度较低，空气中的水汽在此聚集形成水滴，进入导线插接器的内部。

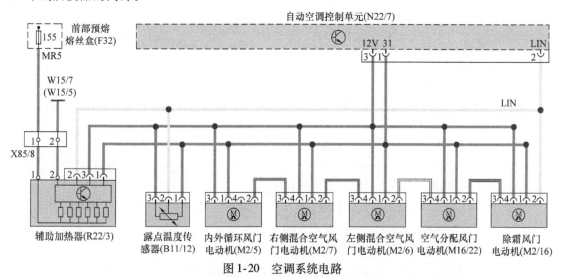

图1-20 空调系统电路

图1-21 空调系统实际值

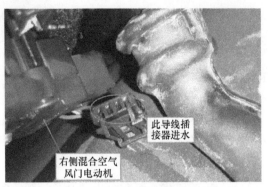

图 1-22　导线插接器内部进水

故障排除　将导线插接器吹干，并对其进行防水处理后，清除故障码试车，故障未再出现，于是将车交还给驾驶人。两周后进行电话回访，确认故障排除。

技巧点拨　LIN 总线是单线总线系统，与其他总线系统相比，LIN 总线的传输速度较慢，且由于 LIN 线为串联连接，当某处 LIN 线存在故障时就会影响到整个 LIN 线的正常工作。LIN 线的工作特性为单线双向，当正常工作时，工作电压为 7～11V，而当断路时，LIN 线上的电压就接近电源电压。

三、奔驰 E260 空调出风口位置不能调节

故障现象　一辆奔驰 E260，底盘型号是 212，配置 274 型发动机和 722.9 型变速器，行驶里程 35578km。驾驶人反映车辆的空调出风口一直保持在一个位置，不能调节，空调出风正常，也能制冷。

故障诊断　接车后，测试车辆功能，空调出风的方向一直在中间位置，向上或者向左右两个方向都不能调节，空调制冷和制热都正常。连接诊断仪对电控系统进行快速测试，空调控制系统的故障码如图 1-23 所示。

从故障码分析得知，故障码中所指的局域互联网络就是空调的风门电动机系统，它们就是通过 LIN 线相互连接的，受空调控制。看来故障码和驾驶人所反映的故障现象是相互关联的，这个故障还是相对单一的。局域互联网络电路如图 1-24 所示。

既然故障相对单一，那么就从故障码入手，先进行导向测试，可是导向测试无法进行。既然不能进行导向测试，那就只有查看实际值了，确定解决问题的方向。查看相关实际值，发现风门电动机的实际值都是不正常的，如图 1-25 所示。

N22/7- 空调（KLA）　　-F-

梅赛德斯 - 奔驰硬件号	212 901 68 06	梅赛德斯 - 奔驰软件号	212 902 60 09
诊断标识	000120	硬件版本	14/07 00
软件状态	14/14 00	引导程序软件版本	12/03 128
硬件供应商	Hella	软件供应商	Hella
控制单元型号	ECE_Kanada_2_Zonen_B_Muster_31		

故障	文本		状态
A17E11	局域互联网络（LIN）总线用户的供电存在故障。存在对地短路。		A+S
	姓名	首次出现	最后一次出现
	频率计数器	---	1.00
	总行驶里程	35568.00km	35568.00km
	自上次出现故障以来的点火周期数	---	0.00

图 1-23　故障码

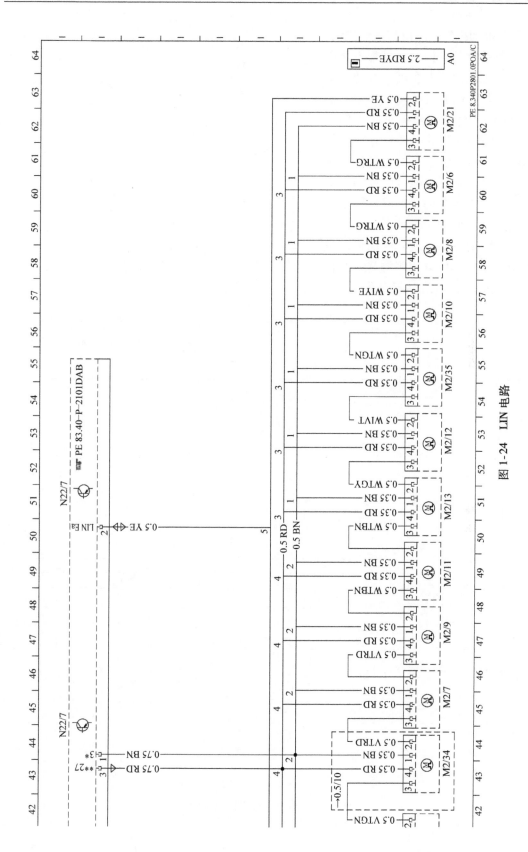

图1-24 LIN电路

风门电动机的实际值都不能显示，整个空调系统的风门电动机都不能激活，看来问题就是出在风门电动机系统。风门电动机的线路包括供电、搭铁、LIN 线。再进一步分析故障码可知，故障码中所指的是局域互联网络中的供电故障，而没有指向具体哪个风门电动机，说明故障是由风门电动机的共用供电引起的。查阅风门电动机的电路图，如图 1-26 所示。

由电路图可知，风门电动机的供电就是 3 号脚，用万用表测量，测得电压几乎为 0V，如图 1-27 所示。

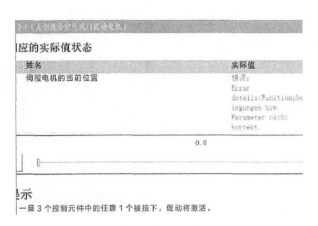

图 1-25 实际值

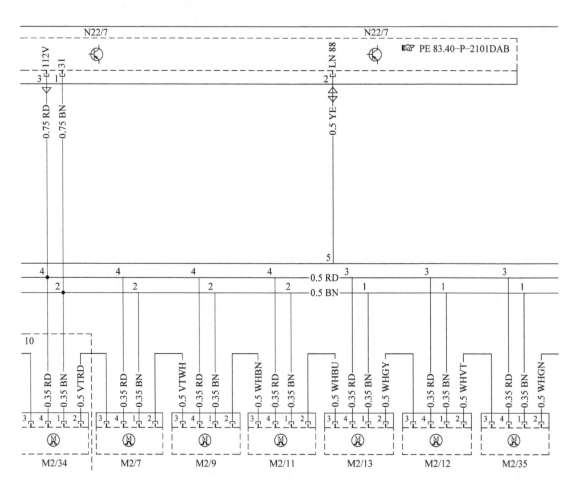

图 1-26 风门电动机供电电路

故障排除 再测量它的搭铁电阻为 0.2Ω，LIN 线电压为 8～10V。既然风门电动机的供电没有，那就直接给它一个 12V 的电源。外接一个 12V 的电源，果然收到了奇效，风门电动机能动了，风向也能改变了。看来故障就是由风门电动机的供电引起的。风门电动机的供电是由空调控制模块给出来的，这说明空调控制模块出了问题，订货更换空调控制模块。212 车型的空调控制模块和空调操作面板是集成在一起的，如图 1-28 所示。

图 1-27　电压测量

技巧点拨 212 车型的空调系统相对比较简单，有两区和三区的空调，此故障解决的关键点就在于读懂故障码，这就要求掌握一定的空调原理知识。奔驰空调系统的风门电动机都是由 LIN 线串联起来的，每个风门电动机都有自己的地址码，每个风门电动机的电阻大约为 3Ω。诊断风门电动机故障的一个简单实用的方法是，如果怀疑哪个电动机有问题，可以直接短接它，把它排除在外，如果短接后，故障消除，那么故障点就是这个电动机。更换风门电动机后要进行学习，这样空调控制单元里面才有它的地址码，才能更精确地控制它。

图 1-28　空调操作面板总成

四、奔驰 B200 空调不制冷

故障现象 一辆奔驰 B200，采用 245 型底盘，配置 266 型发动机、5 速无级变速器，行驶里程 91218km。该车空调不出冷风，一直出热风，并且都是恒温的热风。

故障诊断 接车后，测试车辆功能，空调一直出热风，并且温度很高，保持不变。连接诊断仪对电控系统进行快速测试，空调系统没有故障码，那么只能按照常规思维检查。空调问题无非就是机械或电气故障。由于没有故障码，要先考虑机械方面的问题。首先查看空调的制冷剂是否足够，检测确认制冷剂是足够的。而且打开空调时，空调的低压管路是冰凉的，空调的高压管路温度很高，这二者充分说明空调系统是工作的。再进一步查看实际值，图 1-29 所示的数据更能说明空调系统是工作的。

空调控制系统

控制单元：KLA7

编号	名称	实际值	单位
4273	供电	14.1	V
4271	发动机转速（控制模块ME（发动机电控系统）的CAN信息）	759	r/min
4260	车外温度（控制模块A1（组合仪表）的CAN信息）	33.5	℃
4262	车内温度（注意提示.）	36.3	℃
4265	冷却液温度（控制模块ME（发动机电控系统）的CAN信息）	63	℃
4261	B10/6（蒸发器温度传感器）	7.7	℃
4269	制冷剂压力	13.1	bar
4384	对部件A9（制冷剂压缩机）的要求	74	%
4385	部件A9（制冷剂压缩机）的耗电量	801	mA

文件名：C:\Program Files\Mercedes-Benz\DAS\bin\..\trees\pkw\klima\kla7\sgscreen\CVKLA169.s

单元格坐标：7, 1

图1-29　空调系统实际值

查看实际值发现，空调耗电量是正常的，并且蒸发器的温度也随着空调的工作而下降。这一切都证明，空调制冷系统都是工作的，只是冷气没有被送出来而已。看来问题出在送风系统上。

进一步查看风门电动机的实际值，也看不出什么端倪，如图1-30所示。再对风门电动机进行学习，也可以学习成功，但是问题依旧存在。对空调控制模块进行升级，故障依旧。对调空调控制模块，故障还是存在。看来问题进入死胡同了，制冷方面的硬件已排查完了，只能重点检查风门系统。首先要分清风门电动机的性质，风门电动机分为两种：一种是纯粹出风的，改变风向的，如左侧出风口电动机和中央出风口电动机；另一种是可以改变风温度的，比如混合空气风门电动机，将冷热风混合产生控制单元要求的温度。由于是老款车型，混合空气风门电动机只有两个：一个是左侧的混合空气风门电动机，另一个是右侧的混合空气风门电动机。它们都分居脚坑两侧，先拔掉右侧的混合空气风门电动机，测量供电电压为12V，再测量LIN线的电压在8~10V之间不断变化，工作正常；搭铁电阻为0.2Ω。供电、搭铁、LIN线都正常，插上插头，再测试功能，奇迹出现了，这时空调有冷风了。再进行电控测试，这时空调控制模块有故障码了，如图1-31所示。

根据故障码可知，是右侧混合空气风门电动机的机械故障，看来问题找到了。由于右侧混合空气风门电动机机械故障是偶发的，导致风门电动机一直在热的位置，所以空调一直出的是热风，风门电动机不能混合冷热风，不能达到控制模块所要求的温度，空调冷风一直出不去。由于是机械故障，所以控制模块有时也不能报出故障码，这给诊断带来了一定的难度，还有就是LIN线系统有时也会休眠。

故障排除　更换右侧混合空气风门电动机，故障排除。

> **技巧点拨**　此故障有一定的迷惑性，首先空调控制模块没有故障码，给人的第一诊断思路就是空调机械方面的故障，会让人走一些弯路。但是只要仔细深入地分析，还是容易查出问题，最后划定故障范围。缩小故障范围是相当重要的，故障诊断一定要头脑清晰，逐步排查，最后才会柳暗花明。

混合空气风门

控制单元：KLA7

编号	名称	实际值	单位
4743	电机的实际位置	0	%
4744	电机的标准位置	0	%
4739	电机的实际位置	0	
4740	电机的标准位置	0	
4741	已存储的电机风门调节行程	1312	
4742	当前的电机风门调节行程	1312	
4745	伺服电机标准化	已进行	
4746	伺服电机的测量	未进行	
4747	运行模式	正常	
4748	电压过高/电压过低	否/是	
4749	通信故障	否/是	
4750	温度过高	否/是	
4751	电气故障	否/是	

文件名： C:\Program

图 1-30　风门电动机实际值

诊断辅助系统　　　　　　　　　　　　　　　　　　Copyright 1999 Daimler AG

FIN　　WDDFH3DB3BJ649939　　结构系列/款式　245.233
任务号码　　　　　　　　　　　　　　　牌照

故障代码

控制单元：KLA7

编号	文本	状态
9590	部件M2/7（右侧混合空气风门伺服电机）的机械故障	当前的和已存储的

文件名： C:\Program Files\Mercedes-Benz\DAS\bin\..\trees\PKW\klima\kla7\menues\Mnkla701.s
单元格坐标： 7,13

图 1-31　故障码

第三节　奔驰 SUV

一、奔驰 GLA200 空调不制冷，仪表无报警

故障现象　一辆奔驰 GLA200，配置 270 型缸内直喷涡轮增压发动机、湿式七速双离合变速器，VIN 为 LE4TG4DB2GL×××××。该车在行驶中空调突然不制冷，仪表无报警，其他功能正常。

故障诊断　接车后进行验证，车辆的故障现象如驾驶人反映的一样，开空调，空调无反应，空调也不出风，风机也不转动，空调面板的操作一切正常，温度和风量的调节一切正常；仪表无报警，发动机起动加速一切正常。

连接诊断仪，对电控系统进行快速测试，相关故障码如图 1-32 所示。初步分析故障可知，这是个相对单一的故障，就是风门电动机引起的故障，故障原因有如下几点：①某个风门内部短路、断路；②风门电动机的 LIN 对地或者对电源短路；③空调控制单元故障。

N22/7 - 空调（KLA） -F-

梅赛德斯一奔驰硬件号	246 901 07 05	梅赛德斯一奔驰软件号	246 902 34 03
诊断标识	007116	硬件版本	13/03 00
软件状态	16/12 00	引导程序软件版本	11/22 00
硬件供应商	Hella	软件供应商	Hella
控制单元型号	1_Zonen_22_Release28_1		

故障	文本	状态
D00800	局域互联网络（LIN）总线1存在故障。	A+S
917849	空气分配风门 伺服电机存在故障。 存在一个内部电气故障。	S
905849	新鲜空气风门/空气内循环风门 伺服电机存在故障。 存在一个内部电气故障。	S
912F87	前部鼓风机调节器存在故障。 信息缺失。	S
90A949	右侧混合空气风门 伺服电机存在故障。 存在一个内部电气故障。	S

S=已存储，A+S=当前并且已存储

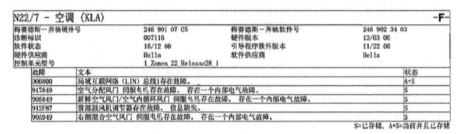

图 1-32 故障码

既然有故障码，那就先从故障码入手，根据导向诊断指引操作。图 1-33 所示为鼓风机的故障导引，可以从指引中看出它的调节器的供电为 0，这是不正常的。图 1-34 所示为风

通过实际值和故障代码检测部件' A32n1（鼓风机调节器）'.

检测前提

- 蓄电池电压正常。

相应的故障代码的状态

+ 912F49	前部鼓风机调节器存在故障。 存在一个内部电气故障。	不存在 ✓
+ 912F97	前部鼓风机调节器存在故障。 存在一个机械故障。	不存在 ✓
+ 912F13	前部鼓风机调节器存在故障。 存在断路。	不存在 ✓
+ 912F4B	前部鼓风机调节器存在故障。 因温度过高而存在一个故障。	不存在 ✓
+ 912F87	前部鼓风机调节器存在故障。 信息缺失。	已存储 !

相应的实际值状态

姓名	实际值	标准值
⚠ 部件' A32n1（鼓风机调节器）'的供电电压	0.0V	[11.5 .. 15.5]
部件' A32n1（鼓风机调节器）'的耗电量	0.0A	[0.0 .. 25.0]
部件' A32n1（鼓风机电机）'上的电压	0.0V	[0.0 .. 13.0]
部件' A32n1（鼓风机调节器）'当前温度	-40.0° C	
温度过高	否	否
因电压过低而关闭	否	否
由于接头30电压过高而关闭	否	否

图 1-33 故障导引 1

通过实际值和故障代码检测部件' M2/5 （新鲜空气风门/空气内循环风门促动电机）'.

检测前提条件：

- 蓄电池电压必须位于11.5V和15.5V之间。

相应的故障代码的状态

✓	905807 '新鲜空气风门/空气内循环风门 伺服电机存在故障。 存在一个机械故障。'	不存在
!	905849 '新鲜空气风门/空气内循环风门 伺服电机存在故障。 存在一个内部电气故障。'	已存储
✓	905851 '新鲜空气风门/空气内循环风门 伺服电机存在故障。 该部件未编程。'	不存在
✓	905887 '新鲜空气风门/空气内循环风门 伺服电机存在故障。 信息缺失。'	不存在

相应的实际值状态

姓名	实际值
当前的风门调节行程	0
已存储的风门调节行程	0
伺服电机的实际位置	-10000
伺服电机的标准位置	-10000

可能的原因和补救措施

- 通过促动检测部件' M2/5 （新鲜空气风门/空气内循环风门促动电机）'.
- 根据相应的电路图检查连接到部件' M2/5 （新鲜空气风门/空气内循环风门促动电机）'的导线。
- 部件' M2/5 （新鲜空气风门/空气内循环风门促动电机）'损坏。

图 1-34 故障导引 2

机电动机的故障指引,从空调面板处随便操作风向的位置,风机电动机的实际值位置都不变化,这也是不正常的。它们同时出问题的概率是非常小的,看来应该是一个共性的问题,它们的共性就是都受空调控制单元的 LIN 线控制,电路图如图 1-35 和图 1-36 所示。

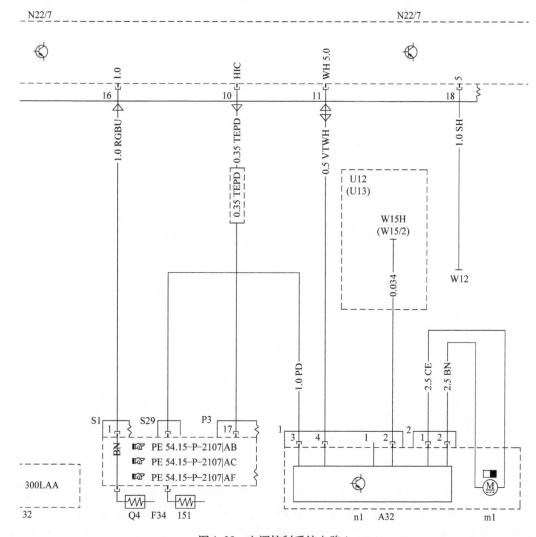

图 1-35 空调控制系统电路 1

通过分析电路图可以看出,风机电动机的控制线是 LIN – B8,它们之间是串联的关系,鼓风机的控制线也为 LIN – B8,它们有一个共同的控制线,都属于 LIN – B8 控制。LIN 线控制单元和 CAN 线控制单元的关系一般为主从控制关系,LIN 线控制单元通过 CAN 线控制和外界通信。找到了共同点那就好办了,查看故障部件,发现风机电动机不好拆,只有拆鼓风机比较方便,就在前排右侧脚坑盖板的上面,如图 1-37 所示。

拆开测量其供电电压 12V,正常,搭铁电阻 0.2Ω,正常;测量其 LIN 线电压 3V,不正常。正常的 LIN 线电压一般为 8~9V,看来问题就出在 LIN 线上。

既然鼓风机的 LIN 线电压不正常,那么这个电压来自何处呢? 空调系统的 LIN 线部件一般是串联的,它们之间具有顺序关系,所以鼓风机不正常的 LIN 线电压就是来自于它的上

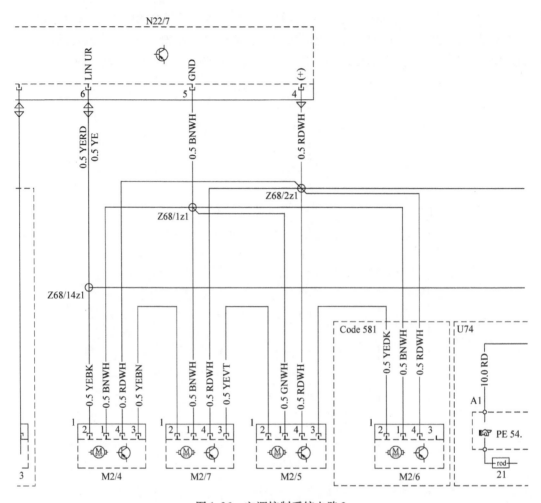

图1-36 空调控制系统电路2

游,那它的上游又是哪个呢?问题的关键就是找到那个上游的故障点。仔细分析了电路图,LIN线上的部件除了鼓风机,就只剩下风机电动机了,但是风机电动机不好拆。从电路图上看,报的故障码中风机电动机全都报了,会不会是控制单元有问题呢?顺着这个思路,拆开空调控制单元。此车的空调控制单元和空调操作面板是一体的,就在主机下面,拆开测量电压,只有3V左右。看来问题找到了,就是空调控制单元有问题,把控制单元拆开,发现控制单元内部有水渍,如图1-38所示。

故障排除 原来是空调控制单元进水导致内部控制错误,从而导致LIN线控制故障,更换空调控制单元后故障消除。

> **技巧点拨** 奔驰空调LIN线部件都是串联的,这是一个原理性的东西,找到故障的共性很重要,还有就是LIN的电压一般在8~9V之间波动,是变化的。分析原理、积累准确的数据很重要,诊断故障时往往根据具体的测量数据来改变诊断的方向,但是大的方向一定要把握住。

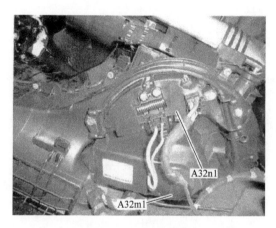

图1-37 鼓风机位置

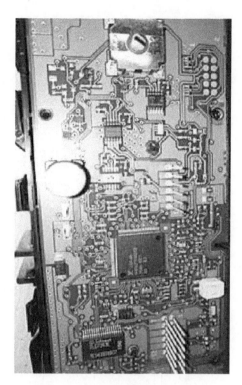

图1-38 空调控制单元电路板

二、2010年奔驰ML350空调压缩机不工作

故障现象 一辆2010年的奔驰ML350，配置272型发动机，行驶里程145741km。驾驶人反映车辆很长时间没使用过，使用时发现空调不制冷。

故障诊断 根据维修经验，空调不制冷因素比较多。试车验证，空调确实不制冷，按下A/C开关没有反应，怀疑是制冷剂的问题。连接压力表，发现低压在300kPa左右，高压在1100kPa左右，很明显制冷剂不是影响空调不制冷的主要因素。

连接诊断仪读取存储故障码"9304—M13（热水循环泵）：断路"和"9007—部件A9（制冷剂压缩机）有短路"。

根据故障码分析，第一个故障码通常不会造成空调不制冷。接下来就把问题的重点放在第二个故障码，部件A9压缩机短路故障存在的可能原因是压缩机本身电磁阀故障或压缩机到空调面板线路问题。

首先按下空调面板上A/C开关后，不拔掉压缩机插头，找个合适的地方去测量此时的工作电压，结果为0V，相当于回路上没有电压输出，压缩机电磁阀当然不能工作，正常工作时的电压应该接近蓄电池电压。那么接下来的检查重点就是线路没有电压的原因。查阅空调压缩机电路图，如图1-39所示。

根据电路图直接测量从压缩机的1号脚到空调面板B区的26号脚，测量结果为线路正常，不存在断路或短路，测量2号搭铁也正常。这样就排除了线路故障，接下来就把重点放在压缩机与空调控制面板上。

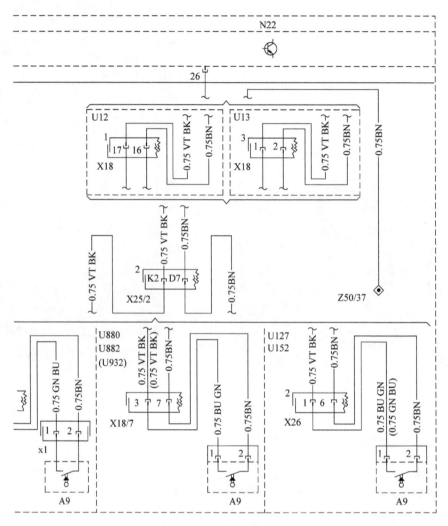

图1-39 空调控制电路

继续读取数据流,未发现异常,进入空调系统去激活压缩机,实际值见表1-1。

表1-1 空调系统数据流

名称	实际值	单位
车内温度	36	℃
车外温度	30.5	℃
前部蒸发器温度	33.5	℃
制冷剂压力	1100	kPa
对部件A9(制冷剂压缩机)的要求	0	%
冷却液温度	95	℃
发动机转速	617	r/min
M13(热水循环泵)	关闭/打开	
压缩机状态或压缩机关闭的原因	压缩机激活的PWM(脉冲宽度调制)输出端:短路或断路	

正常情况下压缩机的要求应该达到100%，而此时为0，很明显没有工作，还有一个重要信息就是压缩机激活的 PWM 信号输出端断路或短路。问题最大的疑点就在压缩机和空调面板，因为之前已经把线路故障的可能性排除了。

根据经验，首先检查压缩机，断开压缩机插头后尝试激活，发现情况明显有变化，空调面板有 PWM 信号输出时压缩机状态为打开。用万用表测量电压，有电压输出，为13V左右。难道是压缩机的控制电磁阀坏了？于是测量电磁阀的电阻为7Ω，正常范围在5~20Ω，也未发现异常。为了验证压缩机是否存在问题，于是就断开压缩机插头，并接入一个10Ω左右的电阻替代压缩机电磁阀，结果没有电压输出。反复测试发现，只要插头插上不加任何负载，信号输出就正常。至此，问题就锁定在空调面板上，即空调面板内部故障，发出错误指令。

故障排除 更换空调控制面板，问题得以解决。

> **技巧点拨** 看似这个空调故障比较简单，但我们一定要学会看实际值，通过分析实际值找出异常现象，要学会如何用身边简单的东西去验证配件的好坏，做到心中有数，不要乱怀疑。

三、2012 款奔驰 GL350 空调鼓风机一直工作

故障现象 一辆 2012 款美规奔驰 GL350，底盘型号 4JG164825，装配柴油 642 型发动机和自动空调系统，行驶里程 59040km。驾驶人反映空调鼓风机一直工作。

故障诊断 接车后，起动着车，打开空调，发现空调系统工作正常，空调面板上的按键均能正常操作。但是把空调关闭后，鼓风机还是一直工作，熄火并拔出钥匙，鼓风机也不会停止转动。连接诊断仪进行快速测试，读取的故障码如图 1-40 所示。

编码	文本	状态
	KLA（自动恒温控制系统）- 自动空调	-F-
	MB 号码 2518206389　HW 版本 07.14　SW 版本 09.37　诊断版本 6/39　插针 101	
	FW 号码 2519021300　FW 号码（数据）　FW 号码（Boot-SW）	
9108	B10/36（右侧脚部空间温度传感器）：断路	已存储的
9401	M2/6（左侧混合空气风门伺服马达）：LIN总线的通信故障	当前的和已存储的
9402	M2/7（右侧混合空气风门伺服马达）：LIN总线的通信故障	当前的和已存储的
9403	M2/12（后部封闭翻板伺服马达）：LIN总线的通信故障	当前的和已存储的
9404	M16/23（左侧中部出风口空气风门伺服马达）：LIN总线的通信故障	当前的和已存储的
9405	M16/24（右侧中部出风口空气风门伺服马达）：LIN总线的通信故障	当前的和已存储的
9406	M2/10（左侧脚部空间风门伺服马达）：LIN总线的通信故障	当前的和已存储的
9407	M2/11（右侧脚部空间风门伺服马达）：LIN总线的通信故障	当前的和已存储的
9408	M2/8（左侧除霜风门伺服马达）：LIN总线的通信故障	当前的和已存储的
9409	M2/9（右侧除霜风门伺服马达）：LIN总线的通信故障	当前的和已存储的
9501	M2/5（新鲜空气和空气内循环风门伺服马达）：LIN总线的通信故障	当前的和已存储的
9503	M2/21（后座区气体分配风门伺服马达）：LIN总线的通信故障	当前的和已存储的
9601	LIN总线故障：处于有效电压范围以外	当前的和已存储的
9602	LIN总线故障：接地电位不在有效范围内	已存储的
9603	B11/12（露点传感器）：LIN总线的通信故障	当前的和已存储的
9604	N33/4（PTC（正温度系数）辅助加热器）：LIN总线的通信故障	已存储的
9606	鼓风机（前部）：LIN总线的通信故障	已存储的

图 1-40　读取的故障码

从图 1-40 中可以看出，系统报了 LIN 总线通信故障及所有风门电动机的故障码。根据故障现象及维修经验，应重点对线路进行检测。首先对 LIN 总线的故障码进行引导型检测，

但是故障引导提示"依次断开局域互联网（LIN）总线的参与部件并检查故障状态，检测结束"。显然，故障引导并不能指示明确的方向及提供解决方案。风门电动机及线路又处于工作台里面，如果逐个断开进行检测，势必又增加了很大的工作量，并且花费时间也很长。

本着由简到繁的原则，首先对空调控制单元的线路进行测量，经测量发现供电及搭铁都正常，接着对 CAN B 进行测量，此车的 CAN B 为低速 CAN，其他的大部分车型都为高速 CAN。实际测得 CAN L 为 0.9V，CAN H 为 4.0V，也正常。相关电路图如图 1-41 所示。既然空调面板上的按键操作正常，怀疑是系统内部紊乱，从而一直控制鼓风机工作，于是对空调控制单元进行升级，但故障依旧。

接下来准备对 LIN 线进行测量，从空调系统风门电动机电路图（图 1-42）中看出，LIN 线从空调控制单元发出后，依次经过了内外循环风门电动机、右侧脚坑风门电动机、右侧混合空气风门电动机、右侧除霜风门电动机、分流风门电动机、左侧除霜风门电动机、左侧混合空气风门电动机、左侧脚坑风门电动机等，采取了串联的方式连接。

故障排除　在与驾驶人的沟通后得知，车辆在外面的维修店清洗空调后才出现此故障，之前一直使用正常。于是决定先检查拆卸过的地方，看有无相关部件未装复到位。拆掉右前脚坑饰板后发现，CAN B 分配器进水腐蚀了，尽管测量 CAN B 的电压正常，但如果测量其波形，应该会出现异常。为了节省时间，就不再测量波形及 LIN 线，尝试对分配器清洗后，重新装复，空调系统恢复正常。

> **技巧点拨**　该文叙述的是空调系统鼓风机不能关闭的故障，通过检测仪读到的是多个控制单元或者元器件发生通信异常的故障，接下来的排查过程存在问题。一，在进一步的排查中，并没有严格按照手册的要求去做，而是对控制单元的供电、搭铁情况进行了检测，按理说，这样做也没有大的问题。但在这样做之前，对 LIN 线的基本情况没有进行检查，特别是对 LIN 线的电压以及是否存在断路或短路缺乏最基本的确认。二，提到对 CAN B 接线器的电压进行了检测，测量结果是"CAN L 为 0.9V，CAN H 为 4.0V"，按照基本的 CAN 系统情况，这个电压本身就不正常，却说没有异常，这也是导致查找故障无果的原因，正常情况下，使用万用表进行线路检测时，测得的 CAN 线电压，应在 3.3V 左右，而不应得到 0.9V、4.0V。因此，在整个故障检查过程中，存在盲目、对 CAN 系统故障检测方法不了解、不清楚的问题。希望以后能够加强对通信系统原理的学习，多看、多做，这样才能尽快掌握 CAN 系统的故障检查方法。

四、奔驰 GLK300 右侧出风口制暖时出凉风

故障现象　一辆奔驰 GLK300，底盘型号 LE4204981，装配 272 型发动机和自动空调系统，行驶里程 8990km。驾驶人反映最近一段时间在用暖风时，仪表台右侧的两个出风口一直出凉风。

故障诊断　接车后首先验证故障现象，空调面板上各个按钮操作正常，此车装配的是自动空调，仪表台上共有四个出风口，发现无论怎样调节右侧的两个出风口，都一直出凉风，左侧的两个出风口出暖风。同时，马鞍台后面还有两个出风口，其中右侧的出风口也一直出凉风。连接诊断电脑，读取到空调控制单元中存在故障码，如图 1-43 所示。

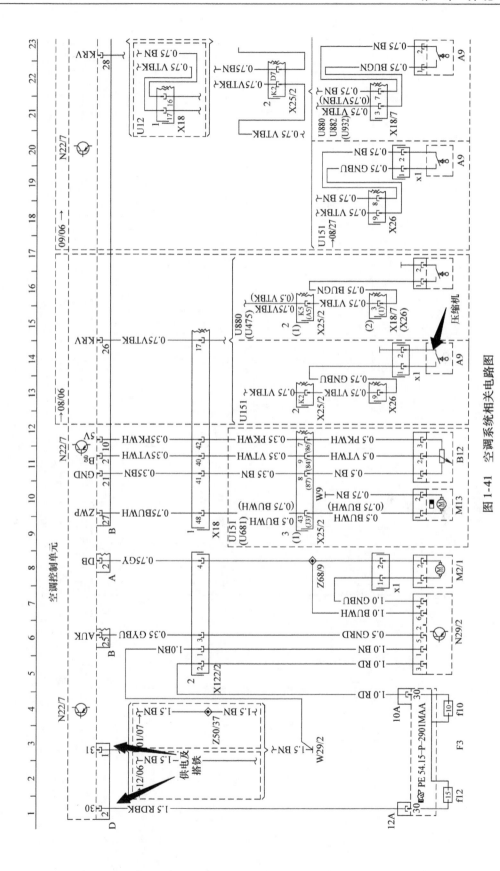

图 1-41 空调系统相关电路图

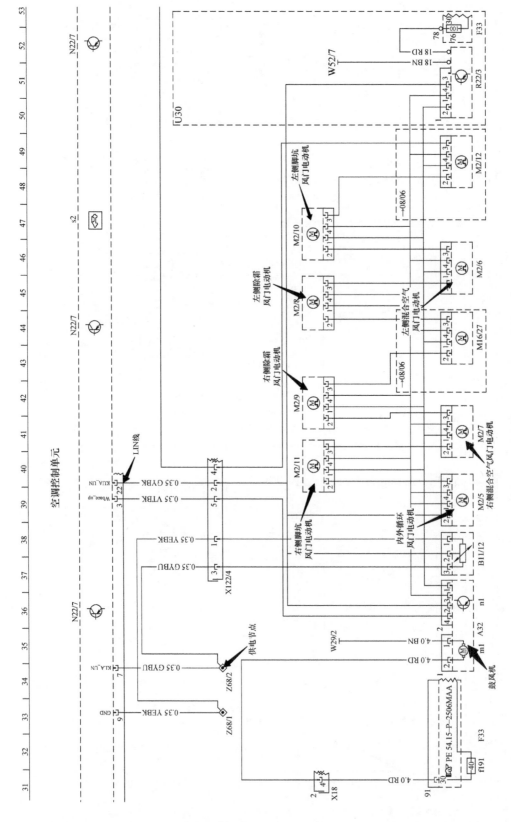

图1-42 空调系统风门电动机电路图

自动恒温控制系统（KLA） - 空调（N22/7）			F
梅赛德斯—奔驰硬件号	204 901 18 04	梅赛德斯—奔驰软件号	204 902 15 03
诊断标识	000221	硬件版本	10/38 00
软件状态	12/20 00	引导程序软件版本	12/05 00
硬件供应商	Continental	软件供应商	Continental
控制单元型号	ECE_Kanada_2_Zonen_33		

故障	文本	状态
90A907	右侧混合空气风门 伺服马达存在故障。存在一个机械故障。	A+S

A+S=当前并且已存储

图 1-43 读取的故障码

进入控制单元查看故障计数器为 1 次，于是根据故障引导检查促动电动机的调整范围，检测的前提条件为蓄电池电压必须处于 12.5 ~ 14.5V 之间，外部温度传感器及车内温度传感器的实际值大于 10℃。但检查发现实际值位于标准范围之外，如图 1-44 所示。对各风门伺服电动机进行成功标准化后，故障码由“当前”变为“已存储”，清除故障码后，发现右侧出风口慢慢变为热风。

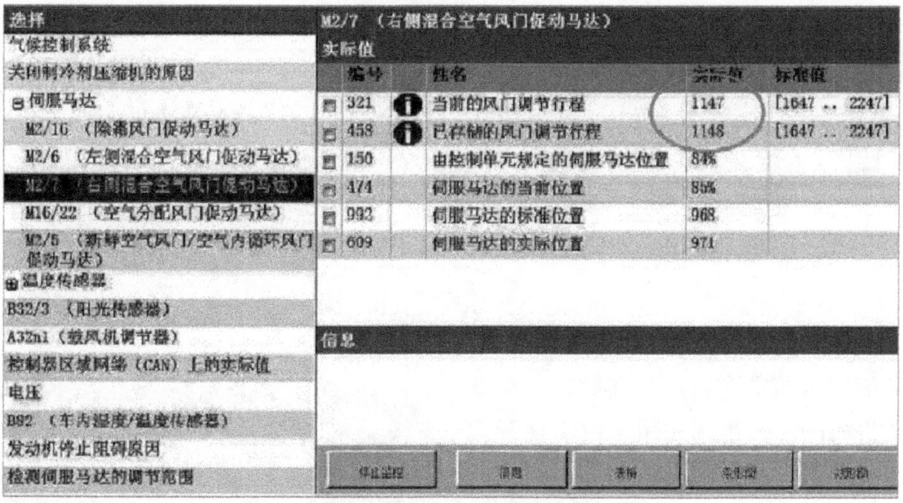

图 1-44 不正常的实际值

故障排除 本以为故障就此解决了，但通过对比发现，右侧两个出风口明显比左侧两个出风口温度低，温差较大。此时，控制单元内无故障码，风门伺服电动机实际值在正常范围内。进入激活功能激活右侧伺服电动机，可在 0 ~ 100% 之间正常变化。怀疑风门电动机存在卡滞，准备拆掉风门电动机检查，当对风门电动机进行断电后，再次试车暖风系统已恢复正常，故障排除。

技巧点拨 本案例因为风门电动机的问题而导致出风温度不合要求，进而上报故障，通过进一步诊断，最终发现故障点所在，由此可见，掌握空调系统的控制原理是非常重要的。

五、奔驰 GLC260 空调不制冷，仪表提示蓄电池缺电

故障现象 一辆奔驰 GLC260，配置 274 型发动机、722.5 型九速自动变速器，行驶里程 17629km。该车空调不制冷，仪表提示蓄电池缺电。

故障诊断 接车后，验证故障现象，空调确实一点都不制冷，并且当发动机不起动、停放一段时间后，仪表会显示“请起动发动机，参看驾驶人手册”的黄色字样，这是说明蓄电池缺电的提示。粗略一看，二者之间并没有什么必然的联系，于是连接诊断仪对电控系统进行快速测试，相关故障码如图 1-45 所示。

空调控制模块里面有当前的故障码“压缩机的离合器对地短路”，看来这个问题是相对单一的。压缩机故障直接与故障现象相关联，既然是单一的执行器故障，那就根据导向测试一步步进行排查。

根据导向测试的指引，一是检查压缩机的电阻，二是测量它的电压值。用万用表测量它的电阻值为 4Ω，正常。由于奔驰的压缩机是电流控制的变频压缩机，所以必须用一个转换插头来测量它的电压，测量后发现电压值不正确，如图 1-46 所示。

其电压值不正常，看来是控制模块那边出了问题，再查看空调控制模块的实际值，如图 1-47 所示。

N22/1 - 空调 (KLA) -F-

梅赛德斯－奔驰硬件号	205 901 20 04	梅赛德斯－奔驰软件号	222 902 39 12
诊断标识	00821D	硬件版本	12/25 001
软件状态	15/30 000	引导程序软件版本	13/04 000
硬件供应商	Hella	软件供应商	Hella
控制单元型号	HVAC222_HVAC_Rel_28_0		

故障	文本	状态
B22E211	制冷剂压缩机的离合器存在功能故障。 存在对地短路。	A+S

姓名	首次出现	最后一次出现
频率计数器	---	1.00
总行驶里程	17472.00km	17472.00km
自上次出现故障以来的点火周期数	---	0.00

A+S=当前并且已存储

图 1-45 故障码

图 1-46 电压测量

实际值显示的是电磁离合器故障，明确指向压缩机的问题，空调关闭是由于电磁离合器故障导致的，假设按照上面实际值的说法，这种情况是存在的，如果压缩机故障，为了保护意外的短路，空调控制模块就要中断其供电。由此判断，要么是压缩机故障，要么是空调控制模块的故障，二者选其一。可以用一种方法来解决这个问题，就是通过对调部件来明确问题。先对调空调控制模块，因为相对简单一些，把故障车辆和其他正常车辆的部件对调，发现其他车辆在对调后空调也不制冷了，并且也是报“当前的压缩机对地短路”故障。看来问题是确定了，就是空调控制模块的故障。

为了保险起见，把正常车辆的空调控制模块装到故障车辆上，空调功能恢复正常，确认问题就出在空调控制模块上面。仔细地分析了压缩机的控制原理，压缩机是由占空比控制的，可以直接给它接通 12V 电压，让它全负荷工作。先在其他车上试验一下，空调关闭，直接通电，压缩机会工作，看来这个方法行得通，于是又在故障车上直接通电，压缩机还是不工作。看来就是空调控制模块的问题了。

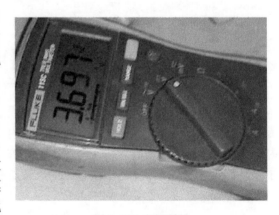

第一章 奔驰车系

图 1-47 实际值

解决了空调控制模块的问题，接下来解决蓄电池缺电的故障。仪表总是显示出一个蓄电池的符号，并且显示文字提示，但是起动发动机又没有问题，这说明蓄电池缺电，但是还没到不能起动的地步。分析故障码，又没有缺电的故障码，看来只有连接万用表进行车辆的漏电测试了。连接万用表，过了一个多小时后，测得车辆的静态电流数值不正常，如图 1-48 所示。

经测量，静态电流为 180mA，这大大超出了 50mA 标准值，看来车辆确实是有漏电的地方。转念一想，会不会是空调控制模块导致的漏电呢？果断拔掉空调控制模块的熔丝，再一次测量漏电量，果然有了效果，如图 1-49 所示。

故障排除 拔掉熔丝后，静态电流恢复到正常范围内的 22mA，看来两个问题都是同一个部件导致的。空调控制模块的实物如图 1-50 所示，将其更换，故障排除。

图 1-48 电流测试 1　　图 1-49 电流测试 2　　图 1-50 空调控制模块

技巧点拨 这个案例中两个故障现象之间的联系相当巧妙。对于不同的故障现象、同样的原因,在诊断故障时一定要多想想,它们之间会不会有一些内在的联系。

第四节 奔驰其他车型

一、2016 年奔驰 VITO 发动机风扇很响

故障现象 一辆 2016 年奔驰 VITO 商务车,行驶里程 3990km。驾驶人反映该车的发动机风扇一直很响,行驶时无明显异常。

故障诊断 起动车辆,发动机风扇高速运转,噪声很大,显示风扇已进入紧急模式;查看此车信息,该车为新车,无任何维修记录。

用奔驰专用 Star Diagnostic 诊断仪(XENTRY)对车辆进行快速检测,发动机控制单元(ME)没有故障码,如图 1-51 所示。结合故障现象和无故障码的特点,检查思路转为分析 ME 为什么会进入紧急模式。为此,在 WIS 中查找风扇电路图,如图 1-52 所示。

图 1-51 检测结果

风扇由 N3/34 控制,供电来自 F1 的 30 回路和 K40/10 的 15 回路,然后通过 W9 接地。引起 ME 进入紧急模式的原因为风扇故障、ME 故障以及两者之间的线路故障。风扇高速运转说明风扇的供电、接地、控制线和风扇自身均正常。这样,故障原因只剩下 ME 了,由于 ME 是防盗件,无法对调,因此暂时不予考虑,转而思考是否有其他因素。

鉴于 ME 根据发动机冷却系统的工作情况控制风扇,因此用 XENTRY 读取冷却液温度(图 1-53),结果相应的温度并未过高,排除冷却回路故障引起的可能。需要注意的是,风扇除了受冷却系统影响,还受空调系统控制,其通信原理如图 1-54 所示。B12 将采集的信号传给 N154,经 N154 读取和分析后,通过 CAN 网络传送至 ME,作为 ME 控制风扇的参数之一。重新查看 DAS 结果(图 1-55),N154 也无故障码,这时故障排除暂时无从下手。

仔细思考一下,决定参考用 XENTRY 读取冷却系统实际值(图 1-56)的方法那样,尝试查看空调系统的实际值,发现制冷压力一直为 2090kPa 不变,明显不正常。根据此异常,查阅制冷剂压力传感器电路图,如图 1-57 所示。

从图 1-57 中可知,B12 由 N154 提供 5V 电压,通过插头 Z200 接地,采集的信号传给 N154,这样,判断故障原因分别为 B12 故障、B12 至 N154 的线路故障、N154 故障。首先检查线路,结果 B12 的供电线已断路(图 1-58),从而导致 ME 进入紧急模式进而控制风扇高速运转。

故障排除 修复线路并清除故障码后试车,故障彻底排除。

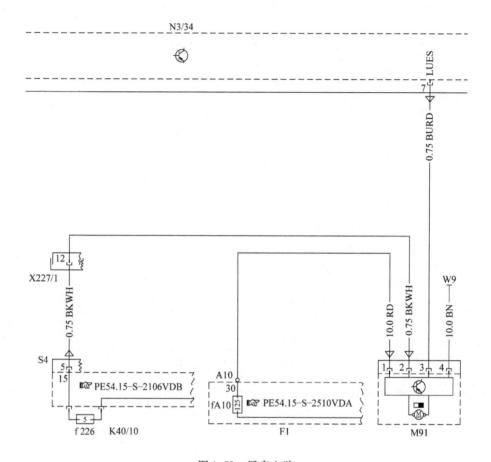

图 1-52 风扇电路

F1—预熔熔丝盒 fA10—熔丝 K40/10—发动机舱熔丝和继电器模块 f226—熔丝和继电器模块 226

技巧点拨 对于空调系统的维修，要弄懂它的原理，这样才能有的放矢。

热量管理

实际值

编号	姓名	实际值	标准值
957	发动机转速	749 1/min	[600 .. 6000]
118	发动机负荷	29%	[0 .. 100]
988	过热保护	否	否
046	冷却液温度	60° C	[80 .. 115]
808	冷却液温度（原始值）	1.55V	≤ 4.75
662	环境温度	26.25° C	[-40.00 .. 60.00]
266	发动机起动时的发动机温度	42.00° C	≤ 115.00
312	控制单元的内部温度	47.25° C	[-40.00 .. 80.00]
502	风扇延时运行	是	否
663	油泵阀门	90%	[0 .. 100]
230	节温器	100.00%	[0.00 .. 100.00]

图 1-53 冷却系统实际值

图 1-54　空调系统通信原理

N154 - Air conditioning (AAC) (Code: HH4, HH9, H13) ✓

MB object number for hardware	447 901 55 01	MB object number for software	447 902 76 04
Diagnosis identifier	001012	Hardware version	12/51 003
Software version	16/21 000	Boot software version	14/42 000
Supplier hardware ID	21	Supplier software ID	21
Hardware supplier	Hella	Software supplier	Hella
Control unit variant	HVAC447_HVAC_Rel_18_0		

图 1-55　DAS 结果

气候控制系统

实际值

编号	姓名	实际值	标准值
	注意：此实际值组包含的实际值并非所有控制单元型号中都存在！		
	可能有几个实际值不显示。		
718	B12（制冷剂压力传感器）	20.9bar	[0.0 .. 35.0]
462	冷却液温度	73.0° C	[-40.0 .. 125.0]
708	当前车外温度	27.5° C	
917	内部温度	28.9° C	
757	B73（左侧脚部位置排气温度传感器）	30.0° C	[-50.0 .. 90.0]
600	B74（右侧脚部位置排气温度传感器）	32.0° C	[-50.0 .. 90.0]
360	B10/5（蒸发器温度传感器）	32.5° C	[-50.0 .. 90.0]
010	蒸发器温度 - 后部	32.8° C	[-50.0 .. 90.0]
459	Y19/9（后排空调系统蒸发器关闭阀）	已关闭	
090	M13/3（加热器冷却液循环泵）	关闭	
910	当前的发动机转速	747 1/min	
088	当前车速	0km/h	
377	通过控制器区域网络（CAN）的供电电压	14.5V	[11.0 .. 15.5]
134	相对空气湿度	43.5%	[0.0 .. 100.0]
825	风挡玻璃的温度	31.4° C	[-50.0 .. 90.0]

图 1-56　空调系统实际值

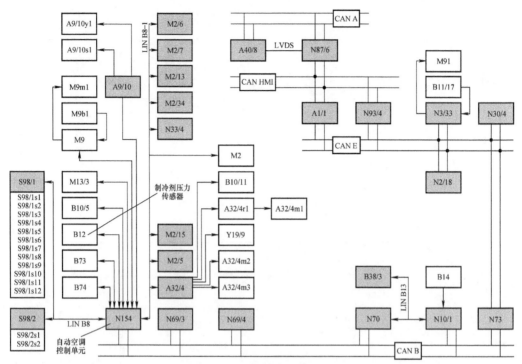

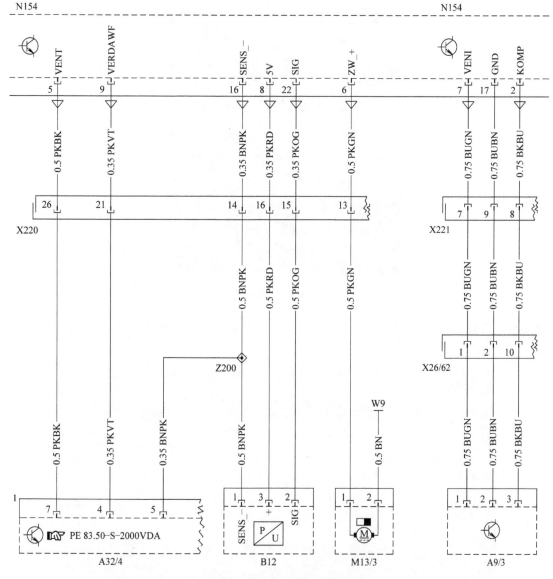

图 1-57 制冷剂压力传感器电路

A32/4—车尾暖风/空调车内空气循环单元　A9/3—制冷剂压缩机　B12—制冷剂压力传感器
M13/3—加热装置冷却液循环泵　N154—自动空调（KLA）控制单元　W9—左前照明灯单元接地点
X220—左侧驾驶室线束/主线束电气插接器 1　X221—右侧驾驶室线束/主线束电气插接器 1
X26/62—主导线束/发动机线束电气插接器　Z200—暖风/空调传感器端子 31 套管插接器

二、2005 年奔驰唯雅诺空调系统不制冷

故障现象　一辆 2005 年的奔驰唯雅诺，VIN 为 WDE63981313052796，行驶里程 317596km。驾驶人反映，在行车过程中打开 A/C 开关，空调系统不工作，出风口吹出自然风。

故障诊断　接车后，验证驾驶人所述故障现象，在打开 A/C 开关的情况下，空调系统

图 1-58 故障点

确实不出冷风。接上奔驰车专用故障诊断仪,读取到的发动机电控系统的相应信息如图 1-59 所示。

图 1-59 读取到的发动机电控系统故障信息

接着读取 KLA(自动恒温控制系统)的故障信息,读取到的相应信息如图 1-60 所示。

通过读取到的相应信息分析,与当前空调系统不制冷相关的当前故障信息为"P202C - 008—冷却液节温器(P0115)"和"B1001 - 007—部件 M9B1(车内空气温度传感器)的信号有故障,对正极短路或断路"。

于是首先找到位于空调控制面板内侧(靠近转向盘一侧)的车内空气温度传感器(图 1-61)。拆开空调控制面板,找到车内空气温度传感器并拆掉,进行全方位观察(图 1-62)。通过观察发现车内空气温度传感器和空气温度传感器风扇电动机集成在一起,插接器具有 4

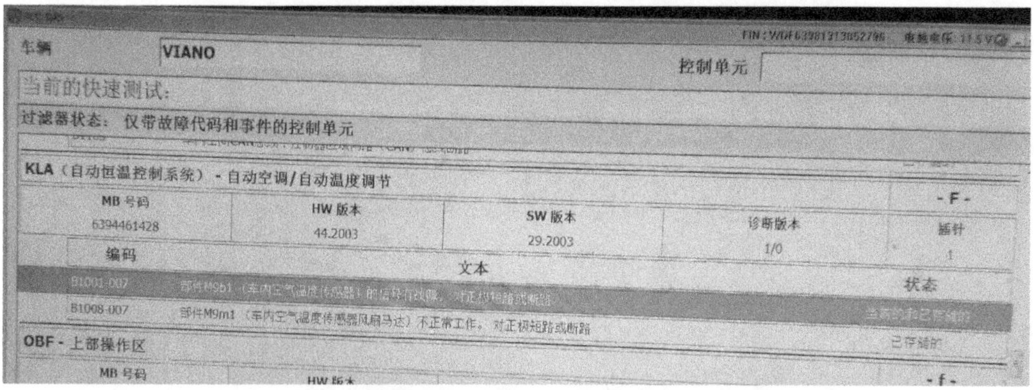

图 1-60 读取 KLA（自动恒温控制系统）的故障信息

个端子，其中端子 1、4 之间为所接空气温度传感器热敏电阻，按照故障诊断仪上的维修导引进行车内空气温度传感器的电阻检测（图 1-63）。

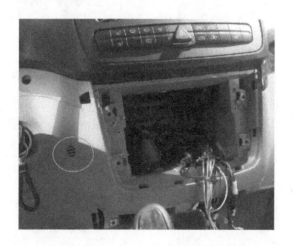

图 1-61 车内空气温度传感器的安装位置

检测时，需要关闭点火开关，将十进电阻器连接到部件 M9b1（车内空气温度传感器）的耦合器上，将万用表的红黑表笔分别连接到插接器的 3#、4# 端子上（图 1-63）。车内空气温度传感器的标准值为 25℃ 下所测得电阻值，当所测得电阻值为 20kΩ 时，车内温度为 9~11℃；电阻值为 12kΩ 时，车内温度为 18~22℃；电阻值为 8kΩ 时，车内温度为 27~33℃。使用万用表实际测量值为 5.03kΩ（图 1-64），不在标准值范围。通过进一步观察发现，车内空气温度传感器的热敏电阻积满灰尘，且将要断裂，这可能是导致空调制冷系统不能正常工作的原因。为了能使故障彻底排除，购进原厂车内空气温度传感器配件进行更换。

更换新件后试车，打开 A/C 开关后，空调系统出风口吹出的仍然是自然风，使用万用表测量空调压缩机控制线，其输出的是电压在一定范围内变化的占空比信号，但空调压缩机却不能工作。于是再次连接奔驰专用诊断仪，读取到相关数据流信息（图 1-65），详细内容见表 1-2。利用歧管压力计对制冷系统的低压端进行压力测量（图 1-66），其压力值在 4.2bar 左右，与读取到的数据流信息（4.5bar）基本相符。

图 1-62　车内空气温度传感器的外形结构

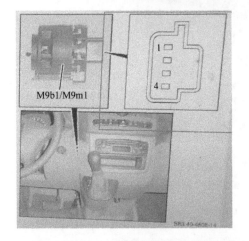

图 1-63　车内空气温度传感器端子排列顺序

图 1-64　车内空气温度传感器的电阻检测

图 1-65　读取到制冷剂压缩机的故障信息

表 1-2　读取到相关的数据信息

编号	名称	标准值	实际值
030	B12（冷却液压力传感器）	1.8~30bar	4.5bar
050	标准值：A9（制冷剂压缩机）	0.0~100.0%	82.0%
051	部件 A9（制冷剂压缩机）的实际电流	0.1~1.0A	0.8A

通过对读取的制冷剂压力的数据信息进行对比分析，对于采用普通压缩机的制冷系统来说，这个压力可能是正常的，但对于采用变排量压缩机的奔驰唯雅诺车型来说，其制冷剂的压力明显偏高。由此推断，空调压缩机（图1-67）也出现了故障。

故障排除 更换奔驰原厂空调压缩机，发动机正常工作后，打开 A/C 开关，空调出风口吹出冷风，制冷系统正常工作，故障排除。

> **技巧点拨** 随着科技的进步、社会的发展、需求的提升，汽车功能也在不断增加，控制模块也随之增多，复杂的关联关系、错综的信息交流给故障判断增加了不少难度，因此，掌握控制原理至关重要。

图 1-66 读取的低压侧的制冷剂压力数值

图 1-67 出现故障的奔驰唯雅诺空调压缩机

三、奔驰 VIANO 空调没有低速档

故障现象 一辆奔驰 VIANO，配置 272.939 型发动机，行驶里程 234023km。驾驶人反映，通过空调风速开关去调节鼓风机风速没有低速档位，只有最高速的 5 档。

故障诊断 根据驾驶人描述的故障现象，拨动鼓风机档位开关，确实在 1～4 档的时候鼓风机不转，一点风都没有吹出来，只有把风速调到最高档时鼓风机以最高速运转，声音特别大。鼓风机没有低速档，只有高速档，说明鼓风机本身是好的，问题出现在鼓风机的控制上。使用专用诊断仪检测故障码，如图 1-68 所示。故障码的含义是指鼓风机控制单元损坏。

图 1-68 故障码

查阅鼓风机开关控制单元电路图，如图 1-69 所示。根据电路图检查 F34 的 39 号熔丝正常，下一步测量 S98 的 D 区 1 号针脚供电测量正常。既然报开关内部损坏故障，就先不考虑那个开关，直接拔掉 D 插头，找一根线把 1 号、6 号针脚跨接起来，正常情况下鼓风机应该转，而且是最高速运转，相当于处于应急状态，让它不经过鼓风机调节器 R14 调节控制。

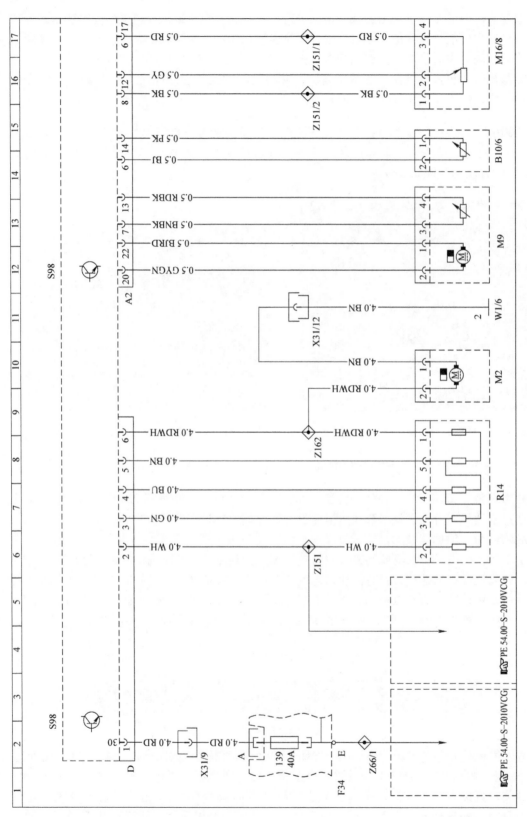

图 1-69 鼓风机电路

根据电路图可以看出，此时电流经过 Z162 直接到 M2 的 2 号针脚。结果这样处理后鼓风机果真高速运转，就像故障表现出来的开关调到最高速档一样的效果。

通过上面的验证得到的结果是开关 6 号针脚输出到 Z162 再到鼓风机的线路是好的，而且鼓风机控制开关 6 号针脚输出也正常。根据电路图测量其他鼓风机控制开关到鼓风机调节器之间的线路均正常，Z162 到鼓风机调节器上的 1 号针脚之间的线路也正常，接下来就把重点放在鼓风机调节器 R14 上。R14 其实是一个鼓风机电动机串联电阻。查找相关资料发现其对应档位关系：鼓风机调节器上的 1 号针脚与 2 号、3 号、4 号、5 号针脚通过串联电阻值的变化形成不同的 4 个档位，正常情况下每个档位之下都对应的有相应电阻。于是用万用表测量一下电阻，结果发现 1 号针脚与 2 号、3 号、4 号、5 号针脚之间没有一个能够测量出电阻来，都处于断路状态。这样就可以断定鼓风机调节器本身内部存在问题。明确这个原理之后，找来一个 2Ω 左右的电阻直接接在 1、2 号线之间，结果操作开关后鼓风机转了。这样就把问题锁定在鼓风机调节器上，更换后测试正常。此车之所以有最高速 5 档，是因为 5 档不经过鼓风机调节器控制，直接经过开关通过 Z162 再到鼓风机，就相当于此车留了一个应急模式。

故障排除　更换鼓风机调节器，故障排除。

技巧点拨　此案例是一个比较简单的鼓风机不转的问题，在诊断过程中需要我们分析电路图，明确控制原理，用合适简单的方法快速找出问题所在。

四、奔驰 V 级商务车前排空调无暖风

故障现象　一辆新款国产奔驰 V 级商务车，行驶里程 1.9 万 km。驾驶人反映该车前排空调无暖风。

故障诊断　接车后试车，开启空调暖风模式，前排确实无暖风，后排暖风正常，制冷、风量和温度调节等功能均正常。用故障检测仪（DAS）对车辆进行快速测试，结果空调系统无故障码存储；读取空调数据流，未见实际值异常，且开启空调暖风模式时，加热器冷却液循环泵（M13/3）的状态由"断开"变为"接通"，正常；对配风系统伺服电动机进行标准化，能顺利完成，但故障依旧。既然空调电控系统无明显故障，怀疑发动机冷却液循环回路有故障。

由图 1-70 可知，发动机冷却液由 M13/3 供应至暖风热交换器，由鼓风机将热空气吹入车内。仔细检查暖风热交换器的冷却液回路，发现冷却液管路有折弯现象（图 1-71），推断故障是由此引起的。

故障排除　重新布置折弯的冷却液管路后试车，前排空调暖风正常，故障排除。

技巧点拨　汽车暖风的热源一般是利用发动机冷却液的余热来提供的，严格来说，其故障原因与制冷系统关系不太大。

五、奔驰 R350 空调系统不制冷

故障现象　一辆奔驰 R350，底盘型号 WDC251157，装配 276 型发动机、自动恒温空调系统，行驶里程 44000km。驾驶人反映该车的空调系统不制冷。

故障诊断　接车后打开空调，发现出风口出的是自然风，空调面板上的指示灯正常，各个按钮都能正常操作。连接压力表制冷剂压力高压侧在 8bar 左右，低压侧在 4bar 左右，说

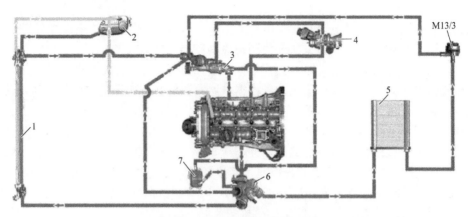

图 1-70 发动机冷却液循环回路
1—散热器 2—冷却液膨胀箱 3—冷却液泵 4—涡轮增压器 5—暖风热交换器
6—节温器 7—机油和冷却液热交换器 M13/3—加热器冷却液循环泵

明压缩机没有工作。根据功能原理,造成压缩机关闭的可能原因包括:制冷剂循环回路中压力过低或制冷剂压力传感器损坏;车外温度过低或车外温度传感器损坏;蒸发器温度过低或蒸发器温度传感器损坏;压缩机处于紧急关闭状态,此实际值应在冷却液温度超过110℃时;对发动机有高功率要求时,ME 控制单元关闭压缩机;压缩机故障及空调控制单元故障等。连接诊断仪进行快速测试,发现空调控制单元中报了许多故障码,如图 1-72 所示。

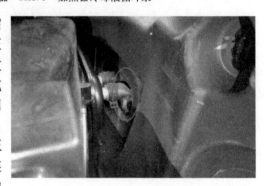

图 1-71 折弯的冷却液管路

FW 号码 2519021300		FW 号码(数据)	FW 号码(Boot-SW)
编码	文本		状态
9006	部件 A9(制冷剂压缩机)有短路。		当前的和已存储的
900C	B12(制冷剂压力传感器):供电 > 5.1 V		已存储的
920A	B32/3(双阳光传感器):供电 > 5.1 V		已存储的
9401	M2/6(左侧混合空气风门伺服马达):LIN总线的通信故障		已存储的
9402	M2/7(右侧混合空气风门伺服马达):LIN总线的通信故障		已存储的
9403	M2/12(后部封闭翻板伺服马达):LIN总线的通信故障		已存储的
9404	M16/23(左侧中部出风口风门伺服马达):LIN总线的通信故障		已存储的
9405	M16/24(右侧中部出风口风门伺服马达):LIN总线的通信故障		已存储的
9406	M2/10(左侧脚部空间风门伺服马达):LIN总线的通信故障		已存储的
9407	M2/11(右侧脚部空间风门伺服马达):LIN总线的通信故障		已存储的
9408	M2/8(左侧除霜风门伺服马达):LIN总线的通信故障		已存储的
9409	M2/9(右侧除霜风门伺服马达):LIN总线的通信故障		已存储的
9501	M2/5(新鲜空气和空气内循环风门伺服马达):LIN总线的通信故障		已存储的
9503	M2/21(后座区气体分配风门伺服马达):LIN总线的通信故障		已存储的
9607	升压鼓风机:存在对地短路或反馈电压导线断路		当前的和已存储的
9608	升压鼓风机:存在断路或反馈电压导线对地短路		当前的和已存储的
事件	文本		状态
900E	端子30本地电压过低(电压<9 V)		事件"当前"和"已存储"
900F	端子30本地电压过高(电压>16V)		事件"已存储"

图 1-72 空调控制单元故障码

由于存在当前故障码"9006:部件 A9 制冷剂压缩机有短路",所以首先按照厂家维修指导(TIPS)要求,处理搭铁点及对空调控制单元进行升级,但故障没有改善。由于故障码太多并且多为已存储的故障码,先清除并刷新故障码,以确定故障范围。清除故障码并再次读取故障码时,存在故障码"9006:部件 A9 制冷剂压缩机有短路""900C:B12 制冷剂压力传感器供电 >5.1V""920A:B32/2 双阳光传感器供电 >5.1V"。空调系统压缩机相关电路如图 1-73 所示。

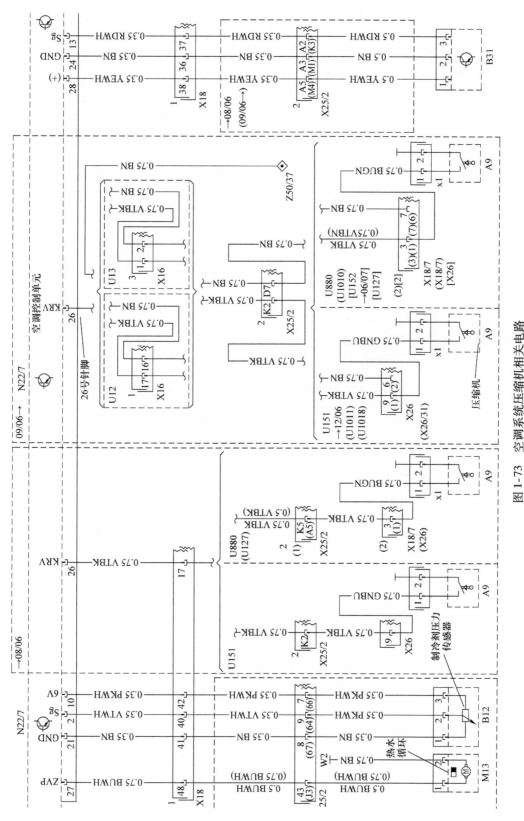

图 1-73 空调系统压缩机相关电路

根据经验，测量空调控制单元后面 B 插头 26 号针脚和搭铁之间的阻值，为 9.6Ω，标准范围为 5~20Ω，正常。测量压缩机的供电线发现没有电压，不正常，说明空调控制单元没有发出信号控制压缩机工作。查看压缩机关闭原因，发现实际值显示总线端 30 上的电压 < 10.5V，持续时间超过 300s，如图 1-74 所示。对空调控制单元的供电进行测量，拔掉供电线插头，此时车没有熄火，实际测量供电电压为 13.6V，正常；测量 CAN 线电压也正常。

故障排除 初步分析认为是空调控制单元内部程序混乱造成其自身实际值不能正常显示，导致乱报故障码。于是把空调控制单元更换掉，空调系统恢复正常，故障排除。

> **技巧点拨** 为什么空调控制单元会报电压低的故障呢？进入空调控制单元供电实际值中发现控制单元显示的总线端 30 上的电压只有 1.3V，显然和实际供电不符，且实际值会在 1~13V 之间来回变动。

控制单元：KLA8			
编号	名称	实际值	单位
150	车内温度	24.5	℃
151	车外温度	5.5	℃
152	前部蒸发器温度	38.5	℃
153	后部蒸发器温度	24.0	℃
156	制冷剂压力	8.0	bar
165	对部件A9（制冷剂压缩机）的要求	0	%
210 CAN	冷却液温度	93	℃
209 CAN	发动机转速	606	r/min
169	Y67（后座空调制冷剂单向阀）	关闭/打开	
207	M13（热水循环泵）	关闭/打开	
211	压缩机状态或压缩机关闭的原因	总线端30上的电压 < 10.5 V，持续时间超过300 s	

图 1-74 压缩机关闭原因总线端 30 上的电压实际值

第二章

宝马车系

第一节 宝马轿车

一、2007年宝马750Li空调制冷功能突然失效

故障现象 一辆2007年的宝马750Li,车型为E66,行驶里程30万km。驾驶人反映车辆空调的制冷功能偶尔突然失效,风口吹出的是温度很高的热风;出现故障时不用做任何操作,制冷功能又会自动恢复正常。故障出现没有特定的规律,车辆在正常行驶中、怠速状态下和刚起动着车时都出现过故障,有时几天不出现故障,有时一天又出现几次故障。

故障诊断 接车后验证驾驶人反映的故障现象,车辆的制冷效果正常。连接ISID进行诊断检测,空调系统没有相关的故障存储。对空调系统进行最基础的检查,回收制冷剂,抽出了1070g制冷剂,不缺制冷剂。

接下来对制冷剂循环管路进行抽空检漏,重新添加标准规定的制冷剂1100g,然后在车辆的各种工况下进行车辆的制冷功能的测试。终于在一次刚起动车辆不久后开启空调时,发现车辆的空调制冷功能处于失效状态。读取空调系统相关的数据流,如图2-1所示。

空调压缩机不带离合器,它总是与发动机一起运转,在内部进行调节,由空调控制单元通过脉冲宽度调制(PWM)信号从外部控制。制冷剂输出量及其压力在制冷剂压缩机内由7个活塞产生,活塞的升程由1个斜盘控制,斜盘的位置由内部压缩比控制,而内

图2-1 数据流

部压缩比又由集成在制冷剂压缩机内的电气调节阀控制。调节阀通过改变曲柄箱压力来控制斜盘上力的平衡。调节阀在失电时处于打开状态,这样就产生一个几乎垂直的不偏转的斜盘位置,此时压缩机功率输出的比例范围是 0~2%,此状态只用于维持内部润滑。当电子控制装置用一个 12V、0.85A、400Hz 的按脉冲宽度调制的信号对其进行控制时,调节阀关闭。这就使得曲柄箱压力降低,结果是,斜盘大幅度偏转并由此提高压缩机功率,由此可在 2%~100% 的比例范围内实现压缩机功率的无级调节。

根据上述的理论分析空调系统的数据流,蒸发器的温度显示为 33.80℃,说明空调系统没有制冷能力。两个热交换器虽然显示为打开状态,但热交换的温度显示为 34.00℃。热交换器的控制也是占空比控制,这里打开实际为关闭热交换器的冷却热循环。制冷剂压力传感器的电源正常,循环回路的制冷压力只有 932kPa。压缩的制冷能力却显示为 93%,几乎达到了最大功率。但实际空调系统为什么会没有制冷效果呢?这说明了压缩机内部控制部件出现了问题。对比其他正常的同款车的制冷压力,在同样的空调设置条件下可以达到 1300kPa,制冷剂压力偏低,所以最终确认为空调压缩机存在故障。

故障排除 更换空调压缩机,安装标准要求对压缩机进行冷冻机油的添加、空调循环回路的抽空、检漏和制冷剂的添加,再根据 ISTA 系统要求进行新压缩机的磨合。最后反复测试车辆的空调制冷功能,结果一直很正常。车辆交付给驾驶人使用,长期观察,空调系统的制冷功能没有再次出现过故障。

> **技巧点拨** 压力传感器安装在冷凝器和蒸发器之间的高压管路中,根据系统压力的不同,压力传感器向操作面板中的电子控制装置传送一个 0.4~4.6V 的模拟信号。

二、2002 年宝马 745Li 空调不制冷

故障现象 一辆 2002 年的宝马 745Li,带前后独立空调,空调不制冷。

故障诊断 仔细询问驾驶人得知,由于该车空调不制冷,维修人员先后更换了 5 个空调压缩机;更换了前后膨胀阀;对空调系统所有的管路都进行了清洗;清洁并检查了前后蒸发器;清洁了冷凝器。接上制冷剂加注机查看高低压管路的压力,同时接上 ISID 诊断,没有任何故障码。起动发动机,将空调调至最冷、风量最低,观察高低压压力,发现高压为 1350kPa,低压从 200kPa 慢慢地降低到 0,而且一直保持在 0 的位置。正常的压力应该是,低压在 100kPa~200kPa 之间,高压在 1000kPa~1500kPa 之间。读取空调系统的数据流,发现蒸发器温度为 30℃,而正常的温度为 2~8℃ 之间;读取空调压缩机功率输出比例为 100%,而正常的功率输出比例一般在 84% 左右,这些都是类似"冰堵"的现象。将发动机熄火,将空调系统重新按标准抽空加注,起动故障依旧。但是不经意发现在发动机关闭的瞬间,低压压力又回到了正常的位置,如果是空调系统里面有水造成冰堵的话,不可能在瞬间压力又恢复正常。根据经验可能是由于前后电磁阀堵塞造成的,对于很多宝马车,如果低压为零、高压正常的话,很多都是由于电磁阀的原因造成的,于是询问驾驶人是否有维修人员取过电磁阀里面的阀芯,然而驾驶人说没有。于是就将前后电磁阀阀芯取掉,并对空调系统重新抽空加氟,故障一点都没有变。又将前、后膨胀阀(为 H 型膨胀阀)换成原厂件,故障还是没有解决。只好回到起点,重新分析该车空调系统的结构,因为该车是前后独立空

调,制冷剂走向如图 2-2 所示。

因为前后独立,所以试想只开前空调,再查看空调压力怎么样,或只开后空调,看空调压力怎么样。如果只开前空调,故障没有出现的话,那么就是后空调造成的;如果只开后空调,而故障现象没有出现的话,那么就是前空调引起的,反之是由于后空调造成的;如果不管开前还是后,故障都出现的话,那么就是前后空调的公共部分造成的。依据这个思路试验,结果不管单独开前空调还是后空调,故障现象都出现,那么就说明问题是在公共部分了,即冷凝器、高压管路、低压管路和压缩机这四者之一了。仔细对这四个部件进行观察,从外表上看不出任何异常。通过分析发现,高压正常表明从压缩机出来一直到进入电磁阀这些部件都正常。因为已经排除了由前后空调的部件引起的可能性,而低压不正常,就有可能是低压管或者压缩机了,也就是说,要么是压缩机坏了,要么是低压管堵了。因为驾驶人反映在外面已经换过压缩机了,所以着重检查低压管。将低压管从防火墙处断开,用嘴去吹,发现吹气一点都不费力,为了保险起见,还是用压缩空气吹吹,依然没有从里面吹出什么来,而且吹着都很顺畅。难道真的判断有误?于是检查低压管,其结构如图 2-3 所示。

故障排除　如果内部弹性体有损坏,但没脱落,从压缩机端吹正常,从另一端吹就可能出现故障。恰好手上有一辆 745Li 事故车,于是就将该车的低压管换到这个车上,又抽空加氟,起动高低压压力都正常了,制冷也正常了,读取蒸发器温度为 5℃。这说明故障是低压管路造成的,为了彻底找到原因,就将低压管路划开,发现有一段内部弹性体与尼龙套脱开了,挡住了一半的低压管路通道。更换低压管,故障排除。

> **技巧点拨**　从故障的表象上,出现了低压压力异常的现象,只是对造成其异常的原因考虑得不周全,没有想到管路本身的故障。其实,在实际车辆维修中,也出现过更换新空调管零件后系统压力异常的案例,结果最终发现是新换的空调管内部制造缺陷,导致管路不通。通过本案例,在空调维修高峰期到来之际提醒广大技术人员,在针对此类疑难杂症的检查过程中,一定要多动脑筋,开拓思路。

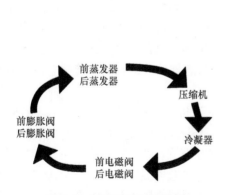

图 2-2　制冷剂循环示意图

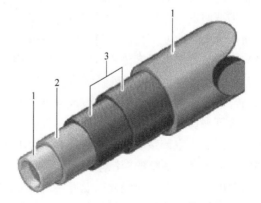

图 2-3　R134a 空调系统中使用的柔性软管
1—弹性体　2—尼龙套　3—中胶层和加强层

三、2016 年宝马 730Li 空调制冷不正常

故障现象　一辆 2016 年的宝马 730Li(G12),行驶里程 1000km。驾驶人反映空调制冷

不正常，在制冷状态下，左侧可以正常出冷风，右侧和车辆后排空调出风口吹出的都是自然风。

故障诊断 接车后，首先验证驾驶人反映的故障现象，车辆的空调开启后，将空调温度调至最低16℃，驾驶人侧出风口有冷风吹出，乘客侧出风口吹出的是自然风，后部出风口同样吹出的是自然风。由故障现象分析，常见的故障原因包括：空调系统中的制冷剂不足；暖风水阀有故障；空调系统的控制风门有故障。

冷暖空调是带左右分离的自动恒温空调（IHKA），冷暖空调在空气侧调节，包括以下装备系列：

1）带双区控制的自动恒温空调（IHKA）。该系统中，驾驶人和前乘客侧左右分离，无后座区调节。

2）带2区、5区控制的自动恒温空调（IHKA）。该系统具有驾驶人侧和前乘客侧的左右分离功能和后座区调节（不带左右分离功能）。

3）带后座区自动空调的自动恒温空调（IHKA）。带后座区自动空调的自动恒温空调是带4区控制的空调，除了驾驶人侧和前乘客侧的左右分离功能外，通过FKA也能在后座区实现左右分离功能。

4）带后座区自动空调和尾部空调器（HKA）的自动恒温空调（IHKA）。带后座区自动空调和尾部空调器（HKA）的自动恒温空调（IHKA）是带4区控制的空调，通过具有左右分区功能的尾部空调器（HKA），还能通过顶部出风口附加调节后座区内的空气输送和空气温度（只能进行冷却）。

空气流通过蒸发器，这时空气流被冷却和干燥（一旦接通了空调）。然后，空气流借助混合风门通过暖风热交换器和前部电控辅助加热器完全或部分导入（取决于操作面板中所设定的标准温度值）。驾驶人和前乘客侧的左右分离控制决定了有两个混合风门。然后气流再次混合。随后空气流通过通风风门传导到车内。驾驶人侧和乘客侧的空气道是分开的。混合空气风门的位置决定流经暖风热交换器的空气量，从而影响流入车内的空气的鼓风温度。被加热的空气借助空气分配风门导入各个格栅。在某些车辆中（例如配备柴油发动机的车辆）需要时通过电控辅助加热器为加热阶段提供支持。如果存在分层，通风层的鼓风温度借助分区风门改变。分区风门、混合空气风门和空气分配风门由步进电动机驱动。在自动恒温空调中通过车内温度传感器持久测量车内温度。通风喷嘴和脚部空间出风口上的鼓风温度由IHKA控制单元借助通风温度传感器和脚部空间温度传感器的帮助测量。冷暖空调控制单元结合输入信号调节空气量、鼓风温度和空气分配。

接下来首先进行空调系统的基础检查，连接空调加注机，测量空调系统的高、低压力。测量结果显示空调系统高压压力约为1440kPa，基本正常；低压系统压力约为120kPa，略微偏低。调用空调系统的控制单元功能，读取空调系统的数据流。读取车辆的蒸发器和出风通道的温度值如下：①左侧通风温度传感器：18.0℃；②右侧通风温度传感器：35.0℃；③左侧脚部空间温度传感器：34.0℃；④右侧脚部空间温度传感器：35.0℃；⑤左侧后座区通风温度传感器：32.0℃；⑥右侧后座区通风温度传感器：35.0℃；⑦左侧后座区脚部空间温度传感器：32.0℃；⑧右侧后座区脚部空间温度传感器：37.0℃；⑨蒸发器温度传感器：36.8℃。

通过数据流来看，蒸发器温度为36.8℃，不正常；右侧通风温度为35.0℃，说明乘客侧的空调没有制冷效果。

此款车型暖风水箱只有两个水管，一进一出，没有暖水阀，这说明此车属于混合风门型。常温下，测量蒸发器温度传感器电阻为 1.5kΩ，对比文档说明，此蒸发器温度传感器电阻正常，证明蒸发箱区域确实温度过高。

再次调取空调系统的数据流，观察各个风门的控制，数据如下：①除霜风门电动机：0.0%；②左前方分区风门电动机：100.0%；③右前方分区风门电动机：100.0%；④左前通风风门电动机：100.0%；⑤右前通风风门电动机：100%；⑥左前混合风门电动机：0.0%；⑦右前混合风门电动机：0.0%；⑧左前方脚部空间风门电动机：0.0%；⑨右前方脚部空间风门电动机：0.0%；⑩新鲜空气风门电动机：0.0%；⑪空气循环风门电动机：100.0%；⑫简介通风风门电动机：0.0%；⑬左侧后座区混合风门电动机：0.0%；⑭右侧后座区混合风门电动机：0.0%；⑮左侧后座区空气分配风门电动机：81.0%。

与空调系统正常的车辆对比，风门位置一致。拆下仪表台，实际观察测试。在开启和关闭空调时风门运动均很正常，直接感觉触摸蒸发器表面，左右对比，发现车辆左侧蒸发器表面温度很低，右侧蒸发器表面常温一样，差别很大。最终分析认为故障点还是在空调的蒸发器上面，蒸发器内部右侧可能存在部分堵塞。

为了验证分析是否正确，直接拆卸下蒸发器，向蒸发器加注口添加热水，结果发现蒸发器的左侧表面的温度很快上升，用温度计测量有60℃左右，蒸发器的右侧表面温度上升很慢，温度最终只有30℃左右。这说明蒸发器的右半侧的确存在堵塞的现象。

故障排除 更换空调蒸发器，按照 ISTA 的要求对空调系统进行抽空、添加制冷剂。按照 ISTA 的标准测量空调的制冷功率正常。实际观察，空调各个出风口都可以正常吹出冷风，故障排除。

> **技巧点拨** 在空调系统的故障维修中，数据流的观察判断是我们解决问题的一个途径。

四、宝马 730Li 空调制冷效果不好

故障现象 一辆宝马 730Li，车型 E66，配置 N52 发动机、6HP45 变速器，行驶里程 9.4 万 km。驾驶人反映该车的空调制冷效果非常不好。

故障诊断 接车后，连接空调压力表，起动车辆。打开空调后，冷凝器风扇正常工作，空调压力表显示低压 500kPa、高压 130kPa。很显然压缩机工作不良。这时车内响起了报警声，观察仪表发现室外温度显示为 -40℃。为了准确排除故障，连接 ISID 读取故障码，并没有发现与室外温度有关的故障，有一个关于油箱油位传感器的故障。

室外温度测量不正确也会影响空调的制冷能力。先观察一下故障现象，打开点火开关后温度显示是正确的32℃，但是起动车辆以后大约 5~10min 就会变成 -45℃。这说明室外温度这个回路成了断路。车外温度传感器通过传统的导线与组合仪表组成回路，造成断路的原因可能有三个方面：①车外温度传感器损坏；②两根导线有接触不良；③组合仪表内部损坏或插头接触不良。

由简及难，先更换了一个新的室外温度传感器，故障依旧。再拔掉组合仪表后的插针，

直接测量两根导线的通断及对地通断，没有发现问题。怀疑是仪表内部损坏，但是为什么没有报故障？先试着通过 21 项仪表功能进行了复位，RAM 重新装载软件，故障依旧没有解决。

看着诊断仪上的故障码，怀疑是与这个故障有关联：燃油箱左侧油位传感器不可信，当前存在；右侧油位传感器内部故障。首先查阅电路图，如图 2-4 所示。

从电路图可知，燃油箱油位传感器也是通过传统的导线向组合仪表传送信息。查资料得知，组合仪表内集成了一个用于转化输入与输出信号所需的控制模块和两个 ECU，其中一个 ECU 用于显示器和照明装置以及旅程电脑和检查控制信息，另一个用以控制指针式仪表和固定安装的指示灯和警告灯。怀疑是油位传感器信号不正常造成单个 ECU 处理不及而造成休眠。为了验证，拔掉左侧油位传感器插头后，故障不再出现。

故障排除 于是更换两个油位传感器，传感器工作正常。空调制冷效果恢复正常。

技巧点拨 此车故障的主要原因是看似无关的故障，实际竟然是息息相关的。因此，在查找故障时一定要总体考虑，这更说明了自己对知识的系统掌握不够全面，以后还需多加努力。

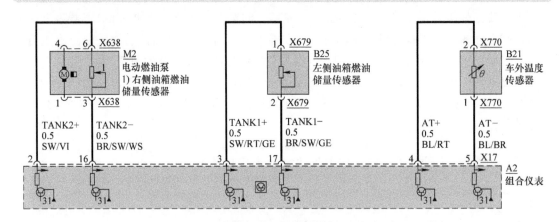

图 2-4　油位传感器电路

五、2011 年宝马 535i 断开点火开关后，空调鼓风机常转

故障现象　一辆 2011 年的宝马 535i，搭载 N55 发动机，行驶里程 10.6 万 km。驾驶人反映，该车在断开点火开关后空调鼓风机常转。

故障诊断　接车后试车，发现该车空调制冷正常，但空调温度、风速大小及出风模式均无法调节，且断开点火开关后，空调鼓风机常转。用故障检测仪（ISID）检测，读得当前故障码为"801209—LIN 总线电源对搭铁短路"。

查看相关电路（图 2-5），得知空调控制单元导线插接器 A95*1B 端子 1 负责给所有的风门电动机供电；端子 4 为 LIN 线端子，各个风门电动机均连接在该 LIN 线上，空调控制单元按预先设定的编码对相应的风门电动机进行动作控制。

拆下空调控制单元，断开导线插接器 A95*1B，测量端子 1 上的电压，为 0V；测量端子 4 上的电压，为 12V。断开导线插接器 A95*1B 后，LIN 线上为什么还有电压呢？进一步查看相关电路,发现鼓风机调节模块也连接在风门电动机的 LIN 线上。脱开鼓风机调节模块的导线插接器,测量发现 LIN 线上的电压消失。重新连接导线插接器 A95*1B,测得其端子 1 上的电压约为 12V,端子 4 上的电压约为 10V,正常。此时用故障检测仪检测,故障码 801209 变为非当前存在。诊断至此,怀疑鼓风机调节模块损坏。

更换鼓风机调节模块后试车,故障依旧,且故障码 801209 变为当前存在。重新理清思路,怀疑风门电动机及鼓风机的线束有问题,以致在诊断过程中故障现象时有时无。拆下仪表台,检查风门电动机及鼓风机的线束,发现蒸发器右侧的右前脚部空间风门电动机线束因与仪表骨架发生剐蹭而破损(图2-6),且其中一根红色供电线绝缘层破损严重,推断该车故障是由此处导线对搭铁短路引起的。

故障排除 修复破损的导线并重新固定好线束后试车,空调鼓风机不再常转,空调系统工作正常,故障排除。

技巧点拨 破损的导线导致故障出现,是由于线束与仪表骨架发生剐蹭而破损,这说明,在诊断过程中,做好常规检查是重要的。

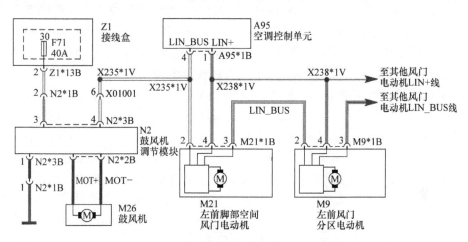

图 2-5 鼓风机及风门电动机电路

图 2-6 蒸发器右侧的右前脚部空间风门电动机线束破损

六、2004款宝马530Li空调系统制冷效果差

故障现象 一辆2004款宝马530Li,车型为E60,行驶里程3万km。该车空调系统制冷效果很差,空调出风口风量很小,并且无法调节;通过控制面板上的调节开关设置,出风量没有任何变化。

故障诊断 接车后起动车辆并开启空调系统,空调操作面板上显示屏显示为2档,调节风速显示没有变化,出风口风量也不增大。进行空调系统的基本检查,使用制冷剂加注机在发动机2000r/min时测试空调系统的压力,低压为16kPa~190kPa,高压为1700kPa左右,都在正常范围。起动车辆后,开启空调系统,观察压缩机电磁离合器有吸合动作,车内左右温度调节旋钮有效,与信息显示器的温度显示数值变化对应一起变化,就是空调出风口的风量固定不变。通过ISID进行诊断检测,读取故障内容为"93FC—SGM - SIM 低电压""9C7C—IHKA 冷却剂压缩机 - 单向阀""9FED—SZM 转向柱模块,位置数据以初始化设置""931A—KOMBI 油箱传感器2""9319—KOMBI 油箱传感器1""9C69—IHKA 后座区空气分区调节器""29A9—蓄电池电源管理""29A8—DME 车载网络电源管理""9D2A—CDC 转换匣机械机构,拉开""CE93—AL 信息""6140—AL 上部驾驶人转向角的冗余比较"。与空调系统有关系的只有"9C69—IHKA 后座区空气分区调节器"和"9C7C—IHKA 冷却剂压缩机 - 单向阀",但这两个故障码好像与空调出风口出风量没有太大的关系。选择这两个故障内容执行检测计划,结果也没有分析出和故障现象相关的内容。

调用IHKA控制模块功能进行诊断查询和部件测试(空调系统数据流读取和空调系统的部件驱动),通过ISID对鼓风机进行试运行,从低速到高速、高速到低速,控制均正常。由此可以判定,IHKA到风扇输出级的LIN总线连接正常。风扇输出级(控制鼓风机转速的大功率晶体管)和鼓风机的功能及电源接地均正常,通过ISID读取风扇转速轮的实际值,各个档位均能够正常读取。可见风扇转速轮功能正常,说明鼓风机和风扇输出级没有问题。接着对IHKA进行编程设码,故障现象没有改善,与其他相同型号的车辆对调IHKA控制模块后试车,故障依旧。看来故障也不在IHKA上。查阅空调鼓风机控制的电路图(图2-7),测量风扇输出级的供电、接地均正常,IHKA对风扇输出级的控制端有12V左右的电压,也正常。故障诊断陷入僵局。

从控制原理上进行分析,该车装备高级自动恒温空调,称为IHKA。鼓风机安装在蒸发器后面暖风空调器内并配备两个风扇叶轮和鼓风机风扇输出级(即鼓风机电阻),风扇输出级直接安装在鼓风机电动机壳体上,风扇输出级具有自检功能。风扇输出级受IHKA控制模块控制(通过LIN总线),风扇输出级用一个按脉冲宽度调制(PWM)信号控制鼓风机电动机。鼓风机风量调节与下列设置和控制过程有关:①手动风扇设置,风扇设置可通过自动恒温空调操作面板上的风扇选速轮选择;②自动风扇和风门设置,按动AUTO按钮打开自动风扇和风门系统;③风扇转速自动提高,在手动设置风门和风门自动装置上可以使用风扇转速自动提高功能,为了使车内温度能够快速降低或提高车内温度,标准调节范围被扩大;④速滞压力补偿,没有速滞压力补偿时,新鲜空气格栅上的风量会随着行驶速度的提高而超过正比地提高,当车速提高时减小新鲜空气风门的张开角度可以平衡这个效应(行驶速度从组合仪表通过车身CAN传输到自动恒温空调控制模块上,张开角度是根据一条经验确定的特性线进行调节的);⑤风扇控制,需要时优先等级从风扇功率减小到供电模块的用电器

（通过总线）；⑥总线端 KL.50 的影响，在车辆起动过程中（总线端 KL.50 接通），为了减小车辆蓄电池的负荷，风扇被切换到关闭状态。

这两点为车辆的电源管理控制，每个能量管理系统的主要组成部分都是 DME 内的电源管理系统软件。该电源管理系统控制车内的能量流。电源管理系统与其他组件一起构成车辆的能量管理系统。能量管理系统负责监督和控制车辆停止和行驶期间的能量平衡。主要包括以下几个功能：发动机充电电压调节；提高怠速转速；减小最大负荷；关闭用电器。回过头来再分析诊断仪读取的另外两个故障内容，"29A9—蓄电池电源管理"和"29A8—DME 车载网络电源管理"。这两个故障内容都是关于车辆的电源管理方面，这样一来诊断仪读取的故障内容就和故障现象联系到一起了。

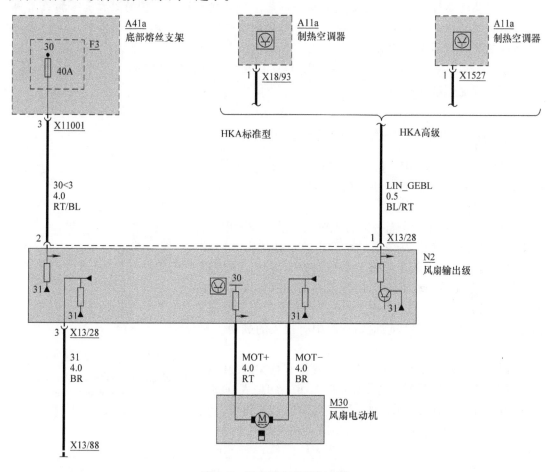

图 2-7　风扇输出级控制电路

接下来用万用表测量鼓风机驱动电压 MOT＋和 MOT－，只有 2.50～6.05V，测量其他正常车辆为 2.05～10.50V。这就说明电源管理系统限制了风扇输入电压。测量蓄电池在起动前的电压为 12.8V，起动后电压 14.5V，正常。选择"29A9—蓄电池电源管理"和"29A8—DME 车载网络电源管理"执行检测计划，分析结果为 IBS 故障，是 IBS 出现故障后信号错误引起的故障。

故障排除　更换智能型蓄电池传感器 IBS，清除故障码，故障排除。

技巧点拨 IBS 为智能型蓄电池传感器,它是电源管理系统的一个组成部分,是一种机电式部件,如图 2-8 所示。装有 IBS 时可准确测定蓄电池的充电状态(SOC)和健康状态(SOH),IBS 直接安装在蓄电池的负极接线柱上,因此可以用于多种宝马车型。IBS 及其微控制器连续测量下列数值:蓄电池接线柱电压、蓄电池充电/放电电流和蓄电池酸液温度。IBS 内的软件负责控制相关流程和与 DME 控制模块的通信。IBS 通过位串行数据接口(BSD)将数据传送至 DME,IBS 内集成有下列功能:持续测量各种车辆运行状态下的蓄电池电流、电压和温度;车辆处于驻车运行模式时,每隔 4s 查询一次测量值,以便节省能量。IBS 的测量时间约为 50ms。测量值记录在 IBS 内的休眠电流直方图中。如果已提高怠速转速,但蓄电池电量始终不足,此时就会降低车辆的最大负荷和关闭用电器。关闭的用电器包括:舒适用电器,例如车窗玻璃加热装置、座椅加热装置、转向盘加热装置;法律规定的驻车用电器,例如停车警告灯、危险警告灯,必须在发动机"关闭"后运行一定时间;其他驻车用电器包括驻车暖风、驻车通风、中央信息显示屏、电话、远程通信服务等。

七、2012 款宝马 525Li 空调系统异响

故障现象 一辆 2012 款宝马 525Li,车型为 F18,行驶里程 40000km。驾驶人反映开启空调后从出风口和发动机舱中传出异响。

故障诊断 接车后,首先验证驾驶人反映的故障现象,起动车辆并开启空调,从仪表的中部出风口处传出"吱吱吱"的异响。空调面板上设置的温度调整为最低,风口吹出的风并不是很冷。打开发动机舱盖观察,感觉从空调压缩机处也传出了"吱吱吱"的异响。把手放在空调的高、低压管路上,可以明显地感觉到管路中有很大的脉动。关闭空调,异响立即消失。

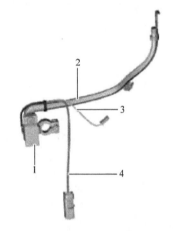

图 2-8 智能型蓄电池传感器
1—智能型蓄电池传感器 2—接地导线
3—位串行数据接口(BSD)
4—接口 B+

连接 ISID 进行诊断测试,空调系统没有相关的故障存储。通过 ISTA 系统的功能结构添加"ABL_DIT_AT6450_01KLIMA - 冷暖功能:制冷循环回路功能检查、噪声、气味"检测计划。执行检测计划,空调系统关键值见表 2-1。

表 2-1 空调系统关键值

项目	关键值	项目	关键值
压缩机电磁离合器安装	1	车外温度	7.5℃
压缩机磨合保护状态	0	蒸发器温度传感器值	17.05℃
压缩机电磁离合器当前控制(IBBF)状态	1	通风层的鼓风温度	15℃
通过 IHKA 对空调压缩机的功率要求	100.00%	暖风热交换器温度传感器值	左侧 16.00℃,右侧 13.00℃
压力传感器值	300kPa	水阀状态	左侧 0%,右侧 0%

在上述空调系统的关键值中，压力传感器值显示的压力过低，只有300kPa，正常压力值可以达到800~1200kPa；蒸发器温度传感器显示达到17.05℃，远高于环境温度7.5℃。分析空调循环系统中可能严重缺少制冷剂，所以才会导致系统完全不制冷。

继续执行检测计划，系统分析认为过低的制冷剂量是造成无制冷能力或者制冷能力过低以及空调发出噪声等故障的主要原因。如果空调系统没有严重的问题，可以假定是过低的制冷剂量导致了该故障。建议执行空调系统制冷剂量的实际抽吸测量，以判断空调系统是否添加了正确量的制冷剂。

通过加氟机回收车辆的空调系统制冷剂，结果加氟机显示回收的制冷剂量只有110g。在发动机舱盖背面张贴有制冷剂添加量标签，标签上注明空调系统的制冷剂加注量为850g±10g，由此确定空调系统缺少制冷剂，说明空调循环管路中存在泄漏。

接下来查找空调系统循环管路中泄漏的位置。首先目测检查空调压缩机的周围，结果发现空调压缩机侧低压管接头处有很明显的油迹，如图2-9所示。对空调系统进行加压测试，发现这个位置还轻微冒气泡，可以确定这个位置存在制冷剂泄漏。接着再仔细检查空调循环管路中其他部件及连接管路，没有发现有泄漏的现象。

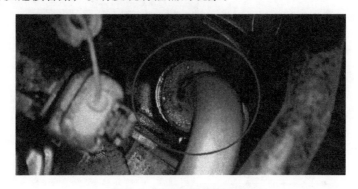

图2-9 空调管路泄漏位置

故障排除 拆卸空调压缩机侧的低压管接头，发现低压管接头的O形环已经老化变形。更换O形环，安装拆卸的空调管路，按照要求对空调系统进行抽空保压检漏，再添加进850g制冷剂和20mL左右的冷冻机油。最后起动车辆开启空调，空调出风口和发动机舱中的异响消除，明显感觉出风口吹出的风很冷，故障排除。

> **技巧点拨** 由于时值初春，车内外的温度都很低，驾驶人使用空调可能仅是为了通风，对制冷要求不是很高，忽略了空调系统早已失去制冷能力，而只关注到空调系统由于缺少制冷剂引起的异响。开启空调产生的异响则是由于空调压缩机缺少制冷剂以及进入了空气引起的噪声。

八、2004年宝马523Li空调制冷效果不好

故障现象 一辆2004年的宝马523Li，车型为E60，行驶里程19万km。驾驶人反映车辆的空调制冷效果不好，在开启空调制冷的情况下前风窗玻璃除雾出风口一直出热风，即使除雾开关没有打开，出风口仍然出热风，其他出风口则可以正常吹出冷风。

故障诊断 接车后首先验证驾驶人反映的故障现象,怠速状态下按下空调面板上的MAX按钮(空调系统会调整到最低温度、最大风量及车内空气循环),感受仪表台空调出风口的温度,不一会便感觉前风窗玻璃的除雾出风口吹出的是热风,其他空调出风口吹出的都是很凉的冷风,而这时并没有按下前风窗玻璃的除雾按钮。

连接 ISID 进行诊断检测,读取空调系统内有"009C79—IHKA 左水阀""009C7A—IHKA 右水阀""009C7B—IHKA 车内温度传感器风扇"等故障码。

查看这些故障码的类型都为当前存在故障,信号或值在阈值之下。选择故障内容执行检测计划,执行水阀功能测试。控制右侧水阀,并以一定节奏和 20% 的开度打开/关闭,在发动机舱右侧水阀处观察是否有节奏地振动。观察结果显示右侧水阀并没有任何振动,说明功能测试失败。继续执行检测计划,根据图 2-10 所示电路图,检测水阀的控制电压 X85 PIN2、X85 PIN3,正常的电压要达到 12V 左右,测量结果只有 5V,说明空调控制模块 IHKA 有故障。那为什么空调控制模块对水阀的控制出现问题后会引起前风窗玻璃除雾出风口经常出热风呢?这要从这款车的空调温度调节方式来分析。

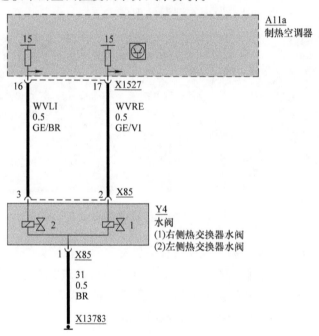

图 2-10 水阀控制电路

自动恒温空调(IHKA)是一个用冷却液调节的冷暖空调。在冷暖空调中,首先在蒸发器上冷却和干燥空气流(如果冷暖空调已接通),接着将暖风热交换器上的空气流加热至所需的标准温度(左右分区功能)。对于 IHKA,由于暖风热交换器具有左右分区功能,因此安装一个双水阀。双水阀根据需要计量用于左侧和右侧暖风热交换器的冷却液流量。这样就确定了用于加热车内的空气温度。双水阀以电磁方式工作,IHKA 通过一个按脉冲宽度调制的信号(PWM 信号)控制双水阀,该请求来自 IHKA 控制模块。借助电子装置规定的、符合需要的脉冲比,双水阀打开和关闭。不通电状态下,双水阀开启。双水阀失灵时,将出现以下情况:①接线盒电子装置(JBE)或车身域控制器(BDC)中的故障记录;②双水阀失

第二章 宝马车系

灵后保持打开状态：无法控制温度，空气流温度取决于冷却液温度（不能冷却空气流）；③双水阀失灵后保持关闭状态：无法控制温度，不能加热空气流。

故障排除 更换空调控制模块 IHKA，对车辆进行编程设码，故障排除。

> **技巧点拨** 水阀控制电压为 12V 时，水阀为关闭状态。实际测量的水阀控制电压为 5V，说明水阀为打开状态。IHKA 识别到有故障后会进入应急状态。前风窗玻璃除雾功能为最高级别，在应急状态下必须保证除雾出风口能够通风。前风窗玻璃除雾功能默认状态为热风。在正常情况下即使开启了前风窗玻璃除雾功能，还是可以通过开启车辆空调的制冷功能强制前风窗玻璃处吹冷风。但是这辆车的水阀控制出现了问题，一直处于开启状态，导致了暖风水箱一直有热的冷却液在循环，所以才会引起开启空调制冷的情况下前风窗玻璃除雾出风口一直出热风。

九、宝马轿车空调有时不出风

故障现象 一辆宝马轿车，配置 N52 发动机，行驶里程 10 万 km。该车的空调有时正常，有时不出风。

故障诊断 当车辆处于怠速状态时，空调压缩机工作正常，出风口出的都是凉风，但是当车辆行驶过程中，忽然就不出风了。

先进行试车，开始打着车的时候，一切正常；但是当发动机转速加至 3000r/min 左右，保持一段时间，故障现象就出现，出风口不出风了。难道是鼓风机损坏？并不是，当故障出现的时候，鼓风机依然在运转。根据经验，初步推断是蒸发器结冰了。

将车辆放置一段时间后，再次试车，连接专业诊断仪 GT1 进行检测，进入 IHKA 自动恒温空调系统，调出蒸发器温度。起动车辆，空调系统处于工作状态，出风口温度正常，查看蒸发器温度为 5℃（标准值为 4~5℃），将发动机转速加到 3000r/min 左右，保持住，故障现象出现，出风口不出风了。查看蒸发器温度值，为 0℃。由此可以断定为蒸发器结冰导致出风口不出风。

连接 GT1 对 IHKA 进行测试，无故障码。怀疑是空调系统内水分太多导致，于是询问驾驶人最近是否对空调系统做过维修。驾驶人反映前段时间在外面的修理厂清洗过散热器和冷凝器，之后过了一段时间故障就出现了。

由此可以推断，有可能是该车进行维修的时候操作不当，使空调系统有水分进入；还有一种可能是空调系统干燥剂断开时间太长。根据宝马厂家技术要求，干燥剂断开 24h 必须更换。

故障排除 经与驾驶人沟通后，更换干燥剂，再次清洗散热器、冷凝器，重新抽真空加注制冷剂，再次试车，故障排除。

> **技巧点拨** 空调系统的整个管路都不能暴露的空气下，原因是防止水分进入空调管路，特别是不能进入空调系统的储液干燥器，否则会造成空调系统的冰堵。

第二节 宝马 SUV

一、2010 年宝马 X6 开空调时发动机抖动

故障现象 一辆 2010 年的宝马 X6，车型为 E71，行驶里程 13 万 km。驾驶人反映车辆在怠速状态下开启空调，发动机的转速表上下波动；关闭空调后发动机的转速表正常，车辆起动、行驶加速正常。

故障诊断 接车后，首先验证驾驶人反映的故障现象，在怠速没有开启空调制冷功能时，观察发动机的转速表，转速表指针稳定在 800r/min。按下空调的制冷按钮，发动机的转速表指针立即上下剧烈波动。连接 ISID 进行诊断检测，发动机控制系统没有相关的故障存储。调用发动机控制单元功能，读取发动机控制系统相关的数据流如图 2-11 和图 2-12 所示。

图 2-11 数据流 1　　　　图 2-12 数据流 2

图 2-11 所示为发动机两个三元催化器前的氧传感器信号电压在不断快速变化，并且变化的范围比较大，最低达到 1.3V 左右，最高可以达到 2V 左右。这款发动机运转平稳时三元催化器前氧传感器的信号电压应该在 2V 左右，低于这个电压表示混合气浓，高于这个电压表示混合气稀。图 2-12 中除了第 1 缸、第 4 缸、第 5 缸运转不平稳值略大之外，其他三个气缸的运转不平稳值并不是很大。但这并不能说明第 1 缸、第 4 缸、第 5 缸存在故障。因为发动机两个三元催化器前的氧传感器信号电压变化，说明发动机控制系统在进行混合气调校。

通过调校，发动机控制模块能够学习部件的特定值，并由此补偿某些部件公差。在进气区域内形成的混合气需要一段时间以废气形式到达氧传感器。随着发动机负载和转速的增加，该时间会减少。因此，空燃比控制系统的响应时间也与发动机的负载和转速有关。根据氧传感器探测到的燃油空气混合气偏差产生调校值（自适应修正值）并予以存储。通过调校，喷油量可以接近预先设定的量。由此可以缩短响应时间，例如，在怠速状态下发动机控

制模块特性曲线的基础喷射时间值过低，为保持理想的燃油空气混合气，空燃比控制系统必须不断增加喷射持续时间。在这种情况下，系统获得一个修正值来校正基础喷油量。而空燃比控制仅进行精细调整，用服务功能“调校值复位”可将调校值和装备系列复位到原始状态。

接下来将车辆熄火，通过服务功能进行发动机额定调校值的复位。复位后再次起动车辆，开启空调的制冷功能，观察发动机的转速表，转速表指示一直很稳定，没有上下波动的现象。再次观察发动机的空燃比控制和发动机运转不平稳值，如图 2-13 和图 2-14 所示。

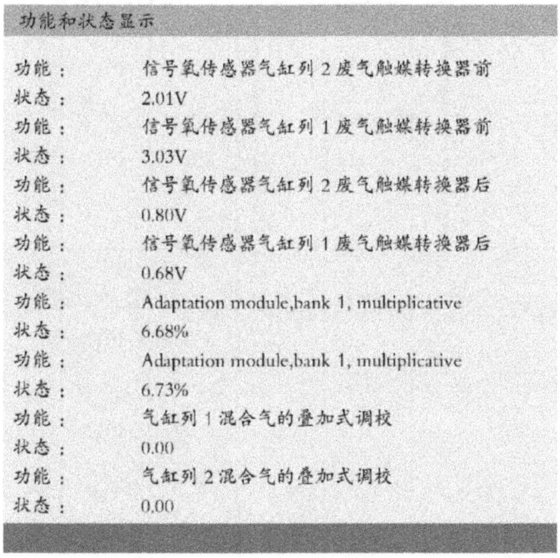
功能和状态显示

功能：	信号氧传感器气缸列 2 废气触媒转换器前
状态：	2.01V
功能：	信号氧传感器气缸列 1 废气触媒转换器前
状态：	3.03V
功能：	信号氧传感器气缸列 2 废气触媒转换器后
状态：	0.80V
功能：	信号氧传感器气缸列 1 废气触媒转换器后
状态：	0.68V
功能：	Adaptation module,bank 1, multiplicative
状态：	6.68%
功能：	Adaptation module,bank 1, multiplicative
状态：	6.73%
功能：	气缸列 1 混合气的叠加式调校
状态：	0.00
功能：	气缸列 2 混合气的叠加式调校
状态：	0.00

图 2-13　数据流 3

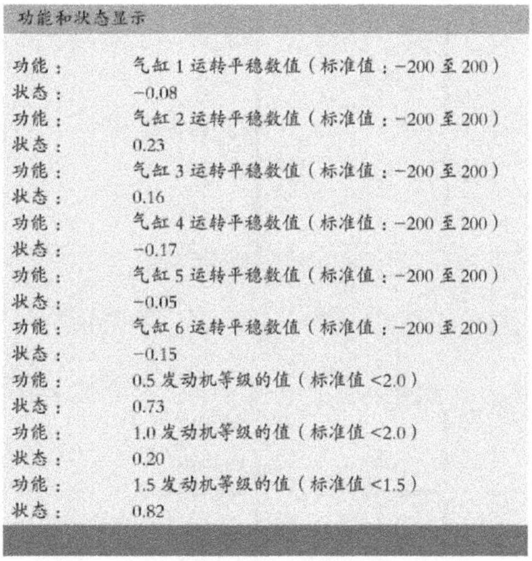
功能和状态显示

功能：	气缸 1 运转平稳数值（标准值：−200 至 200）
状态：	−0.08
功能：	气缸 2 运转平稳数值（标准值：−200 至 200）
状态：	0.23
功能：	气缸 3 运转平稳数值（标准值：−200 至 200）
状态：	0.16
功能：	气缸 4 运转平稳数值（标准值：−200 至 200）
状态：	−0.17
功能：	气缸 5 运转平稳数值（标准值：−200 至 200）
状态：	−0.05
功能：	气缸 6 运转平稳数值（标准值：−200 至 200）
状态：	−0.15
功能：	0.5 发动机等级的值（标准值 <2.0）
状态：	0.73
功能：	1.0 发动机等级的值（标准值 <2.0）
状态：	0.20
功能：	1.5 发动机等级的值（标准值 <1.5）
状态：	0.82

图 2-14　数据流 4

故障排除　数据流恢复到合理正常的范围，故障排除。

技巧点拨　故障诊断就是要考验维修人员的分析能力，要全面撒网、逐个分析，对异常点进行排序，找出最大可能性。

二、2011 年宝马 X5 JBE 控制单元连续损坏

故障现象　一辆 2011 年的宝马 X5，车型为 E70，行驶里程 9 万 km。驾驶人反映车辆的燃油表显示不准，燃油已经添加到跳枪，而燃油表显示还在最低位置。

故障诊断　接车后，验证驾驶人反映的故障现象，初步检查发现除了燃油指示不准确之外，车辆还存在其他故障现象：车辆起动时风扇高速运转，空调系统无法制冷；车辆后窗玻璃一键功能失效，不能初始化。连接 ISID 进行诊断检测，读取车辆的故障存储有“009319—KOMBI 左燃油液位传感器”“00931A—KOMBI 右燃油液位传感器”“009C5E—JBE 制冷剂压力传感器”“00A6E4—JBE 左燃油液位传感器”“00A8E5—JBE 右燃油液位传感器”。

单独就驾驶人反映的故障现象来分析，车辆的燃油液位显示不准确，无非存在以下几个方面的原因：①左右油位传感器故障；②传感器连接模块的导线插头故障；③组合仪表故障；④控制单元故障；⑤软件出错。

诊断系统诊断储存有和燃油液位相关的故障码，接下来进行燃油显示相关的基础排查。调出车辆的仪表功能测试，执行检查步骤，KOMBI 功能测试正常，读取左右油位分别为 28L 和 24L，与车辆实际添加燃油基本符合。查看 KOMBI 数据流，左右都能显示正确油位，而车辆上的仪表又不能显示正确油位，存在矛盾的现象。调出燃油液位传感器的电路图，如图 2-15 所示。

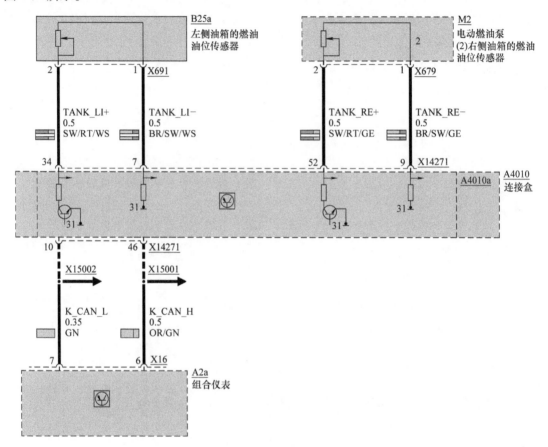

图 2-15　燃油液位传感器电路图

直接通过燃油箱检测口，断开燃油泵的连接端子，测量左右油位传感器电阻分别 85Ω 和 105Ω，测量结果可信。测量传感器至 JBE 导线连接正常，导线阻值 0.29Ω。读取 JBE 数据流发现左右传感器电阻值都显示 6545Ω，不正常，也与实际在传感器端测量的不符合。

由于故障存储中还有"009C5E—JBE 制冷剂压力传感器"的故障内容，再对制冷剂压力传感器进行基础排查。调出的控制电路图，如图 2-16 所示。测量 JBE 控制单元 X14271 端子 30 对制冷剂压力传感器的供电，电压为 5V，正常；测量 JBE 控制单元 X14271 端子 61，制冷剂压力传感器的信号，电压为 5V，正常；测量 JBE 控制单元 X14271 端子 26，制冷剂压力传感器的接地，电压为 10V。对地测量不应该有电压，说明对 JBE 内部电源短路。单独挑出接地线针脚人为对其做接地信号，空调制冷功能恢复。

由此证明 JBE 控制单元已经损坏，于是直接更换了 JBE 控制单元，删除故障存储，车辆的各个燃油指示、空调系统、后窗升降等都恢复了正常。车辆交付给驾驶人一周后，因为

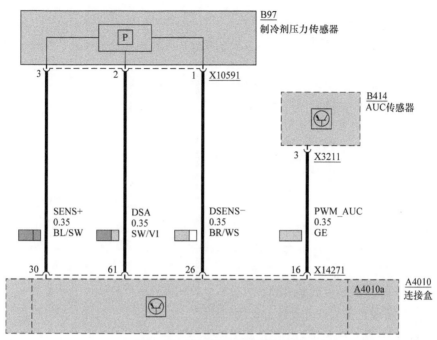

图 2-16　制冷剂压力传感器电路

相同的故障再次入厂，检查结果仍然为 JBE 控制单元故障，说明 JBE 连接或者控制的部件的线路或者其本身存在短路的可能。直接检查和故障现象关联的部件燃油液位传感器。拆开右侧油位传感器时，发现了一条线束已经破皮，仔细检查发现装配后线束的破损处碰到油泵供电端，存在直接短路的现象。

故障排除　重新包扎破损的线束，固定线束的位置，再次更换 JBE 控制单元，持续观察，故障没有再次出现，故障彻底排除。

技巧点拨　在维修过程中，常规检测是非常重要的，常规检测可以排除一些故障现象比较复杂的问题，起到快速排除故障的效果。

三、2012 年宝马 X5 空调不制冷

故障现象　一辆 2012 年的宝马 X5（E70），配置 N55 发动机。驾驶人反映该车的空调不制冷，出风口出热风，之前空调制冷时一边出热风，一边出冷风。

故障诊断　首先验证驾驶人反映的现象属实，打开空调开关时，发现空调压缩机离合器未接通。导致空调压缩机离合器未接通的原因包括：①空调压缩机离合器电磁线圈损坏；②线路短路或断路；③JBE 故障；④制冷剂压力传感器损坏；⑤空调系统内压力过高等。

连接宝马诊断仪读取故障信息为"JBE 压缩机离合器"和"JBE 驾驶人侧热交换器水阀"。选择故障内容执行检测计划，建议执行元件测试。元件测试在车辆熄火的状态下进行，主要测试压缩机的电磁离合器是否动作，测试时间为 30s。如果压缩机的电磁离合器功能正常，执行元件测试时会听到电磁离合器吸合的"啪嗒"声。测试控制期间没有听到压缩机吸合的声音。接下来测量压缩机电磁离合器的供电，如图 2-17 所示。

空调 A/C 开关接通，3 号脚为压缩机电磁离合器供电线，测量结果为 12V；再测量压缩机的电磁离合器线圈的电阻，电磁离合器线脚（正极）和空调压缩机壳体（接地）之间的电磁离合器电阻标准值为 2.5~15Ω。测量结果为无穷大，说明压缩机电磁离合器线圈发生了断路。接下来检查水阀故障。而该车故障报驾驶人侧水阀对地短路，测量其供电电压，电路图如图 2-18 所示。

将车辆发动并开启空调，当插头插在水阀上时，测量 3 号脚电压为 0，2 号脚电压为电源电压。拔下插头测量 2 号、3 号脚电压都为 12V。测量水阀内线圈电阻，驾驶人侧为 80Ω，前乘客侧为 0（电阻大，代表线圈短路），即判断水阀损坏。

故障排除 更换暖风水阀，故障排除。

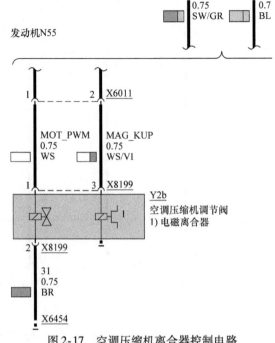

图 2-17 空调压缩机离合器控制电路

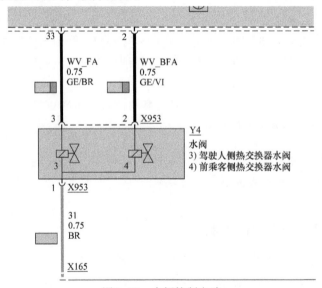

图 2-18 水阀控制电路

技巧点拨 该车配置的是高级型自动恒温空调，该型空调上由于暖风热交换器被驾驶人侧和乘客侧分开，安装了一个各自独立控制的双水阀，两侧的温度可以独立控制。车辆的暖风系统是由 JBE 控制模块控制一个双水阀实现两侧的暖风功能，水阀由电磁阀控制，电磁阀通电（12V）时则控制水阀完全关闭，电磁阀不通电时则控制水阀完全打开。这里的控制是采用 PWM 控制信号，通过测量电压方式可以判断故障点，并根据需要向暖风热交换器提供冷却液的流量，这样就控制了车内加热空气的温度。

四、2009 年宝马 X5 空调制冷效果差

故障现象 一辆 2009 年的宝马 X5，车型为 E70，行驶里程 9 万 km。驾驶人反映车辆的空调制冷效果很差，空调出风口的出风量很小。

故障诊断 接车后，验证驾驶人反映的故障现象，起动车辆并在急速状态下开启空调，把空调控制面板上的温度设置调整到最小 16℃，把风量调整到最大状态。在出风口感觉出风量很小，没有凉气。连接 ISID 进行诊断检测，诊断结果显示空调系统没有相关的故障记录存储。调用控制功能，读取空调系统相关数据流，如图 2-19 所示，数据流显示蒸发器温度为 -0.60℃，达到结冰的状态。

蒸发器温度传感器直接与 IHKA 控制模块连接，用于记录蒸发器上冷却空气出口温度，防止蒸发器结冰。如果蒸发器温度下降到规定的额定值（2℃）以下，IHKA 控制模块便会关闭空调压缩机。

接下来打开发动机舱盖，发现空调的低压管路已经结了一层霜，如图 2-20 所示。正常情况下，如果空调系统制冷效果达到最佳，空调低压管路会有冷凝水珠，如果出现结霜的情况则会引起空调的膨胀阀出现冰堵的现象，严重的会造成蒸发器表面结冰，造成空调系统制冷能力下降或者完全不制冷。这种空调管路结霜的现象是不正常的，引起这种现象的常见原因包括：①空调膨胀阀故障；②蒸发器温度传感器故障；③蒸发器温度传感器安装位置错误；④蒸发器表面结冰；⑤蒸发器本身故障等。

图 2-19 数据流

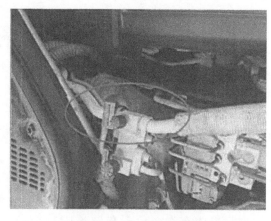

图 2-20 低压管路结霜

关闭空调开关，低压管路上结的霜立刻融化，这说明低压管路并没有出现严重冰堵的现象，很有可能是空调系统的制冷能力过剩，或者是车辆冷气没有被完全消耗掉。车辆还有另一个故障现象，空调的出风口风量很小。在车辆熄火的状态下开启空调的鼓风机开关，并且调整到最大档位，可以听到鼓风机高速运转的声音，可仪表的各个出风口风量一直很小，没有太大的变化。在使用空调时，车外的空气和车内的空气流通不仅要通过热交换器和蒸发器，而且外界空气在车外首先要经过车辆右侧风窗玻璃下的空调滤清器，在车内还要经过乘客侧脚部空间位置的空调滤清器，最后才从各个出风口吹出。如果空调滤清器出现堵塞的话，就有可能直接导致空调出风口出风量减少，空气流通不够，进而引起蒸发器无法大面积

吸收车内的热量，导致空调系统的低压管路结霜，而且蒸发器温度传感器测得温度偏低。

拆卸车辆右侧风窗玻璃下的空调滤清器和乘客侧脚部空间位置的空调滤清器，发现两个滤清器都已经出现了很严重的堵塞，如图 2-21 所示。

图 2-21　空调滤清器

故障排除　更换两个空调滤清器，开启空调，可以明显感觉到出风口的凉气，出风口风量明显比之前大了很多，并且鼓风机噪声也小了很多。观察空调低压管路，有少量冷凝水珠，一直没有结霜，故障排除。

> **技巧点拨**　蒸发器温度传感器是一种热导体或 NTC 电阻器。通过该热导体，可将温度这一参数转换为可分析的电阻参数。

五、2010 年宝马 X5 空调不制冷，燃油显示不准确

故障现象　一辆 2010 年的宝马 X5，车型为 E70。驾驶人反映车辆的空调不制冷，仪表中的燃油显示不准确。

故障诊断　接车后，首先验证驾驶人反映的故障现象，怠速状态下开启空调，空调出风口吹出很高温度的风，完全没有一点凉气。仪表中燃油指示已经报警，而实际驾驶人已经把燃油加满。连接 ISID 进行诊断检测，读取车辆故障存储器中存储了许多故障信息，见表 2-2。

为了确定哪些故障码和当前故障现象有关，接下来进行一次故障删除，如果故障码的类型是当前存在，故障存储将无法删除。进行删除故障存储后的故障存储情况如图 2-22 所示。

查看故障的细节，这些故障类型都是当前存在，都和故障现象有直接关联。并且还都直接和接线盒控制模块相连。在接线盒控制模块中合并了许多功能，接线盒控制模块对信号进行预处理，并将它们提供给车载网络中的其他总线。接线盒控制模块同样执行控制任务。根据装备情况，接线盒控制模块可以执行下列功能或处理下列信号：①网关；②车窗升降机；③刮水清洗装置；④中控锁；⑤座椅加热装置；⑥后视镜加热装置和喷嘴加热装置；⑦双稳态继电器；⑧DSC 按钮。

接线盒控制模块连接燃油箱油位传感器的信号以及清洗液液位开关的信号，并把这些信号通过总线传递给仪表。调用接线盒控制模块功能，读取空调系统的相关数据流，如

图 2-23所示。其中制冷剂压力过高，明显不可信；压缩机调节阀显示没有被激活状态。

表 2-2　故障信息

故障码	故障内容	故障码	故障内容
00A54C	燃油箱液位原始数据信息缺失，KOMBI 接收器，JBE 发射器	00A6E3	JBE E9x 后窗中控锁驱动装置；E7x 行李舱盖上部中控锁驱动装置
00A72E	JBE 前乘客侧水阀（仅高级型 IHKA）	00C919	信息（发动机热流，0x1B6）缺失，接收器 JBE，发送器 DME－DDE
00A6E4	JBE 左燃油液位传感器	00CF5E	信息（总线端状态，130）缺失
005F48	DSC 组合仪表：接口	00E104	组合仪表：K－CAN 线路故障
00CF57	从（CAS，PT－CAN）发送给（EGS_EL，PT－CAN）的信息组故障 3（小型事件）	00931A	KOMBI 右燃油液位传感器
00A6E5	JBE 右燃油液位传感器	00CF7E	CAS 信号端子状态
00A6D2	JBE 驾驶人侧水阀	00A6E2	JBE 行李舱盖自动软关系统继电器
00D397	信息（总线端 KL. 30G）缺失，EMF 接收器，CAS 发射器	009319	KOMBI 左燃油液位传感器
00A6DF	JBE 杂物箱	00CF65	BN2000 车门传感器状态，1E1h，即从（FRMFA，PT－CAN）发送给（EGS_EL，PT－CAN）的信息
00A558	信息（驻车制动器）缺失，KOMBI 接收器，EMF 发射器	00A3BD	中央网关模块，0x0C0 信息缺失，KOMBI 接收器，JBE 发射器
00CF47	从（组合仪表，PT－CAN）发送给（EGS_EL，PT－CAN）的信息组故障 3（小型事件）	00CF56	从（CAS，PT－CAN）发送给（EGS_EL，PT－CAN）的信息组故障 2（中型事件）
009C5E	JBE 制冷剂压力传感器		

代码	说明	里程数	类别
00A6E4	JBE 左燃油液位传感器	39096	
00A6E5	JBE 右燃油液位传感器	39096	
009C5E	JBE 制冷剂压力传感器	39096	
009319	KOMBI 左燃油液位传感器	39096	
00931A	KOMBI 右燃油液位传感器	39096	
00E72A	信息（制冷循环回路压力，0x2D2）缺失，接收器 IHKA，发射器 JBE	39096	

图 2-22　故障码

检查制冷剂压力传感器至接线盒控制模块之间的线路连接，线路连接没有问题；检查燃油箱两侧的燃油位置传感器至接线盒控制模块之间的线路连接，线路连接正常。因此最终确定为接线盒控制模块故障。

故障排除　更换接线盒控制模块，对车辆进行编程设码，测试车辆，车辆的空调制冷功能恢复正常，仪表中燃油显示恢复正常。

功能和状态显示

－冷暖功能
功能：制冷剂压力
状态：12750kPa
功能：压缩机调节阀脉冲负载参数
状态：not available %

图 2-23　数据流

技巧点拨 接线盒控制模块（JBE）连接控制空调系统的很多信号，如制冷剂压力传感器、暖风水阀、辅助水泵，把这些信号提供给车载网络上的其他总线使用，还控制压缩机的电磁离合器。

六、宝马 X3 车前乘客侧空调无暖风

故障现象 一辆宝马 X3，行驶里程约 1.3 万 km。驾驶人反映该车前乘客侧空调无暖风。

故障诊断 接车后，首先验证故障现象，起动发动机，使发动机达到暖机状态；将驾驶人侧空调和前乘客侧空调的温度均设置为 28℃（最高温度），发现驾驶人侧空调出风口有暖风吹出，而前乘客侧空调出风口吹出的是自然风。

用故障检测仪检测，无故障码存储。检查发动机冷却液液位，正常；排尽发动机冷却系统中的空气后试车，故障依旧。用手触摸暖风热交换器的进液管与出液管，感觉发热且温度基本一致，说明暖风热交换器内有发动机冷却液在循环。操作前乘客侧空调控制面板上的温度设置旋钮，发现右侧空气混合风门电动机工作正常，且风门联动机构无卡滞、断裂等情况；对右侧空气混合风门电动机进行位置初始化，并读取右侧空气混合风门实际位置值与设定位置值，正常；检查其他风门的工作情况，未见异常。

拆下仪表台，检查右侧空气混合风门内部的工作情况，发现以左右空调区域风道隔板为分界线，暖风热交换器左半部分的温度与发动机冷却液温度一致，而其右半部分的温度与环境温度一致，由此可知发动机冷却液只在暖风热交换器左半部分循环。

拆检暖风热交换器，发现其出液口处有胶状污垢（图 2-24），由此推断该车故障是由暖风热交换器内部堵塞引起的。

故障排除 彻底清洗暖风热交换器内部，并添加原厂发动机冷却液后试车，前乘客侧空调暖风正常，故障排除。

图 2-24 暖风热交换器出液口处有胶状污垢

技巧点拨 该车左右空调的热源来自同一个暖风热交换器，最初仅考虑了右侧空气混合风门控制系统，没有考虑到暖风热交换器内部结构。由于距离暖风热交换器进液口最远处的发动机冷却液循环量最小，因此在暖风热交换器内部发生堵塞的初期，距离暖风热交换器进液口较近处仍会有一定量的发动机冷却液在循环，而在距离暖风热交换器进液口较远处，发动机冷却液有可能会停止循环。该车暖风热交换器进液口在车辆左侧，在暖风热交换器发生堵塞时，暖风热交换器左半部分中的发动机冷却液仍在循环，而其右半部分中的发动机冷却液停止循环，因此驾驶人侧空调暖风正常，而前乘客侧空调无暖风。

第三章

大 众 车 系

第一节 奥迪轿车

一、奥迪 A8 空调不制冷故障

故障现象 一辆 A8 轿车，配备 4.2L 发动机。驾驶人反映该车空调不凉。

故障诊断 首先连接制冷剂加注机检查空调系统压力及压缩机工作状态。起动发动机，打开空调并把温度调到最低，发现压缩机运转正常，但压力表显示不正常：低压侧压力过低、高压侧压力过高。再查看电子扇，发现没有工作，初步判断是电子扇故障引起空调不凉。

使用万用表检查电子扇线束变阻板，在空调开启时未检测到 12V 电压，说明故障点应该在变阻板至电子扇继电器或空调控制单元之间的线路上。根据电路图检查电子扇继电器熔丝，未见异常。接着检查电子扇继电器 J26，也未发现有烧蚀迹象，更换继电器试车，故障依旧。至此，开始怀疑空调控制单元有问题。

将空调控制单元拆下后，发现仪表台内更改过线路。于是用万用表检测空调控制单元至电子扇继电器之间的线路，发现供电电压正常，但是信号线无电压，说明故障点就在此处。顺着线路进一步检查发现，由于加装其他设备时操作失误，导致该信号线受挤压而断路。

故障排除 重新焊接空调控制单元至电子扇继电器之间的线路（图 3-1），电子扇工作

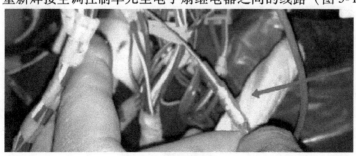

图 3-1 修复破损的线路

恢复正常，空调开始制冷。

技巧点拨　影响空调不凉的原因有以下几个方面：压缩机不吸合或损坏；空调系统制冷剂不足或无制冷剂；开空调时电子扇不转；空调控制单元损坏；压力开关损坏。

二、2015年奥迪A6L电子扇高速运转

故障现象　一辆2015年的奥迪A6L，配备2.0L发动机、0AW变速器，行驶里程28683km。车辆熄火后一段时间，电子扇高速运转，直至车辆没电。

故障诊断　用VAS6150B检测车辆所有控制单元均无故障码。散热器风扇控制单元J293电路图如图3-2～图3-4所示。故障原因包括：①散热器风扇控制单元J293故障；②线路故障；③发动机控制单元J623故障；④空调控制单元J255故障；⑤其他故障。

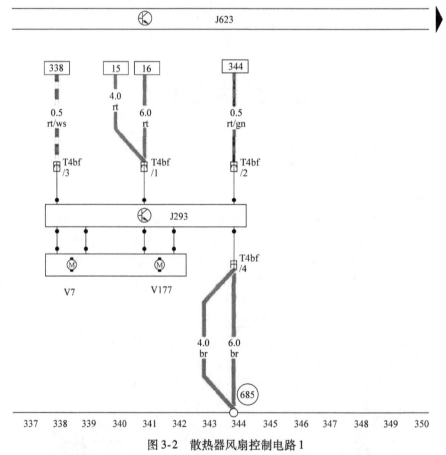

图3-2　散热器风扇控制电路1

J293—散热器风扇控制单元　J623—发动机控制单元　V7—散热器风扇1　V177—散热器风扇2

对散热器风扇控制单元J293线路进行检查，蓄电池电压经S42 - T4bf/1为散热器风扇控制单元J293提供常电源，T4bf/4直接接地，经检查均正常。T4bf/3连接发动机控制单元J623的T94/50为散热器风扇控制单元控制线，无短路断路现象。T4bf/2经熔丝SA11连接发动机控制单元J623的主继电器J271，电压正常。

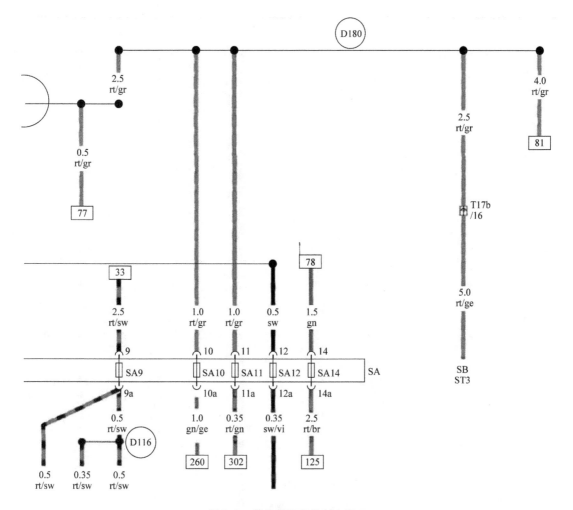

图 3-3 散热器风扇控制电路 2

维修人员在确定线路无故障后，替换车辆的散热器风扇控制单元 J293 后试车，故障没有再现。把车辆送至洗车房洗车，准备将车辆交予驾驶人。车辆在洗车过程中，电子扇高速运转，故障又出现了。再次将车辆开回维修车间，对线路进行检查，依旧没有发现故障。车辆温度无条件触发电子扇，替换温度传感器和水泵节温器总成后故障依旧。

维修人员怀疑车辆发动机控制单元 J623 有故障，导致熄火后控制电子扇运转。更换发动机控制单元 J623 后试车，故障依旧。考虑空调引起电子扇运转，对换正常车辆的空调控制单元 J255 后故障依旧。

车辆在行驶过程中或者点火开关打开的情况下，电子扇工作很正常。车辆只要一熄火，电子扇在一分钟左右就会高速运转。该车电子扇电源 SA11 由发动机控制单元 J623 的主继电器 J271 控制，延时功能也刚好在一分钟左右时关闭。找来一辆正常车辆，对 SA11 电压检测发现，关闭点火开关后一分钟左右，SA11 即断电。该车 SA11 在点火开关断电后，一分钟左右断电瞬间马上恢复到 11V 左右，电子扇也高速运行。这就解释了车辆在熄火后高速运转的原因，熄火后发动机控制单元在一分钟后断电，而其他原因导致 SA11 供电，散热器风扇

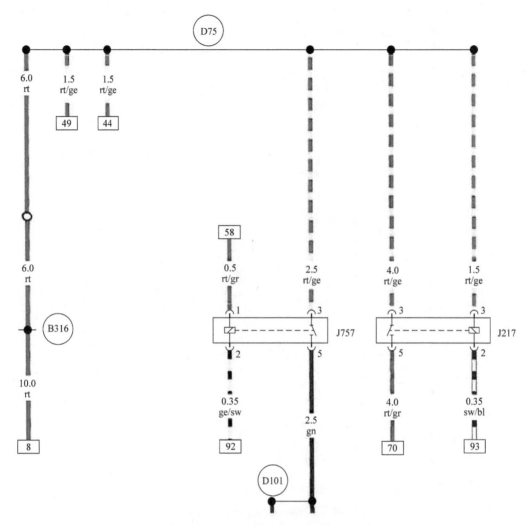

图 3-4 散热器风扇控制电路 3
J217—自动变速器控制单元 J757—发动机部件控电继电器

控制单元 J293 正常工作又收不到发动机控制单元 J623 的控制信号,于是开启应急模式,风扇一直高速运转。车辆行驶过程中或者打开点火开关的情况下,发动控制单元 J623 和散热器风扇控制单元 J293 都能正常工作,所以风扇控制单元能够控制电子扇正常工作。

接下来检查 SA11 熄火后有常电源的原因。拔掉 J271 主继电器后,检测 SA11 还存在电源电压,确认故障不在 J271 和发动机控制单元 J623。根据电路图,SA11 还与 SB 熔丝座共用电源,都受 J271 主继电器控制。拆卸仪表台左侧熔丝盒盖板准备对 SB 检测,发现该处加装了行车记录仪,并从 30 号和 15 号针脚取电源。测量 SB 熔丝电源,发现熄火后依然有电源电压,如图 3-5 和图 3-6 所示。

故障排除 拆卸加装线路,电源即恢复正常,SA11 也恢复正常,在熄火后一分钟左右断电。拆卸加装线路,恢复原车线路后试车,确认故障排除。

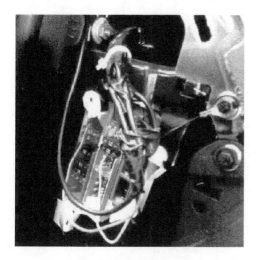 

图 3-5　加装线路位置　　　　　图 3-6　测量加装线路电压

技巧点拨　此案例为典型的线路改装导致疑难问题，在排除线路故障时要对每条线路进行仔细确认，否则很容易走入误区而无法找到故障点。

三、2013 年奥迪 A6L 空调不出风

故障现象　一辆 2013 年产的一汽 – 大众奥迪 A6L 轿车，配备 2.5L 发动机。驾驶人反映车辆的空调不出风。

故障诊断　维修人员使用奥迪原厂 ODIS 读取车辆数据，显示"空调局域网 LIN 数据总线故障"（图 3-7）。

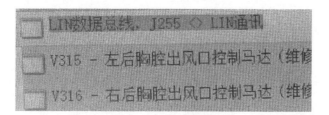

图 3-7　故障码截图

这辆奥迪 A6L 使用 LIN 局域网控制空调系统，空调风门伺服电动机单元、鼓风机控制单元通过 LIN 线与空调控制单元 J255 连接。此车辆空调系统有两套 LIN 线，其控制原理如图 3-8 所示。

鼓风机控制单元 J126 通过一条单独的 LIN 线和空调控制单元 J255 通信。16 个风门伺服电动机单元通过串联的形式和空调控制单元 J255 通信。串联电路结构如图 3-9 所示。

通过以上原理图分析，此故障有以下可能原因：①空调控制单元损坏 J255 或 J255 供电、搭铁故障；②LIN 导线故障，断路或短路；③某个风门伺服电动机单元损坏。

本着由简入繁的原则，首先拆卸前排乘客侧杂物箱，观察伺服电动机单元，未发现

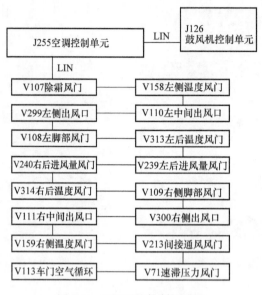

图 3-8 空调系统控制原理图

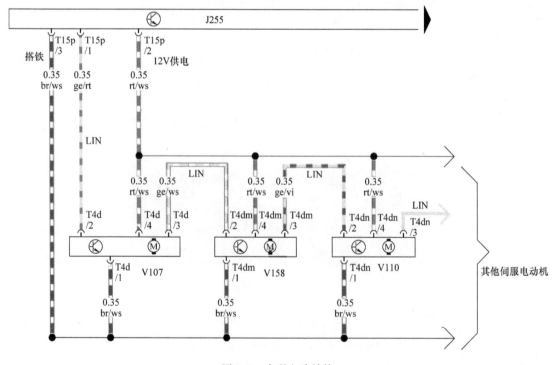

图 3-9 串联电路结构

异常。

拆卸加速踏板上方饰板，发现左侧两个风门伺服电动机单元及插头上有明显的油状液体。查找液体来源，判断是从出风管接口位置流下来的。询问驾驶人，此车上个月在别处做过空调杀菌清洗（图3-10）。

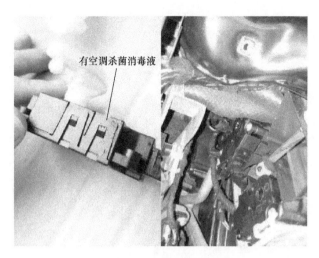

图 3-10 风门伺服电动机单元

至此，故障已经明朗，由于空调清洗使用了油状杀菌喷剂，因喷入过量造成风门伺服电动机单元无法正常运转。将两个左侧风门伺服电动机单元拆卸并分解清洗，装复后测试风门伺服电动机单元运转正常。

故障排除 清洗风门伺服电动机单元，故障排除。

> **技巧点拨** 做空调杀菌清洗时，要注意操作规范。特别是高档车，电气化程度非常高，操作时电控单元容易由清洗液导致电气故障，产生高昂的维修费。

四、2012 年奥迪 A6L 中央出风口不出风

故障现象 一辆 2012 年的一汽奥迪 A6L C6 2.0T 轿车，配备 BPJ 型发动机、自动空调。驾驶人反映该车在开空调时中央出风口不出风，仪表台两侧出风口正常。

故障诊断 接车后验证故障，打开中央出风口风门，设置自动模式或手动模式，中央出风口均不出风。奥迪 A6L 配备自动空调，各温度风板、风道风板均由伺服电动机驱动。由于中央出风口不出风，两侧出风口正常，所以故障可能原因有中央风板卡滞、中央风板伺服电动机 V102 或电位计 G138 故障、空调控制单元 J255 故障以及相关线路故障。

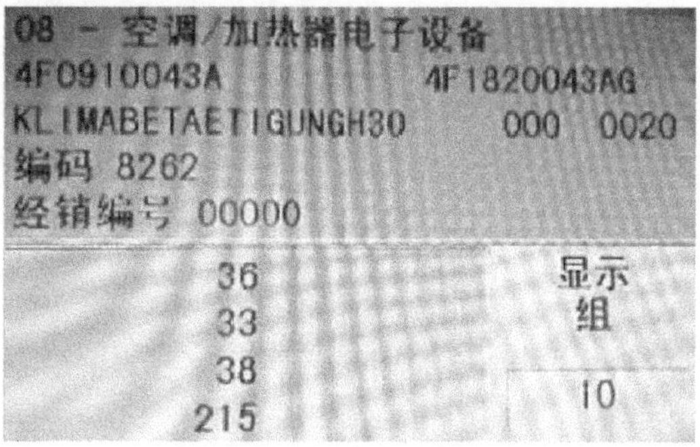

用 VAS5052 检测 08 空调控制单元 J255 没有故障码存储，重点检查中央风板伺服电动机 V102 和中央风板，读取显示组 10（图 3-11），显示组 10 各区含义见表 3-1。数据表明风板在关闭位置。

图 3-11 显示组 10

用 VAS5052 执行元件诊断，V102 转动，读取显示组 10（图 3-12），显示 V102 数据。但显示屏上没有标出各区含义，各区含义及数据见表 3-2，数据表明风板在打开位置。

表 3-1　显示组 10 各区含义

显示组	测试状态	显示区	含义	数据
10	静态	1	G318 实际反馈值	36
		2	G318 规定反馈值	33
		3	G318 在下限获取的反馈值	38
		4	G318 在上限获取的反馈值	215

通过以上检测怀疑中央风板偶发卡滞，但是检查风板并没有卡滞。安装好 V102，首先使之位于打开位置，然后打开空调，中央出风口短暂出风后很快又不出风，从数据流分析电位计 G138 实际反馈值与风板实际位置相符。

根据电路图（图 3-13），拔下 J255 插头，在线束侧对 B15、B16 两针脚施加临时电压，V102 转动正常，将电压极性倒换，则 V102 反向转动，说明 V102 无异常。

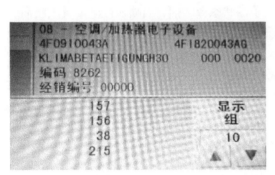

图 3-12　执行元件诊断时的显示组 10

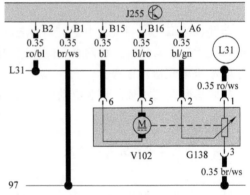

图 3-13　V102 电路图
J255—Climatronic 控制单元　V102—中央出风口伺服电动机
G138—中央出风口伺服电动机的电位计
L31—集线点（5V）　97—集线点（接地）

表 3-2　执行元件诊断时的显示组 10 各区含义

显示组	测试状态	显示区	含义	数据
10	执行元件诊断时	1	G318 实际反馈值	157
		2	G318 规定反馈值	156
		3	G318 在下限获取的反馈值	38
		4	G318 在上限获取的反馈值	215

经检测确认 V102、G138 及线路都正常，这时开始怀疑 J255 存在故障，但又不能肯定。仔细读取 VAS5052 上的功能检查说明（图 3-14），读取显示组 16（图 3-15），显示 V102 风板位置电压信号，两种试验均为关闭位置。

故障排除　通过上面数据分析，判断 G138 向 J255 发出了错误信号，决定拆下中央出风口检查电位计 G138，发现中央风板漏装了驱动轴，使 G138 不被促动。因驱动轴是中央出风口的配件，更换中央出风口后试车，出风正常，故障排除。

图 3-14 功能检查说明

图 3-15 显示组 16

> **技巧点拨** 由于中央风板漏装了驱动轴,从而导致中央风板位置信号无法传递。

五、2012 款奥迪 A6L 空调突然不制冷且喇叭不响

故障现象 一辆 2012 款奥迪 A6L,配备 CDZ 发动机和 0AW 无级变速器,行驶里程 9.9 万 km。驾驶人反映,该车在行驶过程中空调突然不制冷,而且喇叭也不响了。

故障诊断 用故障检测仪(VAS6150C)检测,读得的故障信息有车载电源控制单元(J519)端子 30-2 断路、车内照明端子 30 电路电气故障、冷却液关闭阀(N82)对正极短路、冷却液关闭阀对搭铁短路和冷却液关闭阀断路。进行诊断测试(图 3-16),发现车载电

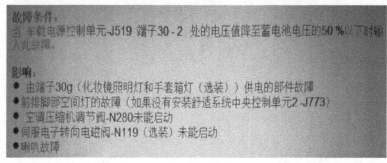

图 3-16 进行诊断测试

源控制单元端子30-2断路会对化妆镜灯、杂物箱灯、前排脚部空间灯、空调压缩机调节阀（N280）及喇叭等造成影响。检查化妆镜灯、杂物箱灯和前排脚部空间灯均不点亮，由此怀疑J519的30号端子供电有问题。

查看ELSA（电子车间信息系统），得知熔丝SD6、熔丝SD7、熔丝SD8、熔丝SD9及熔丝SD10均为J519提供30号电源。拆除驾驶人侧下部饰板，检测上述熔丝，发现熔丝SD7熔断；用万用表测量熔丝SD7插座，发现线路存在对搭铁短路的故障。由于故障信息提示冷却液关闭阀对正极和搭铁均短路，决定先检查冷却液关闭阀线路。

拆下排水槽盖板，发现冷却液关闭阀导线插接器处有防冻液的痕迹；脱开冷却液关闭阀导线插接器，发现该阀泄漏冷却液（图3-17），且其端子已严重腐蚀。再次查看ELSA，发现冷却液关闭阀由空调控制单元（J255）控制，与J519并没有直接联系。那熔丝SD7与冷却液关闭阀有什么联系呢？脱开冷却液关闭阀导线插接器，更换熔丝SD7，熔丝SD7再次熔断，说明线路仍存在对搭铁短路的故障。

重新整理维修思路，仔细观察冷却液关闭阀，发现其导线插接器密封圈已脱出，推断由冷却液关闭阀处泄漏的冷却液，在毛细管作用下渗入了相近的线路中。仔细查看ELSA，发现冷却液关闭阀与J519共用导线插接器T17i。

拆下A柱饰板，发现导线插接器T17i受冷却液腐蚀严重（图3-18），且端子1（J519经过该端子向化妆镜灯、杂物箱灯和前排脚部空间灯供电）和端子2（J255经过该端子向冷却液关闭阀提供搭铁）烧熔在了一起。

故障排除　更换冷却液关闭阀及相关线束后试车，空调制冷恢复正常，喇叭鸣响正常，且化妆镜灯、杂物箱灯和前排脚部空间灯均能够点亮，故障排除。

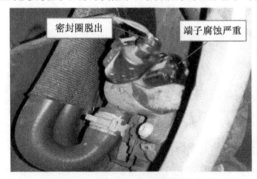

图3-17　冷却液关闭阀泄漏冷却液

图3-18　导线插接器T17i受冷却液腐蚀严重

技巧点拨　不可忽视浸水线束的毛细管现象。毛细管现象是指液体在细管状物体内侧，由于内聚力与附着力的差异，克服地心引力而上升的现象。由于毛细管现象，若车上的某个电气部件或线束进水，水有可能会通过线束进入之前没有浸水的相关线束及电气部件。因此，在维修过程中，若发现浸水电气部件及线束，一定要对其相近的线束及电气部件进行仔细检查。

如图3-19所示，虽然只是线束中间的导线插接器浸水，但由于毛细管现象，水会通过导线进入附近的控制单元导线插接器，轻则使控制单元端子腐蚀，重则使控制单元损坏。另外需要注意，若浸水部位有腐蚀现象，建议进行更换，不要进行修复，因为修复后的部位存在安全隐患，出现功能失效性故障事小，万一引起电路短路而引发火灾就得不偿失了。

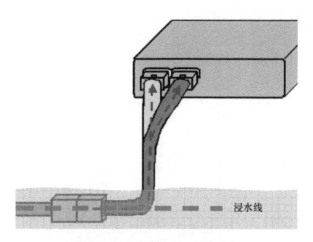

图 3-19 浸水线束的毛细管现象

六、2011 款奥迪 A6L 空调中部出风口风量异常

故障现象 一辆 2011 款奥迪 A6L，配备 BPJ 型发动机、01J 型变速器，行驶里程 12 万 km。驾驶人反映该车空调中部出风口的风量时大时小、时有时无，故障发生无规律。

故障诊断 车辆进店后，根据驾驶人的描述首先打开空调，将风向设置为胸部出风模式，检查中部出风口是否出风，拨动中部出风口调节轮，没有风吹出，故障属实。连接诊断仪检测空调控制单元 J255，存储故障码"02765—前部冷风风门电动机位置传感器 G315 断路/对正极短路，偶发"。

分析这个故障码的可能原因包括：①前部风门电动机偶发性故障，需要进行基本设置；②前部风门位置传感器 G315 故障；③空调控制单元 J255 插脚松动导致信号错乱。

首先对各个风门电动机进行基本设置，用诊断仪进入 08-03-01，同时从杂物箱处观察各风门电动机的动作，未见异常。然后拆下空调控制单元 J255，检查针脚是否松动及导线是否破损，经检查未见异常。查阅电路图，无意间发现该车设有左中出风口传感器 G347、右中出风口传感器 G348（图 3-20）。

重新理清思路，其他出风口风量正常而且未设有出风口传感器，中部出风口风量不正常而且设有出风口传感器，故怀疑感知调节轮位置的传感器 G347、G348 存在故障。查阅相关资料，得知 J255 数据流的 006 组与 007 组反映 G347、G348 的实时数据。

于是连接诊断仪，起动发动机，在拨动中部出风口调节轮时读取 006 组、007 组数据，看到左中、右中出风口传感器显示值不在正常范围内并且不断跳动，至此故障原因已经明了，是中部出风口传感器故障。

用专用工具拆卸中部出风口，有橘黄色和黄色两个插头，橘黄色的是出风口传感器的插头。拔开插头，看到 6 个针脚中的 3 号针已经腐蚀（图 3-21），导致送往 J255 的 G347 信号失准或中断。

故障排除 询问驾驶人得知，该车此前更换过空调箱，箱内存有许多潮湿污物，猜测是未更换空调箱之前，气流将潮湿污物吹到中部出风口传感器插头，导致针脚腐蚀进而接触不良。清洁针脚腐蚀物重新插接，读取 006、007 组数据流，数值均在规定范围内。拨动中部

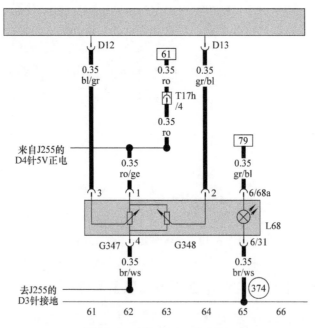

图 3-20 中部出风口传感器

J255—空调控制单元　G347—左中出风传感器　G348—右中出风传感器　L68—中部出风口照明灯

图 3-21 3 号针已经腐蚀

出风口调节轮，风量能够增大或减小，风量正常，故障排除。

> **技巧点拨**　该车仅中部出风口设有出风口传感器，奥迪 C7 高配车后部出风口也设有出风口传感器，该传感器将调节轮位置信号送至 J255，由 J255 发送信号给执行器风门电动机，打开风门之后鼓风机的风量才能送至各出风口。刚开始从执行器入手仅是整个系统的一部分，未考虑全局，以后遇到故障应从全局出发仔细分析各个节点，从细微之处入手才能发现问题、解决问题。

七、2010 年奥迪 A6L 空调不制冷

故障现象　一辆 2010 年的奥迪 A6L，配备 2.0T 发动机（BPJ），行驶里程 15 万 km。该车空调不制冷。

故障诊断　用压力表检测空调系统压力为 800kPa，说明压力正常。驾驶人反映仪表上显示车外温度为 -42℃。观察仪表确认了此现象，于是怀疑此车电路存在故障。基于以往的经验，大众车系的自动空调系统中，车外温度通过装在前保险杠上的传感器感应到，此信号进入仪表后，再通过 CAN 线送到自动空调系统。当车外温度过低时，自动空调不会起动压缩机工作。

用诊断仪读取了仪表系统中的故障码，有一个车外温度传感器信号断路的故障码，并且无法清除。

将前保险杠拆下后，找到了此车的车外温度传感器，用万用表检测传感器电阻为 890Ω，在正常范围内。用示波器检测传感器插头上的电压，为 0，产生此故障现象的原因可能是线路故障、传感器故障或仪表故障。

因为仪表损坏的概率比较低，传感器本身故障的可能性已经被排除，剩下的就是线路故障，故障范围应该在仪表到传感器中间的线路上。于是，沿车外温度传感器的线束往前寻找，在散热器框架左侧的竖框上，有一个多针插头，此处有一根导线断开，如图 3-22 所示。

图 3-22　导线断开位置

断开的导线颜色为紫色，与传感器本身线色并不一致。将其断开处修复后，着车试验，空调仍旧不工作。继续往前寻找，发现在靠近左翼子板附近的线束有维修过的痕迹，我们再将包裹的胶带去掉，检查发现有两根橙棕色和橙灰色细线断开，并且是上次维修过没有处理好，如图 3-23 所示。

将此处重新连接好后，用焊锡焊牢并用绝缘胶带缠好，再用示波器检测传感器插头上的波形，如图 3-24 所示。将传感器插上后，从传感器插头背面检测电压波形，如图 3-25 所示。

与安装传感器以前相比，波形明显降低，由此说明传感器与线束插头接触良好，车外温度传感器线路故障维修完毕。在拆检过程中，发现此车的散热器和空调冷凝器外表特别脏，

图 3-23 线束位置

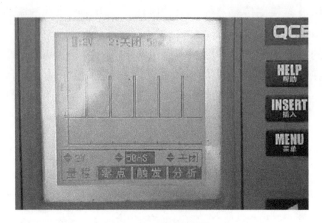

图 3-24 信号波形

进行清洗后将前保险杠装复。

故障排除 试车,发现仪表上的外界温度由 -42℃ 逐渐升高,每行驶约 1km 上升 0.5℃,一直到 -19℃,因为时间关系,没有进一步试车,空调在此期间制冷一直正常。再次进入仪表系统检测,没有故障码,确认故障排除。

> **技巧点拨** 此车故障是因为车外温度传感器线路故障引起,因为车外温度传感器信号不正常,空调系统不制冷。车外温度信号先进入仪表,再通过 CAN 传递给自动空调系统。当故障排除后,仪表显示的温度不会马上进行更新,需要进行试车,仪表上的外界温度显示才能逐渐恢复正常,此故障在大众车系中非常典型。信号线上的电压是以脉冲形式工作的,用万用表检测电压时不能得到准确的结果,一定要用示波器进行检测。

八、2009 款奥迪 A6L 空调有时不出风

故障现象 一辆 2009 款奥迪 A6L,配备 BDW 型发动机,行驶里程 135566km。驾驶人反映该车的空调有时不出风。

图 3-25　电压波形

故障诊断　接车后试车，确认故障属实，空调调到最高档位也不出风。首先连接 VAS5054 检查 08 空调系统故障码，如图 3-26 所示。

根据故障码分析主要故障为以下几点：①鼓风机损坏；②鼓风机电阻损坏；③空调面板问题；④鼓风机电阻线路故障。

根据诊断思路进行排查。首先拆下鼓风机，测量电阻为 0.3Ω，电阻正常，说明鼓风机没有问题；紧接着测量鼓风机电源，发现

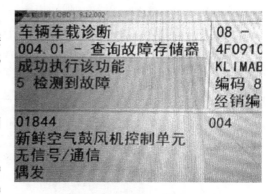

图 3-26　空调系统故障码

没有 12V 的电压，难道是鼓风机电阻出问题了？带着疑问查看电路图，到控制器一共有四条线，其中一条是供电线、一条是搭铁线，一条是信号线，还有一条是带太阳能天窗的信号线（该车无此线可以忽略不计）。使用万用表测量供电线和搭铁线都正常，信号线有 12V 电压，这些都没有问题，所以肯定是电阻的问题。与驾驶人沟通后更换电阻，更换后空调确实有风了，但是一天后故障依旧。再次到店检测，测量线路正常。难道是新买的配件有问题？带着疑问找了正常的同型号车辆进行了对调，结果还是一样，证实电阻没有问题。难道是空调面板给的信号电压不正常？

对比发现其他车辆信号电压一直在 10~11V 跳动，而这辆车一直保持 12V 不动，明显有问题。难道空调控制面板 J255 有问题？但是分析电路图，得知 J255 出来的 C1 信号也传送到压力开关，没有报故障，说明 J255 没有问题，线路问题的可能性极大。于是对 J255 到电阻的信号线进行通断测试，不正常，看来问题找到了，应该在这一条线路上。查看 T14d/12 和 T17h/14 两个插头，没有发现腐蚀，但是通过逐步排查，最终检查到制动真空泵下面有一条线已经断了，如图 3-27 所示。

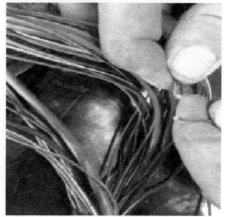

图 3-27　线束断裂

故障排除　重新焊接后故障排除，再一次测量电压在 10～11V 之间一直跳动，所以前期测量电压都是虚电导致，后面检查确认还是由于排水槽堵塞导致积水，加上这一条线在以前维修的过程中受到了挤压已经破皮，从而导致氧化短路。

> **技巧点拨**　对于维修电路方面的问题，一定要仔细，考虑要全面，往往都是一些小问题导致故障。另外，在测量电压的时候一定要留心虚电，这个故障就是被虚电迷惑，其实问题本质并不复杂。

九、2009 年奥迪 A6L 空调控制器熔丝偶尔熔断

故障现象　一辆 2009 年的奥迪 A6L，配备 BPJ 发动机，行驶里程 26.5 万 km。驾驶人反映，该车空调控制器熔丝偶尔熔断，换上新的熔丝，车辆正常行驶两天熔丝就再次熔断。该车已在其他维修厂维修过几次，但均未能将故障排除，于是将车开至我厂进行检修。

故障诊断　接车后，根据驾驶人指引，在仪表板右侧熔丝盒内找到了那个偶尔熔断的熔丝（图 3-28）；查看熔丝盒盖上的说明，得知该熔丝为空调控制器（J255）供电，额定电流为 10A。反复测试空调功能，空调工作正常，且熔丝未熔断。查看相关电路（图 3-29）得知，偶尔熔断的熔丝为 SC8 熔丝，为 J255 提供 30 号电源，另外 SB5 熔丝为 J255 提供 15 号电源。

图 3-28　空调控制器熔丝的位置

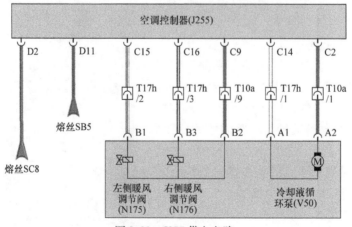

图 3-29　J255 供电电路

在 SC8 熔丝处连接电流钳（图 3-30），用示波器测量经过 SC8 熔丝的电流。在某次接通点火开关时，发现空调控制面板突然黑屏，查看 SC8 熔丝，熔丝熔断。查看示波器测得的电流波形（图 3-31），发现有一段约 20A 的电流，持续时间约为 344ms，推断这正是导致 SC8 熔丝熔断的原因。

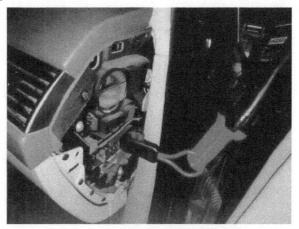

图 3-30　在 SC8 熔丝处连接电流钳

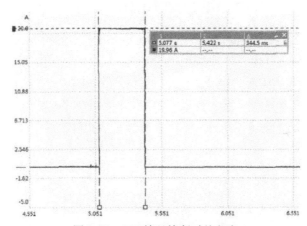

图 3-31　SC8 熔丝熔断时的电流

更换 SC8 熔丝，反复接通、断开点火开关，熔丝不再熔断。依次操作空调控制面板（图 3-32）上的开关，在旋转右侧温度调节旋钮至最冷位置的过程中，突然发现电流波形存在异常（图 3-33），流经 SC8 熔丝的电流会突然上升至 12.33A，超出了该熔丝的额定电流（10A），明显异常，但此时熔丝并未熔断。调节右侧温度调节旋钮时哪些执行器要参与工作呢？查阅维修资料得知，此时参与工作的主要执行器有温度调节风门电动机（V197）、冷

图 3-32　空调控制面板

却液循环泵（V50）、右侧暖风调节阀（N176）和空调压缩机调节阀（N280），由于 V197、V50、N280 是调节左侧和右侧温度时的共用执行器，而在调节左侧温度调节旋钮时故障不会出现，推断 N176 存在故障的可能性较大。

再将另一把电流钳连接在 N176 控制线（黑黄色线）上，然后不停地调节右侧温度调节旋钮，发现当流经 SC8 熔丝的电流出现异常时，流经 N176 控制线的电流也出现异常，且电流大小基本一致，由此推断该车故障是由 N176 内部偶尔短路引起的。

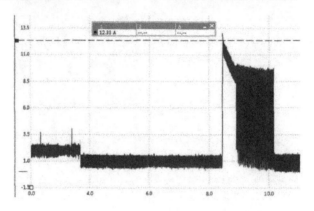

图 3-33　旋转右侧温度调节旋钮时异常的电流

拆下 N176 和左侧暖风调节阀（N175），分别测量 N175 和 N176 的电阻，N175 的电阻为 10.1Ω，N176 的电阻为 6.1Ω，对比可知，N176 内部确实存在短路故障。

故障排除　更换暖风调节阀总成（包括 N175、N176 和 V50）后反复测试，发现流经 SC8 熔丝的电流不再异常升高（图3-34），于是交车。一个星期后电话回访驾驶人，驾驶人反映 SC8 熔丝未再熔断，车辆使用一切正常，故障彻底排除。

> **技巧点拨**　该车配备自动双区空调，左前侧和右前侧的温度可独立调节。冷却液由冷却液循环泵（V50）驱动，经过两个暖风调节阀流向热交换器，然后流回发动机。根据设定的车内温度，J255 一方面控制空调压缩机工作，进行制冷，另一方面控制两个暖风调节阀的开启角度，以调节进入热交换器的冷却液流量。
>
> 如图 3-35 所示，J255 数据流第 40 组数据的第 2 区为 N175 的开启角度，第 3 区为 N176 的开启角度，第 4 区为 V50 的工作状态。暖风调节阀的开启角度在 0%～100% 之间变化，当设定车内温度为最低时，显示为 0%，表示暖风调节阀关闭；当设定车内温度为最高时，显示为 99%，表示暖风调节阀处于最大开启角度；断开点火开关后，两个暖风调节阀均处于最大开启角度；V50 的工作状态分为"切断"和"接通"两种。注意：第 2 区和第 3 区的数据均表示 J255 根据设定的车内温度计算的暖风调节阀的开启角度，并不是暖风调节阀的实际开启角度，例如暖风调节阀卡滞在关闭位置，第 2 区和第 3 区的数据不会一直显示 0%，仍会随着设定车内温度的变化而在 0%～100% 之间变化。

十、奥迪 A6L 散热器风扇常转，但空调不工作

故障现象　一辆奥迪 A6L 轿车配备型号为 BDW、排量为 2.4L 的发动机，行驶里程

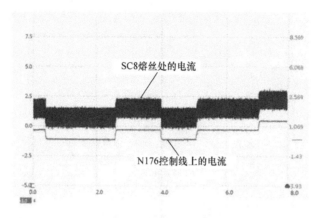

图 3-34 恢复正常的电流

图 3-35 J255 数据流第 40 组数据

4 万 km。该车散热器风扇常转,但空调不工作。

故障诊断 用 VAS5052 诊断仪检测车辆有故障码"空调压力开关有电气故障,静态"。读取空调 ECU 的数据流,发现空调系统内部压力为 51bar(1bar = 10^5Pa),说明空调内压力过高。查看空调输出控制电流为 0,应该有 0.8A 以上的电流才说明空调有信号输出。根据诊断仪提示,更换空调压力开关后故障没有排除。

用万用表测量压力开关的棕/蓝色信号线有 0.29V 的电压,而该信号线不应该是这个电压信号;接着测量该线的通断,从仪表台下方测量这根线通断时,发现没有导通。分段检查这根线,最后发现在散热器框架处 T10q/1 至 T17d/14 之间的线路(图 3-36)存在断路并且该处有水渍。

故障排除 在吹干线束上的水渍后,将断路的线重新修复。起动发动机发现空调运行良好,关闭空调后散热器风扇也停止工作。

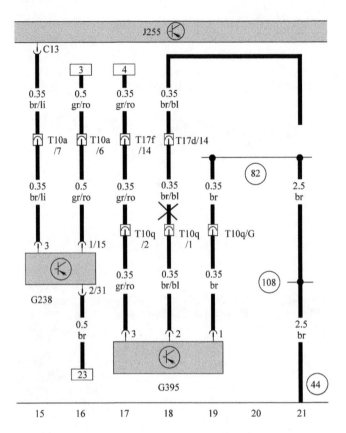

图 3-36 奥迪 A6L 散热器风扇空调线路（部分）
J255—空调控制单元　G238—空气质量传感器　G395—制冷剂压力和温度传感器

> **技巧点拨**　G395 至 J255 信号线断路后，空调系统压力默认是 51bar，同时空调不能打开且散热器风扇高速运转。以前在维修中没有注意总结，不能确定 G395 损坏后风扇是否进入应急状态高速运转。通过此次维修了解到 G395 信号失效后会引起散热器风扇进入高速运转的模式，同时压力显示为 51bar。

十一、2013 年奥迪 A4L 鼓风机不受控制

故障现象　一辆 2013 年的奥迪 A4L 2.0T 轿车，配备 CDZ 型发动机、自动空调，行驶里程 33247km。驾驶人反映该车在关闭点火开关后，鼓风机仍转动，在一家汽修厂临时处理后，鼓风机无法运转。

故障诊断　用诊断仪检测空调控制单元 J255，存有故障码 "01273—新鲜空气鼓风电动机 V2，断路/对正极短路"。打开鼓风机开关，鼓风机不转，根据电路图，检查鼓风机控制单元 J126 的插头，发现鼓风电动机 V2 插头未连接，插牢 V2 插头。

试验鼓风机各个速度，发现 1 档出风量时大时小，鼓风电动机转速变化不定。关闭点火开关，鼓风机随即停止转动，稍后鼓风电动机以较高转速转动，有时转动停一会，有时一直转动。

J126 的作用是给鼓风电动机供电并调节转速，阅读 J126 电路图（图 3-37），T6y/4 是 30 号电，测量电压为 12.3V，正常。T6y/3 是接地线，测量与地之间电阻为 0.1Ω，正常。T6y/1 通往空调控制单元 J255 的 T20e/1，是控制信号线，测量导通性正常。

根据测量结果，分析可能故障原因有鼓风机控制单元 J126 故障、空调控制单元 J255 故障以及基本设置不正确。对空调系统进行基本设置，系统显示无法设置，存有故障码 "01087—未进行基本设置"。查询主机厂技术手册得知，空调系统无法进行基本设置时，应将空调系统的软件版本由 0180 升级至 0181，升级后可以进行基本设置。打开空调运行，查询 J255 中存有故障码 "01230—左脚部出风口伺服电动机 V261 卡住或无电压"。

故障排除　根据电路图（图 3-38），测量 V261 线路正常，更换 V261，运行空调仍存有故障码 "01087—未进行基本设置"。系统显示软件版本未升级、左脚部出风口伺服电动机 V261 损坏。进行基本设置后鼓风电动机工作正常，检测无故障码，故障排除。

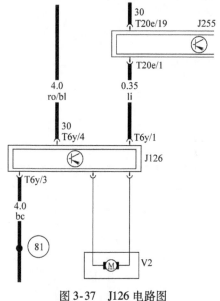

图 3-37　J126 电路图
J255—空调控制单元　J126—鼓风机控制单元
V2—鼓风电动机

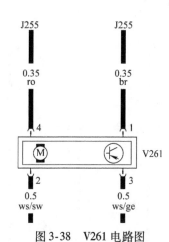

图 3-38　V261 电路图
J255—空调控制单元　V261—左脚部出风口伺服电动机

技巧点拨　由于左脚部出风口伺服电动机 V261 存在故障，反馈给 J255 错误的风板位置信号，导致 J255 错误地控制 J126，进而造成鼓风机不受控制。

十二、奥迪 A4 空调不制冷

故障现象　一辆奥迪 A4，配备 2.0L 发动机，VIN 为 LFV3A28K993×××××，行驶里程 89856km。这辆车刚经过事故维修，更换了空调冷凝器和压力开关，但是打开空调后不制冷。

故障诊断　维修人员接上制冷剂回收器，对系统内的制冷剂进行回收和加注。添加制冷剂量正常，检查空调开关、电子风扇均工作正常，车外温度显示正常。随后测量空调高、低压压力，高、低压两侧压力相同，疑似空调压缩机不工作。

用故障诊断仪检测，系统中存有故障码"00256—空调压力/温度传感器 G395 无信号/通信"，如图 3-39 所示。查阅空调系统电路图，如图 3-40 所示；查阅压力开关针脚图，如

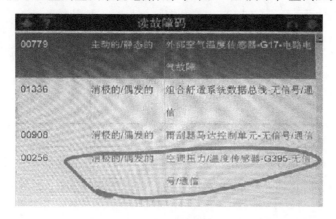

图 3-39 故障码

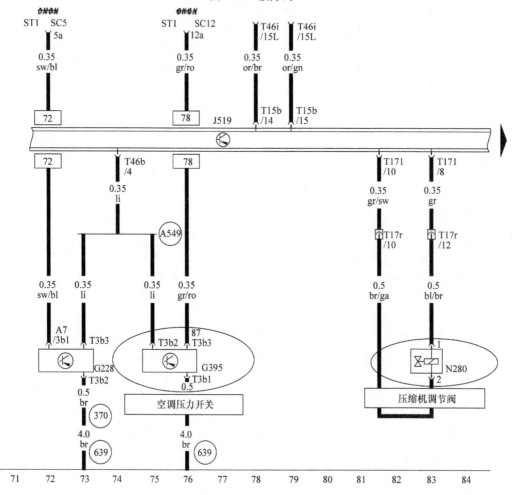

图 3-40 空调系统电路图

G228—空气质量传感器　G395—制冷剂压力和温度传感器　J519—车载电网控制单元

图3-41所示。接下来检查压力开关模块（插头A）供电。打开点火开关，测量3号脚对地电压为12V，1号脚对地电压为0、对地电阻为0（接地可靠）；测量2号脚与模块（J519）连接可靠。

然后连接故障诊断仪检测道通906，读取动态数据显示空调泵调节阀控制电流为0（图3-42），不正常。检查空调泵调节阀插头A（图3-43）与模块（J519）的线路，连接可靠。

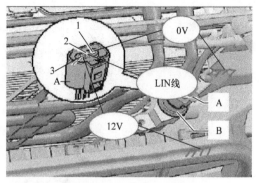

图3-41 压力开关针脚图

图3-42 数据流

既然线路检查连接可靠，供电正常，怀疑是空调压力开关损坏，可更换后故障仍然存在，读取动态数据，控制电流仍为0A。

正当维修陷入困境时，维修人员突然回想起在拆卸压力开关时，感觉到似乎没有制冷剂泄漏出来！在系统存在压力的情况下不应该这样。或许是气门芯卡滞，没有顶开？干脆把气门芯拆掉，重新安装好压力开关，再加注制冷剂后试车，空调制冷良好，读取数据流正常（图3-44）。

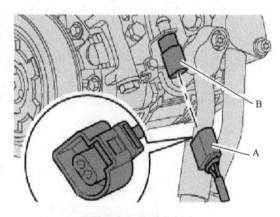

图3-43 调节阀插头

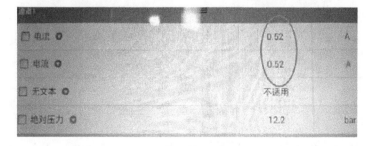

图3-44 正常数据

故障排除 故障原因找到后，换一个新的压力开关，故障彻底排除。

技巧点拨 在维修过程中，诊断仪读取到的故障码"00256—空调压力/温度传感器G395无信号/通信"实际上是无法检测到系统压力，而不是无通信，引起了误导。需要弄清楚工作原理进行分析，避免因机械故障引起的现象误认为是电气线路类，导致误诊断。

关键是该车采购的冷凝器为副厂件，制造工艺比较粗糙，由于压力开关质量问题影响了维修质量。这样的教训以后一定要引起重视。

第二节　奥迪 SUV

一、奥迪 Q5 空调制冷效果不理想

故障现象　一辆奥迪 Q5，配备 CUH 发动机、0BK 变速器，行驶里程 46354km。驾驶人反映该车的空调制冷效果不理想。

故障诊断　将故障车与正常车辆对比，确认该车存在故障。正常车辆出风口温度 9.8℃，如图 3-45 所示，而故障车辆为 18.8℃，如图 3-46 所示。

图 3-45　正常车温度

图 3-46　故障车温度

用专用检测仪 VAS6150B 检测车辆故障存储器，全车控制单元均无故障存储。将车辆制冷剂抽出，总量为 540g（图 3-47），属正常。

图 3-47　抽制冷剂

将车辆的空调开关开到 Low，关闭 4 门及车窗 20~30min 以后，再次测量车辆中部出风口温度，测量值为 18.9℃，对比正常车辆，相同条件下的温度为 9℃，确认该车辆空调系统存在故障。

对比正常车辆，故障车低压压力偏高（410kPa），高压压力偏低（1300kPa），而正常车辆低压为210kPa，高压为1500kPa。故障车辆踩加速踏板时高、低压压力基本保持不变，而正常车辆应为低压压力变低，高压压力升高。

确认压缩机内部故障，需更换压缩机。拆卸压缩机后发现压缩机管路内部有不正常现象，如图3-48所示。

图3-48 压缩机

故障排除 更换压缩机后故障排除。

技巧点拨 询问驾驶人得知，前段时间曾维修过车辆前部碰撞事故，估计维修过程中塞进去的抹布在安装时没有取出来，造成压缩机损坏。

二、奥迪Q3空调不工作，鼓风机不运转

故障现象 一辆奥迪Q3，配备02E变速器，行驶里程6600km。驾驶人反映该车在正常行驶中有空调不工作、鼓风机不运转的偶发现象。

故障诊断 用诊断仪读取故障码，系统中存有故障码"VAG01273—新鲜空气鼓风机断路/对正极短路，间歇性问题"，如图3-49所示。该车配备自动空调，新鲜空气鼓风机控制单元和鼓风机电路如图3-50和图3-51所示。

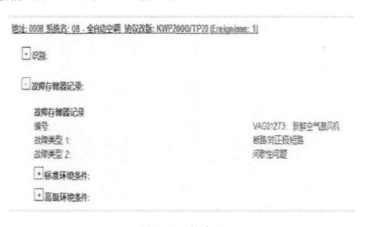

图3-49 故障码

经分析，故障部位包括：①新鲜空气鼓风机控制单元或者鼓风机内部故障；②全自动空调控制单元故障；③线路故障。

维修人员决定先检查J126新鲜空气鼓风机控制单元供电，SA5 - SC50 - T10/2正极输入没有故障，测量T10/2和T10/1之间电压为蓄电池电压，正常。接下来检查J126新鲜空气鼓风机控制单元的T6U/1到J255全自动空调控制单元的T20J/20以及J126新鲜空气鼓风机控制单元的T6U/2到J255全自动空调控制单元的T20J/19的线路，均未发现问题。

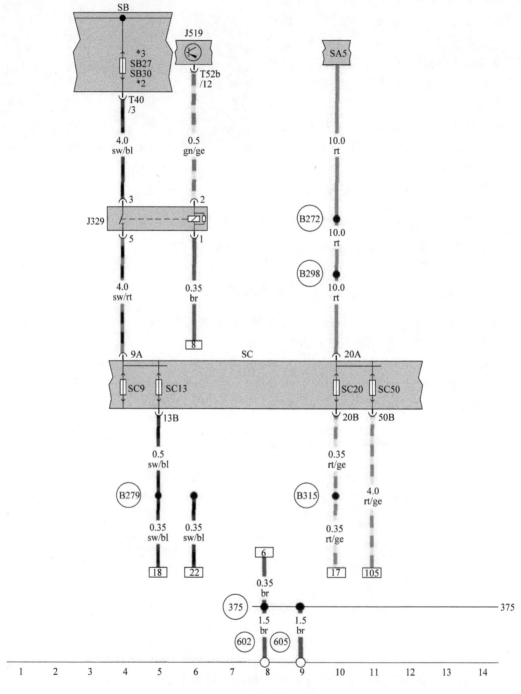

图 3-50 空调系统电路图 1

SB27—熔丝架 B 上的熔丝 27 SB30—熔丝架 B 上的熔丝 30 SC—熔丝架 C SC9—熔丝架 C 上的熔丝 9 SC13—熔丝架 C 上的熔丝 13 SC20—熔丝架 C 上的熔丝 20 SC50—熔丝架 C 上的熔丝 50 T40—40 针插头连接 T52b—52 针插头连接 375—接地连接 10，在主导线束中 602—左前脚部空间内的接地点 605—上部转向柱上的接地点 B272—正极连接（30），在主导线束中 B279—正极连接 3（15a），在主导线束中

第三章 大众车系

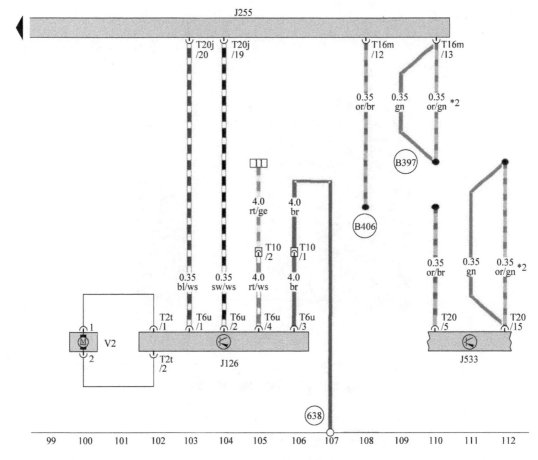

图 3-51 空调系统电路图 2

T16m—16 针插头连接 T20—20 针插头连接 T20j—20 针插头连接 V2—新鲜空气鼓风机 638—右 A 柱上的接地点
B397—连接 1（舒适 CAN 总线，High），在主导线束中 B406—连接 1（舒适 CAN 总线，Low），在主导线束中

在相关检测都没有发现问题的情况下，维修人员尝试更换了带 J126 新鲜空气鼓风机控制单元的鼓风机总成，交予驾驶人使用。一个月后驾驶人来店反映故障依旧，并且故障频率不定，没有任何规律。维修人员再次对线路检测，依然没有发现故障，找了一辆正常车辆对换了 J255 全自动空调控制单元，试车后没有发现驾驶人陈述的偶发故障，交予驾驶人使用，一个星期后驾驶人反映故障依旧。

再次仔细对该车鼓风机控制电路排查，J126 新鲜空气鼓风机控制单元的 T6U/1 到 J255 全自动空调控制单元的 T20J/20 和 J126 新鲜空气鼓风机控制单元的 T6U/2 到 J255 全自动空调控制单元的 T20J/19 的线路正常；SC50 供电正常，熔丝正常。测量 T10/2 和 T10/1 之间电压为正常蓄电池电压，正常。晃动 J126 新鲜空气鼓风机控制单元上的主线，发现鼓风机时而运转时而停止，仔细检查刚刚晃动的主线，发现 J126 新鲜空气鼓风机控制单元的搭铁线没有安装到螺钉里面，而是叠在几个搭铁线之间，如图 3-52 所示。

故障排除　将 J126 新鲜空气鼓风机控制单元搭铁线正常安装后试车，确认故障排除，交予驾驶人使用一个月回访，得知使用正常。

技巧点拨 进行电路检查一定不要忽略搭铁线或搭铁点的检查，特别是一些偶发故障，一定要确认搭铁点正常接触良好，才能准确快速地找到故障原因，避免重复维修，减少驾驶人抱怨和等待时间。

图 3-52 故障位置

第三节 迈腾系列

一、2012 款全新迈腾 PDI 检测时空调不工作

故障现象 一辆 2012 款全新迈腾轿车，配备 CEA 缸内直喷发动机和 DSG7 档变速器。该车在做新车 PDI 检查时，发现空调不工作。

故障诊断 连接故障诊断仪 VAS5052A 检测车辆空调系统，发现故障码"B10ABF0—制冷剂压力未达到下限，主动/静态"。随后检查空调系统管路及空调压缩机，发现限压阀打开，制冷剂泄漏（图 3-53）。据此初步判断为空调系统压力过高导致限压阀打开，分析主要原因如下：①空调系统压力传感器故障，导致空调系统压力信号异常；②压缩机本身机械故障，导致空调系统压力无法调节；③空调系统管路堵塞，导致系统压力过高；④冷凝器散热问题，导致空调系统温度过高从而系统压力过高。

本着由简入繁的检查原则，首先检查空调压力传感器及线路问题。拆下高压传感器检查线路，正常；检查高压传感器接口，拆下接口单向阀，发现内部不通（图 3-54），初步判断为高压管路问题。

空调高压管路高压传感器接口处不通，空调高压传感器接收不到信号，压力信号为 0。高压传感器无法给空调控制单元提供正确的压力信号，导致空调压缩机大负荷工作，同时空调控制单元无法正常控制风扇工作，导致空调管路压力和温度过高，因此压缩机限压阀打开泄压。

 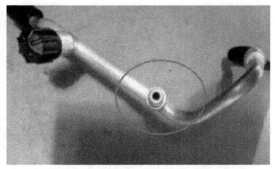

图 3-53　限压阀打开　　　　　　　图 3-54　高压管路高压传感器接口处不通

故障排除　更换空调高压管和空调压缩机，故障排除。

技巧点拨　对于本案例，空调压缩机限压阀自动开启，首先考虑空调压力控制部件，即高压传感器方面的检测。

二、2012 款迈腾偶发鼓风机不运转

故障现象　一辆 2012 款迈腾轿车，装备 BYJ 发动机。驾驶人反映该车偶发鼓风机不运转故障。

故障诊断　使用故障诊断仪 VAS5052 检查空调系统，存有故障码"01273—新鲜空气鼓风机电路开路或对正极短路"和"00156—风窗玻璃清洗泵控制电路开路或对正极短路"。分析这两个故障码内容，发现均来自于车辆舒适系统，并且均为电源供电方面的故障。

查阅电路图，新鲜空气鼓风机及风窗玻璃清洗泵控制电路的供电电压由 J59 卸荷继电器控制，熔丝 SB29 为新鲜空气鼓风机供电（图 3-55）。于是顺藤摸瓜，检查发动机舱内的 E-BOX 熔丝盒及继电器。首先检查 J59 继电器，正常；检查熔丝 SB29，发现接触片部位有电火花烧蚀的痕迹（图 3-56）；检查熔丝插座，发现接触片间隙较大，熔丝可轻易插拔。

故障排除　调整熔丝接触片间隙，使熔丝接触良好，然后清除故障码，试车确认空调鼓风机工作恢复正常。再次拔下熔丝后接通点火钥匙，读取的故障码内容与故障状态时相同。

技巧点拨　该车故障是由于熔丝 SB29 与熔丝盒接触不良导致空调鼓风机偶发不工作故障，产生上述故障码。此案例关键的思路是，车辆舒适系统出现两个故障码，均为供电故障，因此分析故障的思路应为两个故障点的共同供电线路。然后分析相关线路，找到可疑点，逐一排除。

对于线路接触不良导致的偶发性故障，首先读取故障码，锁定故障检查范围，从最基本的线路检查入手。例如重点检查继电器、导线连接处及熔丝接触片等，方可起到事半功倍的效果。

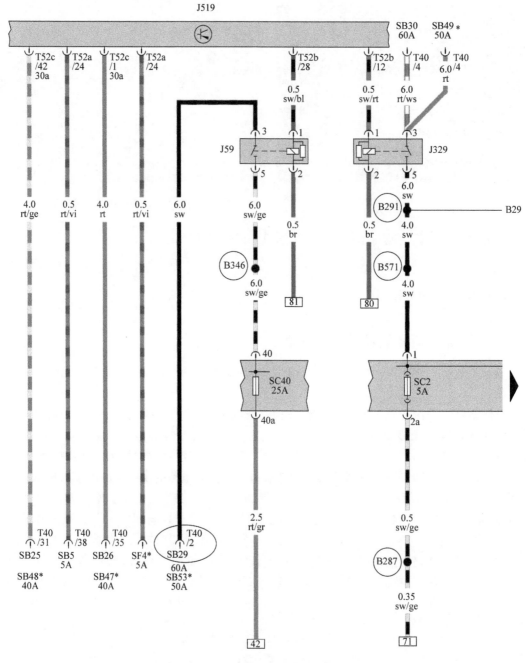

图 3-55 熔丝 SB29 相关电路图

J519—车载电网控制单元　J59—X 触点卸荷继电器　J329—端子 15 供电继电器　SB29—熔丝架 B 上的熔丝 29

三、2011 款迈腾突然出现不制冷

故障现象　一辆 2011 款迈腾轿车，配备 BYJ 缸内直喷发动机。驾驶人反映该车开空调有异味，于是 4S 店对空调循环系统做了"清洗套餐"。原本制冷效果很好，但在清洗过程

中突然出现不制冷故障。

故障诊断 用诊断仪检查空调系统无故障码存储,读取冷却液温度、制冷剂压力和环境温度等数据均正常,检查发动机系统没有进行负荷管理。

根据故障现象和数据流分析,空调工作条件已经满足,首先检查压缩机有12V工作电压,开启空调后压力表上高、低压无变化,说明压缩机没起动。对空调系统进行执行元件自诊断,发现压力调节阀有动作声音,怀疑压缩机内部机械故障,于是拆检压缩机,发现传动带轮和压缩机中间轴之间断裂(图3-57),导致传动带轮转动时压缩机内部活塞不转,因此压缩机无法工作,必须更换空调压缩机总成。

图3-56 电火花烧蚀的痕迹

为什么会出现断裂呢?带着疑问分析原因。对空调系统进行清洗时,清洗剂使用说明要求将空调开关调至最高档运行(图3-58)。

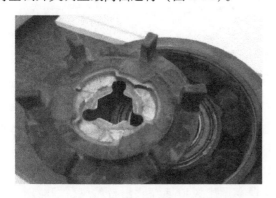

图3-57 传动带轮和压缩机中间轴之间断裂

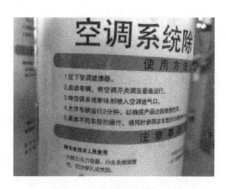

图3-58 清洗剂使用说明

在进行自动空调系统常规清洗时,维修人员习惯将温度调到最低,风量自动会调到最大,然后站在前风窗玻璃位置处对空调进风口喷除味剂,此时电子风扇持续最高速运转。当时翼子板护垫将车辆前中网和保险杠上格栅堵住(图3-59)。此时空调系统压力高于正常怠速及行驶时约500kPa,导致压缩机负荷异常增大(图3-60)。而空调传动带轮设计结构具有超负荷切断保护功能,当空调压缩机负荷过载时,空调压缩机传动带轮自动切断。

图3-59 翼子板护垫遮挡了车辆前部

更换空调压缩机后,检查空调压力依然偏高,经检查冷凝器外部严重堵塞,至此,故障根本原因已经找到。由于冷凝器散热不良,同时翼子板护垫盖住了中网,导致空调系统压力异常增加,造成压缩机传动带轮断裂故障发生。

图 3-60　前中网被遮挡前后空调系统压力对比

故障排除　更换空调压缩机并清洗冷凝器，故障彻底排除。

> **技巧点拨**　维修人员在维修过程中忽略了冷凝器外表检查，同时车辆防护操作失误，造成意外的损失。

第四节　速腾系列

一、2013 款大众速腾空调制冷性能不佳

故障现象　一辆 2013 款一汽大众速腾，行驶里程 8 万 km。驾驶人反映该车的空调制冷性能不佳。

故障诊断　接车后，首先试车验证故障现象。接通点火开关，起动发动机，打开空调开关，空调出风口有少量冷风吹出。该车的空调系统并非完全不制冷，只是在空调运转较长时间后才开始制冷，且制冷效果较差。持续对空调出风口温度进行监测，数字温度计显示出风口温度为 11.9℃。空调运行一段时间后，发现空调出风口逐渐吹出自然风，同时压缩机出现异响，且异响随着发动机转速的升高而越来越明显，关闭空调开关后，异响立刻消失。

用压力表对空调管路进行压力检测，发现高压侧压力为 980kPa、低压侧压力为 300kPa。很明显，空调系统工作压力不正常。用检测仪检测占空比信号为 85%，空调压缩机调节阀电流为 0.80A，信号控制未发现异常。检查冷凝器，发现其表面脏物较多（图 3-61）。

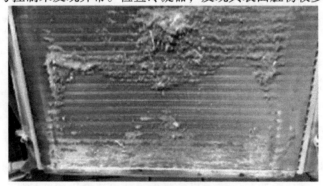

图 3-61　故障车冷凝器表面

用冷冻机油专用检测棉对空调管路系统中的冷冻机油质量、数量进行检测，发现冷冻机油已经发黑、酸化，且油量严重亏损。据此，可初步判断是由于冷冻机油严重变质且油量不足导致压缩机润滑不良，从而引发压缩机异响。压缩机存在轻微磨损使工作效率下降，以及冷凝器、蒸发器表面脏污等，引起空调制冷性能效果差。

根据以上检测、分析和判断，维修人员对该车的空调系统制定了以下维修方案：清洗整个空调系统，加注新的冷冻机油、制冷剂；清洁冷凝器表面的污物；清洗蒸发器表面污物，并更换空调滤芯。在驾驶人签字确认该维修方案后，维修人员按照空调维修标准施工作业工艺逐项进行施工。在进行空调管路清洗时发现，故障车内旧的冷冻机油颜色深黑、浑浊，回收的旧冷冻机油量为80mL左右、制冷剂为450g左右。

完成空调管路清洗后，维修人员又严格按照维修手册要求，给故障车加注了525g±25g制冷剂、130mL±10mL冷冻机油。完成定量加注新的制冷剂、冷冻机油后，起动发动机，打开空调进行性能测试，高压侧压力为1400kPa，低压侧压力为200kPa，出风口温度为4.1℃，占空比信号为90%，空调压缩机调节阀电流为0.85A。各项参数正常，且空调系统运行正常。

但是，正常运行大概5min左右，压缩机部位再次出现异响，且异响的声音由小变大，甚至比维修前的声音还要大，关掉空调开关异响立刻消失。维修人员只好先关掉空调，并进行技术分析。

重新加注制冷剂和冷冻机油后，空调系统各项参数均恢复正常，而异响不但没有消失，反而声音更大。由此可以判断，空调压缩机出现了机械故障或润滑不良。

再次与驾驶人进行沟通，驾驶人对于之前只是偶发异响、维修后变成了持续异响感到很疑惑。对此，从技术角度分析和解释是，之前已经有损坏前兆，但尚未达到完全不能使用的程度，空调制冷性能下降和偶发性异响就是证明，经过初步维修，空调制冷性能已完全恢复，但压缩机因机械磨损而引发的异响，只能通过更换压缩机才能彻底解决。最后驾驶人表示更换压缩机如不能彻底解决问题，将不会支付任何维修费用，并表示对此次维修十分不满意。

重新回收制冷剂及冷冻机油后，维修人员在拆解压缩机过程中发现，压缩机内部的冷冻机油极少，打开放油口只倒出了不到20mL的冷冻机油，明显不符合技术要求。维修之前就已经检测出冷冻机油量不够，维修时已经重新按技术要求加注了新的冷冻机油，为什么压缩机内部还会出现油量不足的现象？如果换上新的压缩机，会不会同样存在压缩机内部冷冻机油量不足的现象？会不会再次出现异响？对此，维修人员心里没底。

为慎重起见，维修人员决定拆解故障车的压缩机，检查其内部是否确实存在机械性损坏。拆解后发现，压缩机内部已经被清洗得很干净，活塞和压缩机缸筒虽然有轻微磨损，但不影响正常使用。为此，维修人员重新回忆和梳理之前的每一个维修细节，并认真学习电控变排量压缩机的结构（图3-62）和工作原理，以便能真正找到压缩机异响的根源。

对于汽车空调压缩机，只要起动发动机，即使空调开关处于关闭状态，其输入轴一直在旋转，如果缺少制冷剂和冷冻机油，即使是在不需要制冷的冬季，也会导致压缩机损坏。在维修人员清洗空调系统管路时，将原留存在压缩机内部的冷冻机油也给清洗出来，而在之后加注制冷剂及冷冻机油时，并未单独给压缩机加注冷冻机油，从而导致压缩机内部依旧缺少冷冻机油，存在润滑不到位的问题。找到故障原因之后，维修人员安装好压缩机后，又单独

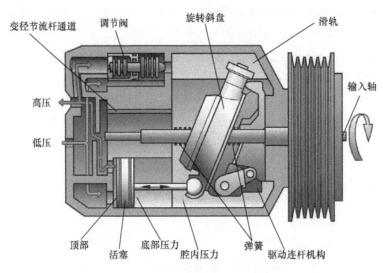

图 3-62　电控变排量压缩机结构

从压缩机加油口处定量加注了 80mL 冷冻机油。

故障排除　重新给空调系统加注好制冷剂和冷冻机油，静置 5min 左右，让制冷剂和冷冻机油充分融合，再按照操作工艺流程"三关三开"之后，又加入一支空调增效保护剂，以期修复压缩机轻微磨损。起动发动机，打开空调开关，空调压缩机异响完全消失，检测空调制冷性能，各项参数均恢复正常。至此，该故障车的空调故障被彻底排除。

技巧点拨　在维修汽车空调系统时，一定要严格按照技术要求进行相关操作，要熟练掌握空调系统的工作原理，并具体问题具体分析。遇到不可逆转的故障时，要提前与驾驶人进行沟通，制定好维修方案后，要和驾驶人商榷并得到驾驶人认可。另外，维修时一定要遵循"先诊断后维修"的原则。

二、2012 款速腾空调不够凉

故障现象　一辆 2012 款速腾，配备 CFBA1.4T 缸内直喷发动机。驾驶人反映该车的空调不够凉，有时冷起动十几分钟后仍无冷风吹出。

故障诊断　连接故障诊断仪检查，所有系统均无故障记忆，开启空调读取数据流，见表 3-3。

表 3-3　空调数据流

组号-区号	001-1	001-4	010-1	012-4
数据项	压缩机电流	系统压力	蒸发器温度	压缩机所需转矩
标准值	0.7~0.8A	14~15bar	3℃	7~8N·m
此车示值	0.8A	12bar	12℃	2~3N·m

根据数据流分析，蒸发器温度偏高，并且压缩机需要转矩偏低。压缩机正常工作电流在 0.8A 左右，并且随着车内温度逐渐下降，空调控制单元会逐渐减小压缩机电流降低输出功

率；此时蒸发器温度为12℃，而压缩机电流已调节到最大值。由此可以分析出，空调控制单元判断制冷功率不足（蒸发器温度过高），因此以大功率输出制冷，但压缩机所需发动机转矩为2~3N·m，比标准值低。也就是说，空调控制单元要压缩机100%满负荷工作，但压缩机实际只需50%转矩就能处理满负荷。

综合上述，压缩机电磁阀N280或压缩机内活塞等机构有故障，导致输出功率不足，造成空调不够冷。

故障排除 由于无单独的N280供货，所以更换压缩机总成。

> **技巧点拨** 更换压缩机后的空调数据流见表3-4。对比维修前后空调数据流发现，压缩机工作电流基本相同，但压缩机转矩提升了2~3倍，而蒸发器温度降低至3℃，空调系统压力提升300kPa，故障排除。

表3-4 更换压缩机后空调数据流

组号-区号	001-1	001-4	010-1	012-4
数据项	压缩机电流	系统压力	蒸发器温度	压缩机所需转矩
此车示值	0.8A	15bar	3℃	6~7N·m

三、2011款速腾出风口不出风

故障现象 一辆2011款速腾轿车，配备CFBA1.4T缸内直喷发动机。驾驶人反映开空调约一小时后出风口就不再出风，关闭空调十几分钟后又可恢复。

故障诊断 连接故障诊断仪检查，所有系统都无故障记忆。起动发动机并打开空调，读取数据流，见表3-5。分析数据流，除蒸发器温度偏高外，其他数据均正常，考虑车辆刚起动没多久，也属正常。

表3-5 空调数据流

组号-区号	001-1	001-4	010-1	012-4
数据项	压缩机电流	系统压力	蒸发器温度	压缩机所需转矩
此车示值	0.8A	14bar	10℃	6~7N·m

驾驶人描述开空调时间较长后便无风，关闭一会儿就恢复正常，据此怀疑是鼓风机过热自动保护。进行试车一个多小时过后，果真出风量变小，但此时根据鼓风机的声音可以判断此时鼓风机正常，判断为蒸发器产生冰堵故障。此时读取数据，发现其他数据无异常，只是蒸发器温度传感器数据仍错误显示为10℃左右，用红外线测温仪检测出风口实际温度为5℃。

空调控制单元检测到蒸发器温度传感器温度数据过高，会增加制冷功率来降低温度。车辆空调系统正常工作时，蒸发器后的温度为5℃左右，此车辆数据偏高，说明此车识别到制冷功率长期不足，因此加大空调压缩机的制冷功率，导致长时间行驶后蒸发器外表结冰、鼓风机不出风的故障现象。根据上述数据检测及分析，判断为蒸发器温度传感器故障。

故障排除 更换蒸发器温度传感器，空调系统工作正常，故障彻底排除。

> **技巧点拨** 认真分析数据流，对于排除故障可起到事半功倍的效果。

四、2009 款一汽大众速腾空调偶发性不工作

故障现象 一辆 2009 款一汽大众速腾，VIN 为 LFV2A21K893××××××，行驶里程为 3805km。驾驶人反映，该车在行驶时偶尔出现空调系统（冷风或暖风）不工作的故障现象。

故障诊断 接车后，正好遇到该车的故障再现，在空调、暖风不工作时用 VAS5052A 读取网关数据，如图 3-63 所示。

接着，又查询 01 发动机控制单元（图 3-64）、09 中央电子装置控制单元（图 3-65）及 19 网关控制单元故障码（图 3-66）。

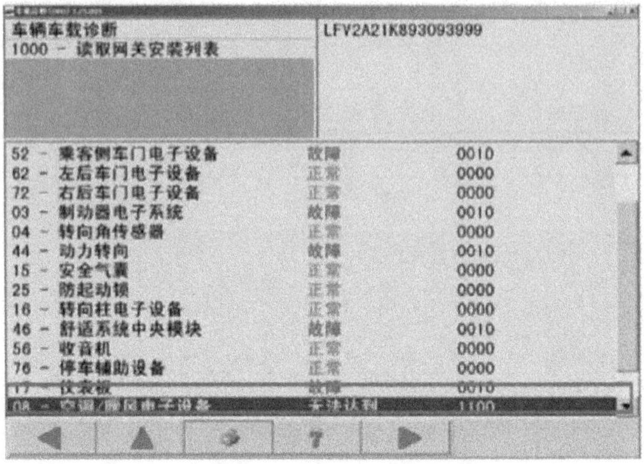

图 3-63 故障车的网关数据

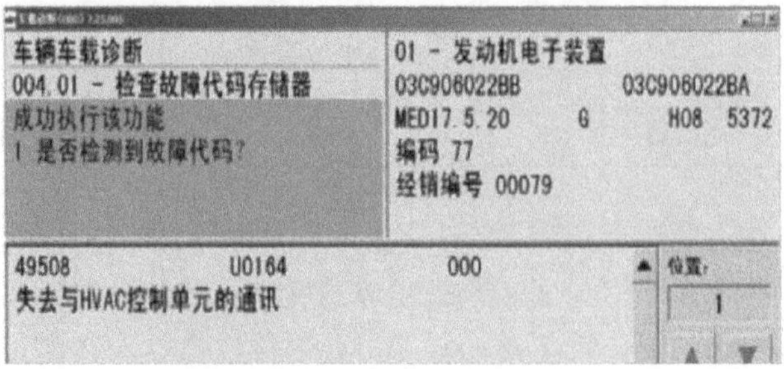

图 3-64 发动机控制单元故障码

根据这些故障信息并结合空调系统的制冷和暖风均不工作的故障现象，初步判断为空调控制单元故障。更换新的空调控制单元后进行试车，故障现象消失，便将车辆交付给驾驶人。

交车后第三天，驾驶人再次进店，而且是以同样的故障报修。将故障车开入车间进行相关线路检查，用万用表对其相关线路进行正极、搭铁、短路及导通的检查，均未发现故障

点，线路正常。将空调控制单元拆下并重新安装到车辆后，空调控制单元与车身通信正常，且空调、暖风恢复正常，于是检查空调控制单元插头的针脚有无损伤及松动，但均未发现异常。

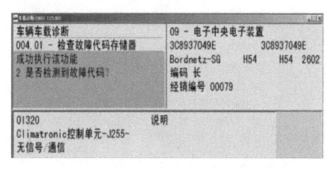

图 3-65 中央电子装置控制单元故障码

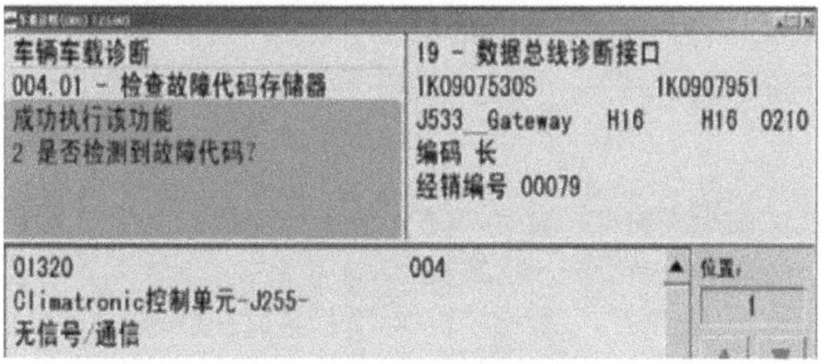

图 3-66 网关控制单元故障码

经过技术经理及同事商量，还是先将该车交付给驾驶人使用，并后续进行跟踪查询。交车后第四天，该车再次出现同样的故障，驾驶人进店报修，且对此抱怨很大，因为当时是初春，天气比较凉，暖风无法工作。

通过与驾驶人沟通交流，了解到的信息包括：该车在行驶过程中从未发生过此故障；车辆停放一段时间后，再次起动时偶尔会发生此故障；该车经常短途、短时间行驶；驾驶人为女性，且驾驶风格偏柔和。

通过这些信息，同时结合故障发生的规律，把维修思路转移到车辆电源管理系统上来，并进行了相关检测。用 VAS5097A 检测车辆蓄电池起动电压，检测报告显示蓄电池"需要充电"；用 VAS5097 测量发电动机的发电电压，结果显示为 14.2V，属于正常范围；用 VAS5051B 测量蓄电池的静态放电电流，结果显示为 0.021A，小于标准值 0.035A，也在正常范围之内。另外，通过与驾驶人反复确认，可以排除驾驶人停车后忘记关掉用电设备的可能性。

该车电源管理系统的控制逻辑见表 3-6。

需要说明的是，表 3-6 所列的控制逻辑中，这三种管理模式的不同之处在于用电器被关闭的次序不同；在管理模式 3 中，一些用电器将被立即关闭；如果关闭的条件被取消，用电器将会被重新激活。如果用电器因为电源管理的原因被关闭，则会在 J519 中储存相应的故障码。

表3-6 速腾电源管理系统控制逻辑

管理模式1	管理模式2	管理模式3
15号线接通,且发动机处于工作状态	15号线接通,且发动机处于停机状态	15号线断开,且发动机处于停机状态
如果蓄电池电压小于12.7V,则控制单元要求发动机提高怠速。如果蓄电池电压小于12.2V,以下用电器将被关闭:座椅加热、后风窗加热、后视镜加热、转向盘加热、脚坑照明、门内把手照明、全自动空调耗能降低或关闭空调,信息娱乐系统关闭并有关闭提示	如果蓄电池电压小于12.2V,以下用电器将被关闭:空调耗能降低或关闭空调、脚坑照明、门内把手照明、上/下车灯、离家功能,信息娱乐系统关闭并有关闭提示	如果蓄电池电压小于11.8V,以下用电器将被关闭:车内灯、脚坑照明、门内把手照明、上/下车灯、离家功能,信息娱乐系统关闭并有关闭提示

故障排除 根据以上分析及相关数据的检测,最后判定该车的故障是因为蓄电池长期亏电导致电源管理系统启动了关闭相关用电器的程序。对蓄电池进行充分充电后,将该车交付给驾驶人,后续又进行一个月的跟踪回访,故障现象未再现,确定该故障被彻底排除。

技巧点拨 通过该故障案例,在遇到偶发故障时不要进行盲目的换件处理,而应该进行深入分析,以保证一次维修成功率。检测仪VAS5097A可以检测发电动机电压调节器的性能。遇到控制系统故障,一定要先搞清楚相关系统的控制逻辑。对于因蓄电池电压低而导致的故障,必须进行静态放电测试,以防电路系统存在漏电的情况,否则将"治标不治本"。

五、新速腾开空调出风口偶尔出热风

故障现象 一辆新速腾,配备1.4TSI发动机、自动空调系统,行驶里程42643km。该车在行驶过程中,开启空调制冷时,出风口偶尔发生吹热风的现象。

故障诊断 维修人员先确认了故障现象,起动发动机,开启空调后出风口吹热风,空调不能制冷。接着使用诊断仪VAS6150对该车的空调系统进行检测,在空调控制单元中存储有故障码,如图3-67所示。

根据故障码分析,应该是空调系统中某个部件或相关线路出现了短路情况,为了进一步锁定故障范围,维修人员查阅了电路图(图3-68、图3-69)。通过电路图来看,故障码中出现的风门电动机有两条共用线路,分别与空调控制单元的T16g/1、T16g/14插脚相连接。

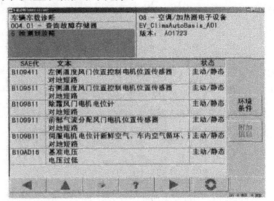

图3-67 故障码

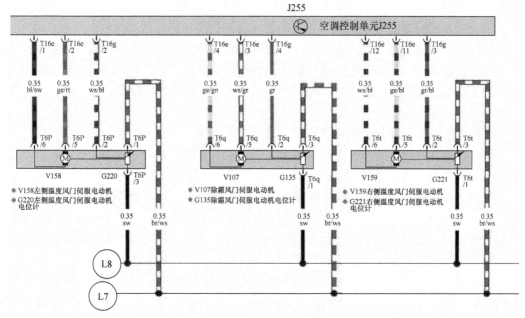

图 3-68 空调系统电路 1

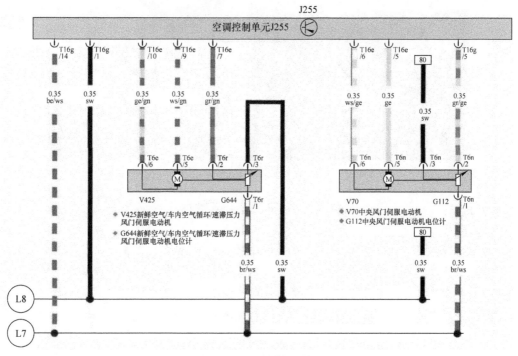

图 3-69 空调系统电路 2

经过查阅电路图并分析故障码，可将故障范围锁定在以下方面：①空调控制单元到某个风门位置控制伺服电动机及电位计之间的线路故障；②空调控制单元故障等。

维修人员根据以上分析，首先拆下空调控制单元，使用万用表测量空调控制单元插接器的 T16g/1、T16g/14 插脚与正极/搭铁之间的电压均为 0（正常）；接着检查空调控制单元的供电及搭铁线路正常，插接器也未发现接触不良现象；最终维修人员决定试换空调控制单元，之后试车发现故障消失。

为了准确地判断故障，先让驾驶人使用试换的空调控制单元，观察行驶一段时间。当驾驶人开走车后的第三天，在车辆行驶过程中，又出现了一次开启空调后吹热风的现象。驾驶人再次进店检查，经检查确认故障现象与之前一样，使用诊断仪 VAS6150 检测，发现故障码也没有任何变化。

据驾驶人描述，故障最初是在某维修厂进行事故维修两个月后出现，之后去该厂检查多次未能排除故障。故障现象什么时候出现也不能确定，有时在行驶过程中出现，有时重新起动发动机后又恢复正常。

根据这些描述及故障码分析，假设是某电动机传感器本身短路故障，与是否行驶关系不大；一般多为线路布置问题在行驶过程中振动，造成与车身某部件干涉磨损而搭铁，以至于空调控制单元识别到相关伺服电动机电位信号偏差，导致了上述故障现象。至此将故障范围锁定在空调控制单元到某个风门位置控制伺服电动机及电位计之间的线路故障。

按照以上的分析结果，维修人员决定拆下仪表板，根据电路图逐步检查空调控制单元到各个风门位置控制伺服电动机及电位计之间的线路。在检查过程中，发现中央风门伺服电动机 V70 到空调控制单元 J255 之间的线路存在搭铁现象（图 3-70），其他线路未发现异常情况。

图 3-70　搭铁位置

故障排除　修复中央风门伺服电动机 V70 到空调控制单元 J255 之间的线路。

技巧点拨　以上故障发生的原因是事故维修时线束布置不合理、固定不良，导致了线束与仪表板支架发生振动摩擦，从而使线束磨损引起搭铁现象。以上案例维修过程说明了与驾驶人沟通、了解故障的发生状态，对于偶发故障的判断尤为重要，是故障分析重要的依据之一。

第五节　高尔夫系列

一、2014 年大众高尔夫行驶中空调不制冷

故障现象　一辆 2014 年的第七代高尔夫 1.4T，VIN 为 LFV2B25G7E5××××××，发

动机型号为 CSTG，行驶里程 7700km。该车怠速运转时空调能够正常工作，但是在车辆正常行驶时空调不制冷。另外，驾驶人反映，该车仪表上曾出现过"制动助力失效"的提示。

故障诊断 接车后，用 VAS6150 诊断仪检测各系统，均显示正常，且无故障码存储。对车辆怠速工况下的空调系统进行了常规检测，如系统压力、出风口温度等，也没有发现异常。

由于故障现象只出现在车辆行驶中，也就是加速踏板处于踩下的状态，而且仪表上曾出现过"制动助力失效"的提示，因此，在试车过程中，对发动机数据组中真空助力器的真空压力进行重点监测，并将相关数据与正常车辆进行对比，如图 3-71 所示。

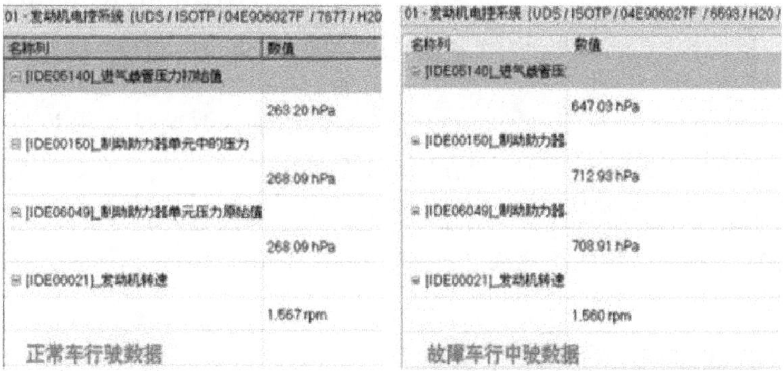

图 3-71 真空压力数据流对比

通过观察真空压力数据流发现，在行驶过程中，故障车制动助力器单元中的压力偏高，读取空调控制单元内压缩机关闭条件的数据流（图 3-72）显示"来自于发动机控制单元通过 CAN 的关闭"；松开加速踏板，并挂空档滑行，空调控制单元内压缩机关闭条件的数据流（图 3-73）显示"压缩机启用不存在关闭条件"，空调恢复正常。通过数据对比基本可以确定

图 3-72 故障车空调压缩机被强制关闭时的数据流

导致该车的故障原因是制动真空压力传感器及其线路故障或真空助力管路存在泄漏。

图 3-73 故障车空调压缩机启用时的数据流

为核实故障原因，进一步检查制动真空助力系统，压力传感器及线路正常，相关管路也无泄漏情况。使用专用工具 VAS6721 真空测试仪对故障车与正常车辆进行真空度对比检测。通过检测发现，怠速状态下，故障车辆真空助力系统的真空度虽然略高于正常车辆，且存在一定的波动，但也在正常范围值之内；发动机熄火 5min 后，故障车辆真空助力系统的真空度降为 0，系统不能保压，显然真空助力器本身存在泄漏问题。

由于真空助力器压力泄漏导致助力系统工作异常，严重情况下造成真空助力失效，车辆在行驶过程中，如果出现此类故障，就很容易引起交通事故，影响行车安全。因此，车辆行驶过程中，当发动机控制单元检测到真空压力无法保证充足的真空助力压力时，就会强制关闭空调系统，以降低发动机负荷或者提高真空助力器内部的真空压力，以保证行车安全。

故障排除　更换真空助力器后，故障被彻底排除。

> **技巧点拨**　真空度源于节气门后的负压。理论上讲，行驶过程中节气门开度越大负压越小，当空调开启后发动机控制单元还会相应增大节气门开度，此时真空负压在一定程度上再次减小。如果此时存在真空压力泄漏问题，发动机只能采取关闭空调系统、降低发动机负荷的方式，以保证或者提升真空助力压力。

二、2012 款高尔夫 A6 空调不工作

故障现象　一辆 2012 款高尔夫 A6，行驶里程 10.1 万 km。该车的空调不工作。

故障诊断　接车后首先试车验证故障现象，经检查发现该车开启空调开关后空调确实不工作（不制冷），但没有发现影响驾驶工况的其他情况。用故障检测仪读取故障码，无故障码存储；开启空调开关，查看 01 - 发动机系统显示组 137 数据（图 3-74），第 3 区显示的空调压力为 8bar（1bar = 100kPa），第 2 区显示为"压缩机断开"，说明空调压缩机不工作，异常；查看 08 - 空调/加热器电子设备显示组 01 数据（图 3-75），打开空调时第 1 区显示为 19，而正常车应显示为 0。查阅维修资料得知，如果显示为 19，说明"经由 CAN 切断车辆电气系统控制单元"。用 VAS6150 读取所有控制单元的故障存储，发现在 09 - 中央电器单元中存在有一个故障码，含义为"负荷管理干预，偶发"，其他系统均正常。车辆用电负荷（电能）管理的目的是确保蓄电池有足够的电能使发动机顺利起动和正常运转，它是根据发

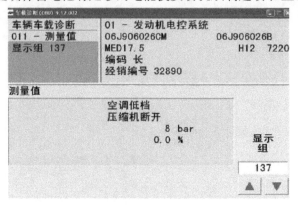

图 3-74　01 - 发动机系统显示组 137 数据

动机转速、蓄电池电压等参数进行评估的,如果发现用电负荷有问题,系统会在保证安全的前提下,适当关闭舒适系统功能的用电设备。

根据上述检测结果分析,应该检查该车负荷管理的相关数据。经检查,蓄电池空载电压为12.70V,正常;起动发动机时的充电电压为13.95V,打开前照灯等用电器,发电电压无太大波动,说明发电机发电电压正常。读取发动机系统的DFM信号(01-11-53组第4区),如图3-76所示,开启空调开关时发动机怠速转速提升正常,DFM信号数据为80.8%(正常情况下该数据应该小于70%),异常;读取J519的监测电压(09-011-31组第2区),为10.10V,异常。

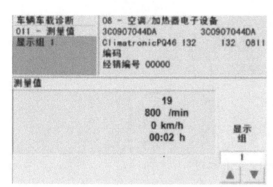

图3-75 08-空调/加热器电子设备显示组01数据   图3-76 01-11-53组数据

查阅相关电路图(图3-77),用万用表测量J519导线插接器T52a的端子23和端子24之间监测电压,约为10.10V,说明在此处J519的监测电压已经有2V左右的消耗;检查J519导线插接器T52a端子23和端子24,均正常;测量J519导线插接器T52a端子24与车身搭铁之间电压,为12.50V,正常;测量J519导线插接器T52a端子23与车身搭铁之间电压,为2.4V,不正常(正常应为0V);测量J519导线插接器T52a端子23与车身搭铁之间的电阻,约为16Ω,异常,由此可以确定J519的搭铁存在故障。测量搭铁点47(如图3-78所示,在右前脚部空间位置)与车身间的电阻,为15Ω,异常,说明此处接触不良。

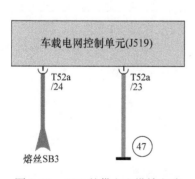

图3-77 J519的供电和搭铁电路   图3-78 搭铁点47

故障排除 拆下搭铁点47的固定螺栓,对其打磨清洁后并按规定力矩(9N·m)拧紧,读取起动车辆时J519的监测电压,此时该电压变为13.10V;开启空调开关,空调制冷正常，故障排除。

> **技巧点拨** 该车虽然蓄电池电压正常，但由于J519搭铁不良，导致J519的监测电压低于正常值，于是系统判断为电压过低，从而实施负荷管理干预（表3-7）而关闭部分用电设备，造成空调不工作。为了更准确地监控蓄电池电压，J519采用单独的基准供电和基准搭铁线路进行电压监控（图3-79）。

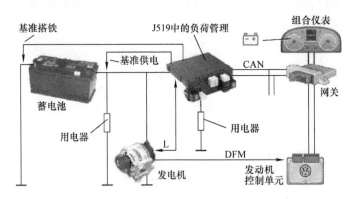

图3-79 J519的电压监控原理

表3-7 电能管理的条件

管理模式1	管理模式2	管理模式3
15号线接通并且发电动机处于工作状态	15号线接通并且发电动机处于停机状态	15号线断开并且发电动机处于停机状态
① 如果蓄电池电压低于12.70V，则控制单元要求发动机的怠速升高 ② 如果蓄电池电压低于12.20V，座椅加热、后风窗加热、后视镜加热、转向盘加热、脚坑照明、门内把手照明等将被关闭，全自动空调耗能降低或关闭空调，信息娱乐系统关闭并有关闭提示	如果蓄电池电压低于12.20V，全自动空调耗能降低或关闭空调，脚坑照明、门内把手照明、上/下车灯、离家功能等将被关闭，信息娱乐系统关闭并有关闭提示	如果蓄电池电压低于11.80V，车内灯、脚坑照明、门内把手照明、上/下车灯、离家功能、信息娱乐系统的收音机等将被关闭

注：1. 这3种管理模式的不同之处在于用电设备关闭的次序不同。
    2. 在第3种管理模式中，一些用电器将会被立即关闭。
    3. 如果关闭的条件取消，用电器将会被重新激活。
    4. 如果用电器因为电能管理的原因被关闭，则J519中有故障码存储。

第六节 大众CC系列

一、2012款大众CC空调不制冷，出风模式无法调整

故障现象 一辆2012款一汽-大众CC轿车，装备CLR发动机及DSG7档变速器。驾驶人反映该车的空调不制冷，开空调有时无冷风，反而出热风，出风模式无法调整。

故障诊断 维修人员接车后首先进行试车，发现空调出风口偶尔左侧为热风，右侧为冷

风，出风模式也不受控制（一直在风窗玻璃与脚下方向吹），连接 VAS6150B 诊断仪检测到的故障码如图 3-80 所示。

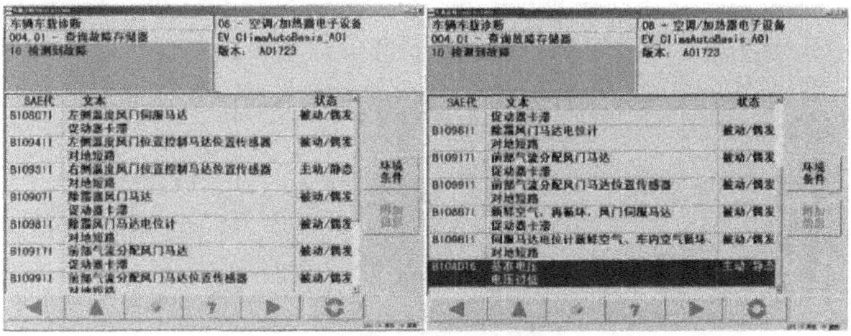

图 3-80　存储的故障码

该故障现象说明车辆空调系统的制冷效果是正常的，根据故障码内容初步判断为空调控制单元损坏，因备件库缺货，于是将试驾车的空调控制单元安装到故障车上试车，结果故障依旧。查阅电路图，车辆所有伺服电动机均共用空调控制单元中的 T16g/1 端子所引出的导线，此导线为伺服电动机的供电线。用万用表测量 T16/1 端子电压为 0V（正常情况下为 5V 参考电压），这与故障码中的基准电压过低相吻合。

查阅电路图，5V 基准电压由空调控制单元 J255 提供，由于之前已试换过 J255 空调控制单元，因此排除 J255 空调控制单元本身故障，伺服电动机线束存在故障的可能性较大，需重点检查相关线束。经驾驶人的同意后将仪表台拆下，仔细检查后发现中央伺服电动机插头连接线束被仪表台骨架磨破（图 3-81）。至此故障原因查明：空调系统中央伺服电动机主供电线束搭铁短路，导致控制单元处于保护模式下无电压输出，致使车辆所有伺服电动机不受空调控制单元控制，出现偶发性冷热风乱吹的故障现象。

图 3-81　磨损的线束

故障排除　修复线束并重新固定，故障排除。

技巧点拨　此案例告诉我们，在更换新的电子部件之前，需仔细阅读理解电路图及控制原理，不要盲目换件，否则可能由于线路原因导致新的电子部件损坏，而陷入维修的僵局。

二、2012款大众CC空调开关灯不亮，空调不工作

故障现象　一辆2012款CC轿车，装备CGM缸内直喷发动机，搭载DSG7速变速器。该车在做新车PDI检查时，开启空调，发现空调开关灯不亮，空调不工作（图3-82）。

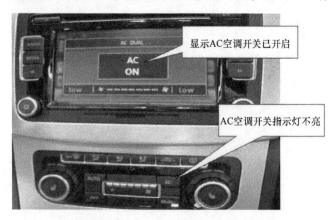

图3-82　故障现象

故障诊断　连接诊断仪5052A检查空调控制单元地址码08，显示故障码"B109EF0——空调压缩机首次运行未进行，主动/静态"（图3-83）。故障码不能消除。检查发动机地址码01数据块显示空调压缩机断开（图3-84）。由于故障车属于新车，技术部向生产厂家请求技术支持，回复结果为未执行空调压缩机初始化，需用诊断仪执行"空调压缩机首次试运行"（图3-85），或者手动进行空调系统初始化。

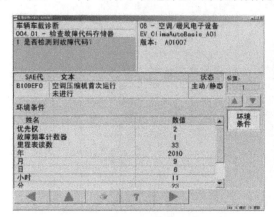

图3-83　空调系统故障码

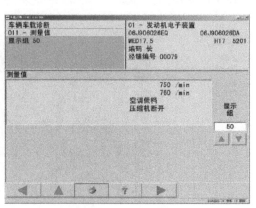

图3-84　相关数据流

故障排除　执行空调压缩机初始化，故障排除。

技巧点拨　初始化操作方法：同时按下后风窗除霜按键和A/C开关并保持3s以上，空调系统会进行自检；自检完成后，再同时按下面部出风按键和A/C开关并保持3s以上，空调系统会进行初始化（图3-86）。

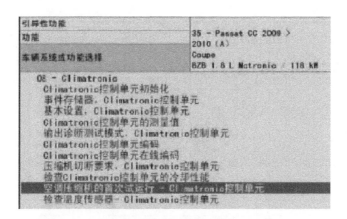

图3-85 用诊断仪执行"空调压缩机首次试运行"

图3-86 手动执行初始化的按键操作组合

三、2010年大众CC空调开启一会儿就自动切断

故障现象 一辆2010年的大众CC轿车，VIN为LFV3A23C8B3832479，行驶里程89720km。该车出现空调开启一会儿就自动切断的故障。

故障诊断 用VAS6150检测08-空调控制单元，发现故障码"制冷剂压力超出上限"。根据故障码，检查空调控制单元数据流，发现08-空调控制单元内压力显示30.6bar。检查发动机控制单元137组数据流：第1区空调开关信号显示高档（表示空调已开）；第2区显示空调压缩机切断；第3区显示空调系统压力28bar；第4区显示散热风扇占空比。

根据上述检测，首先检查散热风扇，发现风扇转转停停。根据电路图（图3-87），检查风扇电源，检测后发现风扇插头T4x/4脚搭铁不正常，查询电路图，风扇搭铁来源于左前纵梁上671搭铁点。检查搭铁点671，未发现有搭铁线。仔细检查车辆，发现该车前部曾发生过事故。将车辆举升，检查左侧纵梁下部，发现有改装过线束的痕迹；将此线束拆开，发现此线束就是搭铁线671。

故障排除 根据上述检测结果分析，此车空调系统压力高、不制冷的原因为散热器搭铁不良导致。处理搭铁线后试车，空调工作正常。

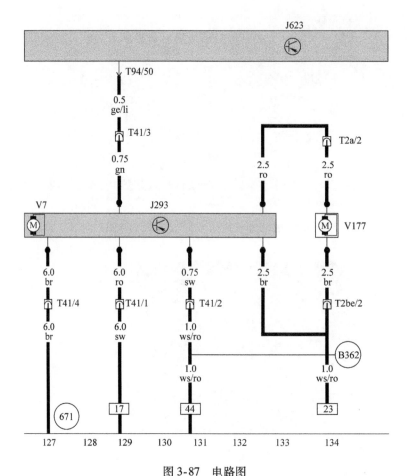

图 3-87 电路图

V7—散热风扇　V177—散热风扇　J293—风扇控制单元　J623—发动机控制单元

> **技巧点拨**　散热器搭铁不良导致使风扇无法正常工作,造成散热不好,使空调系统压力过高,导致停转,同时系统报故障码。通过对故障码的分析,得知空调不工作的原因有可能是系统压力太高,可以初步分析得出空调不正常工作的原因是压力过高之后的切断。造成压力高的原因有系统加注量过多、电子扇散热不良或线路问题等。通过数据流测量值分析,发现压力确实很高。根据原理分析空调控制器应该没有问题,同时测量值显示风扇占空比已经接近100%,这是不正常的,可以判定问题出现在风扇控制器这里。通过对电源盒搭铁的测量,负极搭接不良,导致空调高压压力过高并使空调切断。

第七节　捷 达 系 列

一、2016 年捷达空调不制冷

故障现象　一辆 2016 年的捷达,搭载 CPDA 发动机和手动空调。驾驶人反映,该车空调不制冷。

故障诊断 接车后试车，起动发动机，接通鼓风机开关和 A/C 开关，A/C 指示灯正常点亮；将空调温度调节旋钮调至最冷位置，出风口吹出的是自然风。连接空调歧管压力表，测得高、低压管路的制冷剂压力均为 6bar 左右，说明制冷剂充足，且空调压缩机不工作。用故障检测仪 VAS6150B 检测，发动机电控系统中存储有故障码 P053600—"蒸发器温度传感器信号不可靠"。记录并清除故障码，故障码无法清除。读取与蒸发器温度传感器相关的数据流（图 3-88），显示蒸发器温度为 -48℃，蒸发器温度传感器的原始电压在 0.0989 ~ 2.9V 之间跳动，说明蒸发器温度传感器信号确实异常，推断蒸发器温度传感器及其线路存在故障。

名称	值
[IDE07102] 空调器蒸发器温度，实际值	
[L0] TACE	-48 ℃
[IDE07103] 空调器蒸发器温度，原始电压	
[L0] VP_TACE	0.705 6 V
[IDE06800] 空调器主开关状态	
[L0] LV_ACC_REQ	[V0]_1

图 3-88 故障车蒸发器温度传感器相关的数据流

由图 3-89 可知，蒸发器温度传感器（G263）的信号是发送至发动机控制单元（J623）的。脱开蒸发器温度传感器导线插接器，测量蒸发器温度传感器的电阻，为 2.1kΩ，正常；测量蒸发器温度传感器的搭铁线路，搭铁良好；测量蒸发器温度传感器的供电，电压为 5V，正常；测量蒸发器温度传感器与发动机控制单元间的供电线路，导通良好，且无对电源短路的故障。检查过程中发现，脱开发动机控制单元导线插接

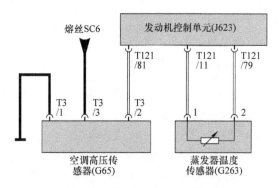

图 3-89 蒸发器温度传感器和空调高压传感器的电路

器 T121 并重新连接时，蒸发器温度显示为 29℃，但几秒后慢慢降至 -48℃，由此怀疑发动机控制单元损坏。

更换发动机控制单元后试车，故障依旧。重新整理维修思路，逐个脱开与空调系统有关的元件的导线插接器，当脱开空调高压传感器（G65）导线插接器时，蒸发器温度显示为 29℃，且故障码 P053600 可以清除。更换空调高压传感器后试车，故障依旧。为了彻底排除蒸发器温度传感器线路存在的故障，决定从发动机控制单元直接引两根导线到蒸发器温度传感器。

拆开发动机控制单元导线插接器 T121 的护套，在准备退出端子 79 时，发现端子 79 和端子 81 间有一根铜丝（图 3-90）。由图 3-89 可知发动机控制单元端子 81 负责接收空调高压传感器信号（脉宽信号），由此推断发动机控制单元导线插接器 T121 端子 79 和端子 81 短接，使发动机控制单元接收到错误的空调蒸发器温度传感器信号，从而切断空调压缩机，导致空调不制冷。

故障排除　清理发动机控制单元导线插接器端子 T121/79 和端子 T121/81 间的铜丝后装复试车，空调制冷恢复正常，故障排除。

> **技巧点拨**　当代汽车空调技术的进步，主要是体现在控制系统上。要排除这一故障，首先要搞清空调控制系统的工作原理。

图 3-90　发动机控制单元导线插接器 T121 端子 79 和端子 81 被一根铜丝短接

二、2014 年捷达空调偶发性不制冷

故障现象　一辆 2014 年的全新一汽-大众捷达轿车，装备 CPDH 发动机。驾驶人反映该车空调存在偶发性不制冷故障。

故障诊断　维修人员首先进行试车，发现空调系统确实存在偶发不制冷，检查过程中还发现两侧前照灯有时亮度不一致（右侧明显亮度不够）。

连接故障诊断仪检测发动机控制单元和中央电器控制单元，在发动机控制单元中存储有故障码"P053300—空调压力传感器过大信号"（图 3-91）。中央电器控制单元 J519 无故障记忆。

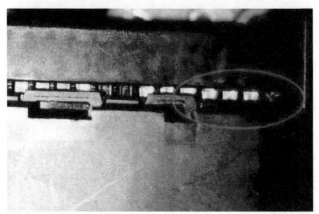

图 3-91　发动机控制单元内存储的故障码

发动机怠速状况下，无论是否开启空调，空调系统数据流中制冷剂压力均为 17bar，如图 3-92 所示。从以上数据流明显可以看出，空调没有开启时，其系统压力达到了 17bar，此

时环境温度为 33℃，参考空调系统制冷剂压力与环境温度的关系（表 3-8），系统压力正常值应为 7bar 左右，由此说明空调系统有故障。

图 3-92 发动机怠速状况下空调数据流

表 3-8 空调系统制冷剂压力与环境温度的关系

环境温度/℃	制冷剂循环回路中的压力/bar	环境温度/℃	制冷剂循环回路中的压力/bar
+15	3.9	+35	7.8
+20	4.7	+40	9.1
+25	5.6	+45	10.5
+30	6.7		

依据故障码"空调压力传感器过大信号"内容分析，可能故障点为传感器 G65 与其线路故障。查阅电路图（图 3-93），对传感器 G65 进行测量，检查 T3/3 端子电压供电为 12.7V

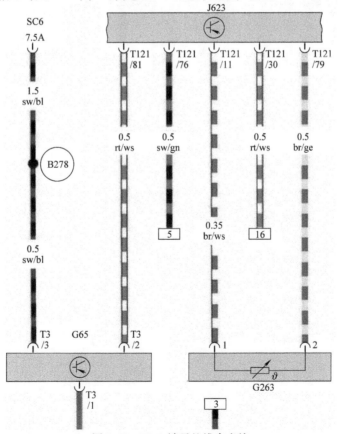

图 3-93 T3/1 端子的线束虚接

G65—高压传感器　G263—蒸发器出风口温度传感器　J623—发动机控制单元

（正常值），检查 T3/1 端子（搭铁）为虚接状态。进一步查阅电路图（图 3-94），发现 T3/1 端子所连接的搭铁点为 13 号搭铁点，是一个共用搭铁点，也是右前照灯的搭铁点（图 3-95），因此该搭铁点虚接也是右前照灯较暗的原因所在。

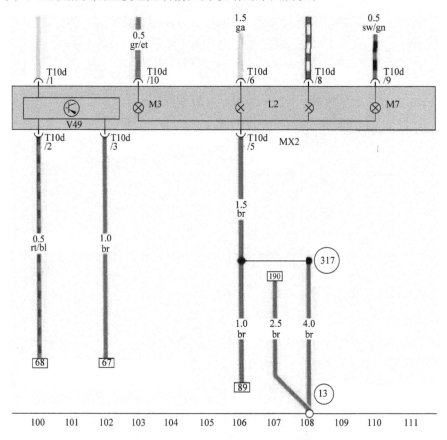

图 3-94　相关电路图中的 13 号搭铁点

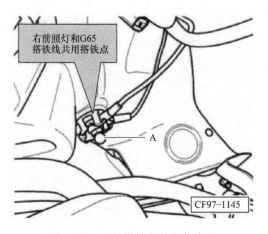

图 3-95　13 号搭铁点的安装位置

故障排除　处理发动机舱内 13 号搭铁点（A），空调系统制冷及右前照灯恢复正常，故

第三章 大众车系

障彻底排除。

> **技巧点拨** 13号搭铁点为右前照灯和空调压力开关共用的搭铁点，由于搭铁点固定螺栓松动导致空调压力开关信号传递错误，产生空调偶发不制冷故障现象。同时，右前照灯由于搭铁线存在电压损耗，其电压和电流下降，输出功率减少，亮度不够。
>
> 　　此案例告诉我们，当车辆同时出现多个故障现象时，可通过电路图分析其共性特征，了解控制单元输入输出信号控制逻辑，从而提高故障诊断效率。

三、2014款全新捷达空调系统不工作，电磁离合器不吸合

故障现象　一辆2014款全新捷达轿车商品车，装备CPDH发动机。打开空调，鼓风机能工作正常，但空调系统不工作，电磁离合器不吸合。

故障诊断　该车空调故障表现为电磁离合器N25不吸合，先从控制系统入手排查故障。查阅电路图，发现该车型的电磁离合器由继电器控制，而继电器由发动机控制单元控制搭铁。维修人员按照由简到繁的原则进行检测。首先用故障诊断仪检测，无故障记录；用万用表测量N25插头1号端子，电压为0V，不正常。

接下来，维修人员重新打开空调开关，此时能听到J32空调继电器工作的声音，证明空调继电器供电端及控制端工作正常。检查空调继电器工作端供电熔丝SC25正常，测量其电压为蓄电池电压，正常。拔下空调继电器检查，发现熔丝SC25至J32继电器工作端的供电线路端子脱出，导致N25供电线路不通电。

故障排除　将空调继电器J32脱出的端子卡子向外挑出，安装牢固后试车，确认故障排除。

> **技巧点拨**　此故障是由于空调继电器J32供电端子15（端子3）脱出，端子固定不到位，导致压缩机电磁离合器无供电不吸合及空调不制冷故障。结合电路图仔细分析空调电磁离合器的控制原理，逐步检查、测量电磁离合器工作的条件，并结合实际现象，可以更快判断故障点。
>
> 　　通过本案例，建议遇到故障时，不要盲目入手维修，仔细分析控制原理，之后列出相关元件的控制和工作条件，按照检测计划逐步测量分析，锁定故障点。

四、2011款新捷达空调系统不制冷

故障现象　一辆2011款新捷达轿车，装备BWH发动机。驾驶人反映该车的空调系统不制冷。

故障诊断　起动车辆，开启空调约一分钟后，风扇高速档起动，空调压缩机离合器停转。连接诊断仪VAS6150检查发动机控制单元，显示故障码"16500—冷却液温度传感器-G62不可信信号"（图3-96）。

依据故障现象及故障码内容分析，造成该车故障的原因可能是冷却液温度传感器损坏、冷却液温度传感器线路故障、控制单元损坏和仪表损坏。阅读发动机第1组数据流第2区，冷却液温度数据不断跳动；更换冷却液温度传感器，故障依旧。

117

查看电路图，冷却液温度传感器有4根线，其中1号端子连接仪表，2号端子连接发动机线束公共搭铁点（点火线圈），3号端子连接发动机控制单元，4号端子连接发动机线束内的搭铁点（传感器搭铁），检查搭铁点发现有锈蚀现象（图3-97）。据此分析故障原因为发动机线束搭铁不良，造成冷却液温度传感器信号产生错误值，导致空调压缩机自动切断。

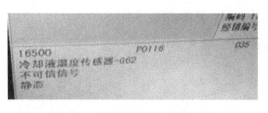 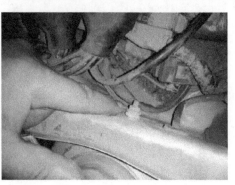

图3-96 故障码16500及其含义　　　　图3-97 接地点锈蚀

故障排除　处理搭铁线，故障排除。

技巧点拨　维修电气故障不应只是停留在单纯的替换件维修，应掌握电气原理，列举所有可能故障原因，例如总线、供电、元件本身与搭铁等原因都要考虑。结合故障码内容、电压测量结果与数据流综合分析，逐一排除，最后找到真正故障点。

五、2009款捷达行驶中出现空调偶发性不制冷

故障现象　一辆2009捷达轿车，装备BWH1.6L发动机。驾驶人反映该车在行驶中出现空调偶发性不制冷故障。

故障诊断　连接故障诊断仪VAS5052对各控制单元进行故障查询，J519中存有两个故障码："01333—车门控制单元 - 左后 - J388，无信号/通信（偶发）"和"01598—驱动蓄电池电压（偶发）"。空调和其他控制单元无故障码，由此说明，此车曾经进行过用电负荷管理。

检查数据流01 - 08 - 53：第3区为13.7V，第4区为45.1%，测量蓄电池电压为13.7V，均正常。检查数据流01 - 08 - 50：第3区显示关闭，第4区显示压缩机切断。

用功能导航检查空调系统数据流：当空调不制冷时，压缩机额定电流为0A，压缩机转速为0r/min，压缩机负荷为0N·m，制冷剂压力为700kPa。

当空调工作正常时，压缩机额定电流为0.685A，压缩机转速为1100r/min，压缩机负荷为5N·m，制冷剂压力为1100kPa。

由此说明故障发生在空调控制系统。将发动机转数提升至2000r/min，松开加速踏板时，偶尔发现最低电压为11.2V，这说明蓄电池电压偶发性异常。于是仔细检查车辆正极和负极连接点，发现蓄电池与车身搭铁的固定螺栓松动（图3-98）。

故障排除　紧固蓄电池与车身搭铁螺栓，空调制冷恢复正常，故障彻底排除。

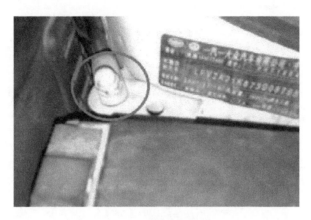

图 3-98 固定螺栓松动

技巧点拨 通过此案例分析，了解车辆用电负荷管理控制原理对分析故障是极其重要的。中央电器系统控制单元用电负荷管理原理是，如果蓄电池的电压低于 12.2V，空调耗能降低或空调关闭。当中央电器系统控制单元检测到蓄电池电压低于 12.2V 时，关闭空调系统，导致空调不工作。

第八节　大众其他车型

一、2015 年上汽大众朗行空调不制冷

故障现象　一辆 2015 年的上汽大众朗行，VIN 为 LSVGF6184F2××××××，行驶里程 34013km。驾驶人反映，该车的空调不制冷，来店做了抽真空加注制冷剂后工作正常，但一周之后空调又不行了。

故障诊断　接车后起动发动机保持怠速，打开 A/C 开关并将鼓风机调整至风量最大，维修人员目测到压缩机不吸合。连接道通 708 故障诊断仪，却无法进入空调系统。根据以上现象，维修人员分析故障原因可能有空调压缩机故障、线路故障、传感器故障、控制单元故障、制冷剂不足等情况。

查看维修电路图，首先对空调压缩机的 1 号脚与接地电压进行测量，结果为 0V（正常是 12V），异常（图 3-99）；检查系统中的制冷剂压力，正常。

打开点火开关，测量空调继电器 30 号脚与接地有 12V 电压（正常）。为了排除传感器和控制单元故障，将空调继电器底座 30 号脚与 87 号脚对接，直接给空调压缩机供电，如图 3-100 所示。

然后再实测空调压缩机 1 号针脚与接地的电压，结果还是 0V，呈异常状态。此刻的检测结果说明故障原因是空调压缩机 1 号脚与继电器 87 号脚之间的线路存在断路现象。

断路部位已经很明确了，根据电路图，进一步检查继电器端 T4/N4 的电压，测量结果是 12V 电源（正常），如图 3-101 所示。

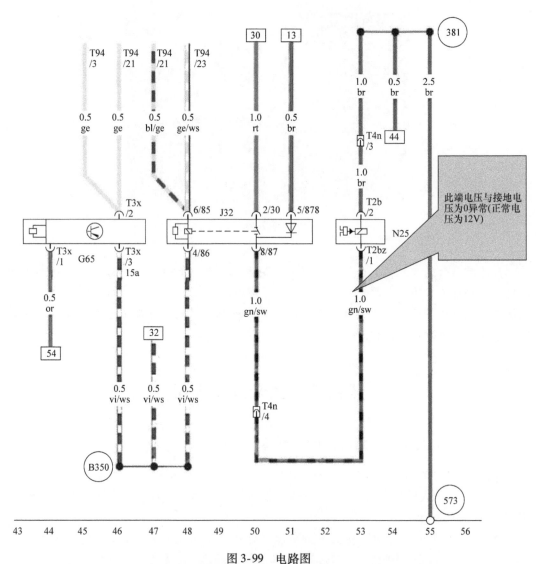

图 3-99 电路图
G65—高压传感器　J32—空调继电器　N25—空调电磁离合器

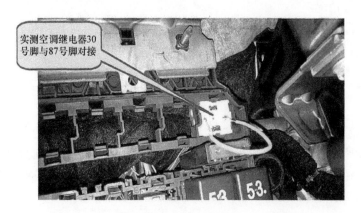

图 3-100 将空调继电器 30 号脚与 87 号脚对接

第三章 大众车系

图 3-101 测量继电器端电压

那么剩下的就是压缩机电源输入端与中间插件的线路了。实测空调压缩机 1 号端与插头之间的电阻无穷大，根据检测结果，故障为空调压缩机到 T4 插头之间有断路。

于是维修人员拆下空调线束，目测无问题，外部无破损。进一步剥开胶布查找故障节点，发现线路已断，如图 3-102 所示。

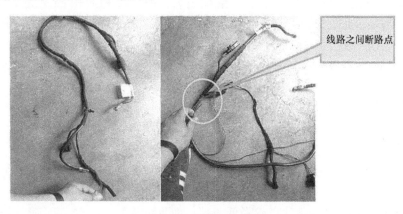

图 3-102 发现故障点

故障排除 更换压缩机线束后，空调系统工作正常，故障排除。

技巧点拨 本案例的维修过程告诉我们，根据维修手册，结合空调系统电路分析，按照维修的逻辑关系找到故障点，能快速有效地排除故障。

二、2013 年途锐空调不制冷

故障现象 一辆 2013 年的途锐，配置 3.0L CJTA 发动机，VIN 为 WVGAB97P0DD××××××，行驶里程 58232km。驾驶人反映该车的空调不制冷，出风口吹出来的是热风。

故障诊断 维修人员接上 VAS6160B 诊断仪，读取出故障码"00256—制冷剂压力温度传感器"和"004—无信号/通信"，如图 3-103 所示。

接下来，在运行状态下读取数据流，发现压缩机关闭要求中显示制冷剂压力传感器故障，制冷剂压力为3290kPa，如图3-104所示。

故障码	SAE代码	故障文本	激活
00256		制冷剂压力温度传感器	X
004		无信号/通信	

图3-103 故障码

测量值	ID	值
压缩机关闭要求	IDE00965	
—[LO]_Data		制冷剂压力传感器故障
压缩机电流，实际值	IDE00966	
—[LO]_Data		0mA
压缩机电流，规定值	IDE00967	
—[LO]_Data		0mA
制冷剂压力	IDE00198	
—[LO]_Data		3290kPa

图3-104 数据流

根据故障码和故障现象初步分析，故障点大概在线路故障、制冷剂压力传感器故障或系统压力故障等方面。

维修人员首先用空调压力表测量了系统压力，静态值为800kPa左右，车外温度为36℃，相关资料显示此数据属正常。维修人员思考的结果是，既然系统压力正常，数据读出来是3290kPa，那故障点应该在空调压力传感器或线路上。空调高压传感器G65信号用于发动机控制单元和散热器风扇控制单元，如果散热器风扇控制单元没有检测到任何信号，出于安全考虑，将关闭压缩机。

G65传感器记录制冷剂压力，并将压力物理量转化为电信号，如图3-105所示。与空调压力开关不同，该传感器不仅记录设定的压力阈值，还监控整个工作循环中的制冷剂压力。G65传感器发出的信号，指示由空调造成的发动机额外负荷以及制冷剂回路中的压力状况。通过散热器风扇控制单元，可以控制压缩机冷却风扇升高或降低一档，而且可控电磁离合器接合或分离。

根据电路图（图3-106），维修人员拔下空调高压传感器插头，测量了G65/3号端子和G65/1号端子，电压为12.18V（传感器15号电源线），正常，如图3-107所示。测量了G65/1号端子和G65/2号端子，电压为9.18V（LIN线信号线），如图3-108所示。

关闭点火开关断电源，测量J519/T16/4号端子和G65/2号端子电阻为0.3Ω，小于正常值0.5Ω，说明线路正常，无短路、断路现象。

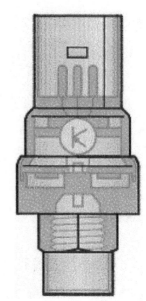

图3-105 空调高压传感器G65

故障排除 排除了线路故障，故障点可以确定就在空调高压传感器G65本身，更换空调高压传感器G65，抽真空加制冷剂后试车，一切正常，故障排除。

技巧点拨 G65空调高压传感器是电子压力传感器,它代替了三通式开关压力传感器F129。其优点是发动机怠速能够准确地按照不同压缩机的功率消耗进行调整,散热器风扇可以更加快速地响应,在开启和关闭之间迅速切换。因此,怠速时冷却风扇转速的变化几乎察觉不到。对于配备低功率发动机的汽车而言,显著提升了驾乘的舒适性。

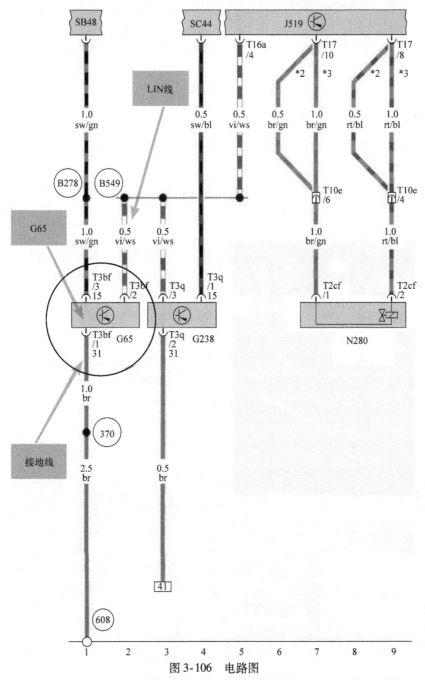

图3-106 电路图

G65—高压传感器 G238—空气质量传感器 J519—车载电网控制单元 N280—空调压缩机调节阀
SB48—熔丝架B上的熔丝48 B549—连接2(LIN总线),在主导线束中

图 3-107　电压为 12.18V

图 3-108　电压为 9.18V

三、2011 款新宝来空调系统不制冷

故障现象　一辆 2011 款新宝来轿车，装备 BWH 发动机。驾驶人反映该车的空调系统不制冷。

故障诊断　维修人员首先验证故障现象。起动发动机，开启空调，压缩机不工作，检查空调电路控制系统正常，检查空调系统压力，高、低压均显示为 0kPa。据此判断空调管路中无制冷剂，导致系统不工作。

接下来连接空调压力表对空调系统进行加压及保压检测。为防止低压表损坏，对高压管路进行加压，将管路压力提升至 300kPa，然后保压 30min，高压表指针没有下降，未出现明显渗漏。在怀疑存在渗漏的部位涂抹肥皂水泡沫，也没有检查到漏点。

由于压缩机是运转部件，如果压缩机在运转时渗漏不严重，静态加压状态下也难以发现渗漏点，于是决定采用荧光检漏法。维修人员将 100g 制冷剂加入空调系统，并按一定比例加入荧光剂，开空调运行约 2h 后，戴上专用眼镜，用检漏灯逐一照射检查空调系统部件，发现压缩机端部有轻微黄绿光（图 3-109）。

随后，维修人员使用空调检漏工具 VAS6338-1 进一步对空调系统检测（图 3-110）。连接检测接头，分别对冷凝器、蒸发器和压缩机进行单独加压检测，发现只有压缩机存在泄压情况。于是又将压缩机浸没到水盆中，发现有微量气泡溢出，至此查明泄漏点。

图 3-109　压缩机端部有轻微黄绿光

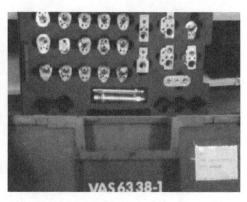

图 3-110　空调检漏工具 VAS6338-1

第三章 大众车系

故障排除 更换压缩机，故障排除。

> **技巧点拨** 为防止空调压力表的低压表损坏，要对高压系统加压；同时考虑空调系统老化问题，禁止加压过高。压缩机是运转部件，如果压缩机在运转时渗漏不严重，静态打压很难发现，可采用加入荧光剂的方法检测，加入荧光剂后，建议让驾驶人使用几天空调后再进行检查。使用专用空调检漏工具 VAS6338-1 对空调系统检测时，可以减少对蒸发器等零件的拆卸，为维修工作带来便捷。

四、2008 年帕萨特 1.8T 空调有时不制冷

故障现象 一辆 2008 年产上汽大众帕萨特 1.8T 轿车，行驶里程 28 万 km。驾驶人反映，该车空调有时不制冷，故障不常出现，可一旦出现，出风口便会出热风，不过在不采取任何措施的情况下，过段时间空调系统又会恢复正常。

故障诊断 维修人员检测空调控制单元，发现有外部温度传感器 G17 的故障提示。根据电路图检查该传感器的线路，没有发现问题。测量传感器的电阻为 395Ω，在正常范围内。检查散热器风扇及冷却液，均未发现异常。于是决定按照故障码的提示，更换外部温度传感器。

没隔多久，驾驶人来电反映故障又出现了。但这一次他提供了一个重要的信息，就是在故障出现时仪表中出现了车外温度 -50℃ 的字样。而当空调自动恢复正常后，该温度显示也变为正常了。

车辆返厂后再次检测，故障码与上次的一样。检查 G17 的线路，并采用晃线的方法查找虚接点，可仍然没有发现任何问题。仔细查看电路图，突然发现该车在空调进风口处还有一个温度传感器，代号为 G89。分析认为，假如这个传感器给出了 -50℃ 的数据，那么两个传感器所给出的数据就会出现矛盾。在这种情况下，空调系统很有可能会在两个数据之间选择更为严酷的那个。资料显示 G89 在前排乘客侧空调风道的进风口处。

故障排除 更换温度传感器 G89 后，多次回访驾驶人，确认故障已经排除。

> **技巧点拨** 通过对该车电路控制方式的了解，并进行了细致的检测，最终确定了故障点，并且对故障的成因进行了详细的分析。

五、新桑塔纳空调系统鼓风机不转，前照灯不亮

故障现象 一辆新桑塔纳轿车，配置 CKA 发动机，VIN 为 LSVAA2BR3DN ××××××，行驶里程 1536km。车辆打开点火开关后，空调系统鼓风机不转，前照灯不亮。

故障诊断 驾驶人进站报修鼓风机不工作，前照灯不亮。经检查鼓风机前照灯熔丝没有熔断，也没有 12V 电源，根据图 3-111~图 3-113 所示电路图分析，鼓风机熔丝 SC40、前照灯熔丝 SC37 电源是由点火开关控制的继电器 J680 提供的。

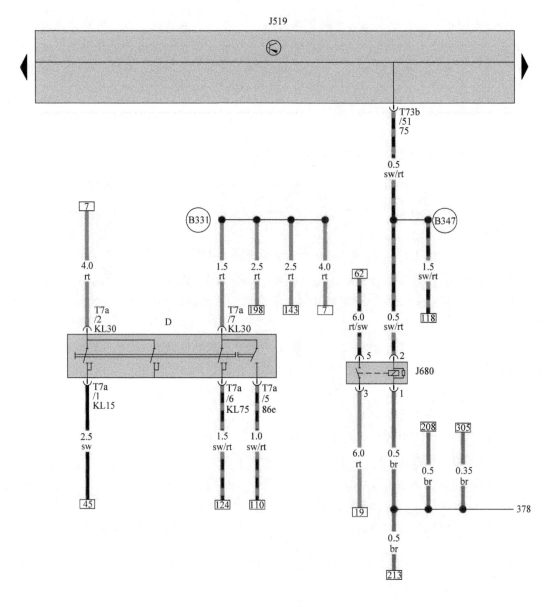

图 3-111 电路图 1

D—点火起动开关　J519—车载电网控制单元　J680—供电继电器 1

检查测量继电器 J680 底座，发现只有 30 号电源正常，点火开关控制继电器 J680 的电源 KL75 没电，可见问题就在点火开关无输出电源或点火开关至 J680 继电器之间的导线断路。用万用表测该导线通断测量的电阻为 0.3Ω，由此认为故障就出在点火开关上。于是更换点火开关，发现鼓风机与前照灯依然不工作。于是拔掉点火开关插头测量点火开关上两根 30 号电源，确认正常，再次将点火开关插头插好，鼓风机及前照灯工作正常。用手摇动点火开关插头线束，发现鼓风机及前照灯断断续续地工作。

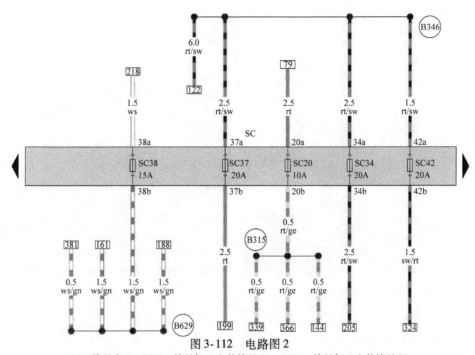

图 3-112 电路图 2

SC—熔丝座 C　SC20—熔丝架 C 上的熔丝 20　SC34—熔丝架 C 上的熔丝 34
SC37—熔丝架 C 上的熔丝 37　SC38—熔丝架 C 上的熔丝 38　SC42—熔丝架 C 上的熔丝 42
B315—正极连接 1 (30a)，在主导线束中　B346—连接 1 (75)，在主导线束中　B629—连接 (56a)，在主导线束中

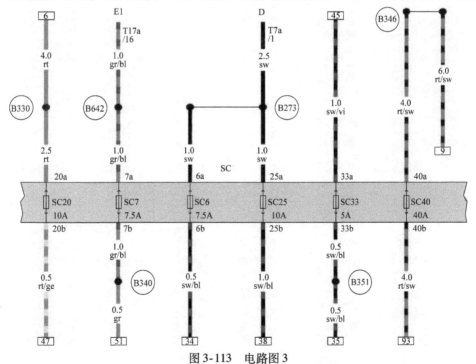

图 3-113 电路图 3

D—点火起动开关　E1—车灯开关　SC—熔丝座 C　SC6—熔丝架 C 上的熔丝 6　SC7—熔丝架 C 上的熔丝 7
SC20—熔丝架 C 上的熔丝 20　SC25—熔丝架 C 上的熔丝 25　SC33—熔丝架 C 上的熔丝 33　SC40—熔丝架 C 上的熔丝 40
T7a—7 针插头连接　T17a—17 针插头连接　B273—正极连接 (15)，在主导线束中　B330—正极连接 16 (30a)，
在主导线束中　B340—连接 1 (58d)，在主导线束中　B346—连接 1 (75)，在主导线束中　B351—正极连接 2 (87a)，
在主导线束中　B642—正极连接 (58)，在主导线束中

故障排除 将插头拔下仔细检查，发现插头 T7a/6KL75 针脚与线束接触不良，如图 3-114 所示。刚开始用万用表测量电阻时偶尔接触正常所以未发现故障，将针脚与线束修复后故障彻底排除，如图 3-115 所示。

图 3-114 故障点　　　　　　　　图 3-115 修复后故障排除

技巧点拨 本车故障比较简单，只要按照电路图一步步查找就能排除故障，只是在测量检查时再仔细点就能避免走弯路。

第四章

通 用 车 系

第一节 凯迪拉克车系

一、2016 年凯迪拉克 ATS-L 空调不制冷

故障现象 一辆 2016 年的凯迪拉克 ATS-L 轿车，行驶里程 3.6 万 km，配置 2.0T 发动机。驾驶人反映该车的空调不制冷。

故障诊断 维修人员接车后检查出风口温度，发现空调不制冷，空调压缩机不工作，观察到压缩机有时吸合，大约 5s 后又不工作了。关闭发动机，连接故障诊断仪，检测到空调系统无故障码；压力表显示空调系统静态压力正常（高低压相等）。

查阅图 4-1 所示相关电路图，发现压缩机离合器和电磁阀是一个双重控制的组合。于是起动发动机，检查空调开关及冷却风扇，确认运转正常后，维修人员尝试短接一下空调压缩机继电器，能听到压缩机离合器吸合的声音。但此时压力表显示高低压依然相等，是不是 HVAC 空调控制模块没给压缩机电磁阀搭铁信号？

先尝试更换压缩机及空调压力开关，故障并未排除。带着疑问查阅维修资料，了解到空调系统正常工作必须满足以下条件：①蓄电池电压介于 9~18V 之间；②发动机冷却液温度低于 124℃；③发动机转速大于 600r/min；④发动机转速小于 5500r/min；⑤空调高压侧压力在 269~2929kPa 之间；⑥节气门位置小于 100%；⑦蒸发器温度高于 3℃；⑧发动机控制模块没有检测到转矩负载过大；⑨发动机控制模块没有检测到怠速不良；⑩环境温度高于 1℃。

查看图 4-2、图 4-3 所示相关数据流，空调压力、节气门信号等都正常。在数据流中发现空调蒸发器温度传感器保持在 3~4℃ 之间变化，不正常，如图 4-4 所示。根据系统正常工作的条件，蒸发器温度需在 3℃ 以上，故障很可能发生在蒸发器温度传感器上。

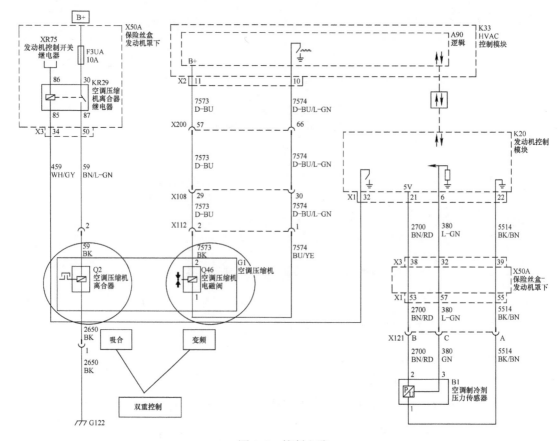

图 4-1 控制电路

图 4-2 数据流 1

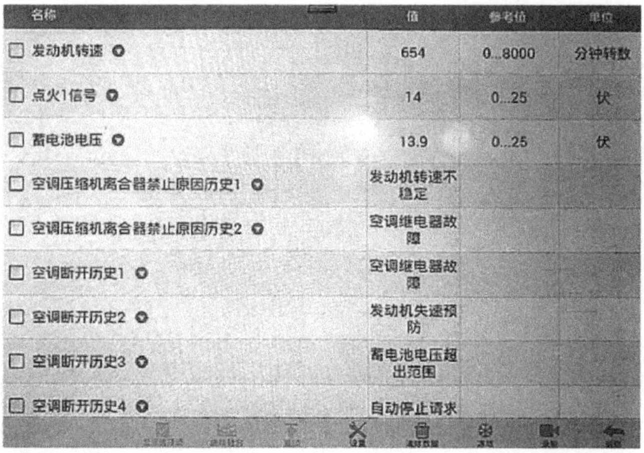

名称	值	参考值	单位
发动机转速	654	0...8000	分钟转数
点火1信号	14	0...25	伏
蓄电池电压	13.9	0...25	伏
空调压缩机离合器禁止原因历史1	发动机转速不稳定		
空调压缩机离合器禁止原因历史2	空调继电器故障		
空调断开历史1	空调继电器故障		
空调断开历史2	发动机失速预防		
空调断开历史3	蓄电池电压超出范围		
空调断开历史4	自动停止请求		

图 4-3　数据流 2

名称	值	参考值	单位
空调压缩机离合器禁止原因	HVAC鼓风机关闭		
空调压缩机离合器状态	已解除		
空调压缩机制冷剂电磁阀指令	0	0...100	%
空调蒸发器温度传感器　3—4 度变化	3	-3276...3276	℃
空调高压侧压力传感器	924	0...3570	千帕
空调请求信号	否		

图 4-4　数据流 3

故障排除　立即着手拆检，发现用手碰触蒸发器温度传感器，温度显示立即有上升的变化，如图 4-5 所示。于是对蒸发器温度传感器进行更换，并在插头处做清洁处理，之后故障排除，数据流正常，如图 4-6 所示。

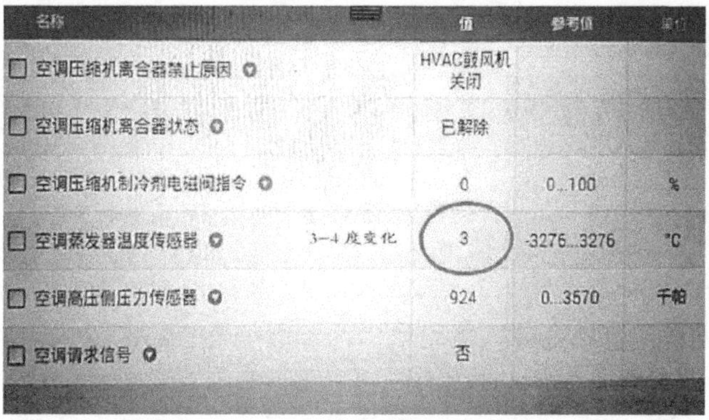

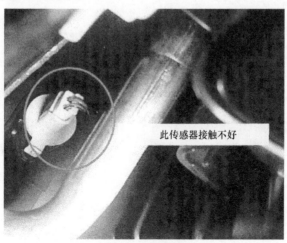

图 4-5　传感器位置

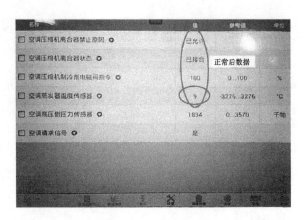

图 4-6 正常数据流

技巧点拨 本车空调压缩机有双重控制，前部有继电器控制压缩机离合器吸合，后端有电磁阀变频控制。人为短接控制压缩机吸合，并不能使电磁阀受控，因为压缩机变频控制是由 HVAC 空调控制模块实现的。诊断故障要从数据分析开始，逐步分析每一个工作条件是否正常，然后才能对症下药。

二、2014 年凯迪拉克 XTS 空调出风口两侧温度不一致

故障现象 一辆 2014 年的凯迪拉克 XTS，VIN 为 LSGGH55L7ES××××××，行驶里程 67826km。驾驶人反映车辆开暖风时出风口两侧温度不一致，前乘客侧出冷风。

故障诊断 先进行试车，操控空调面板将风量调整至最大，温度设置至最高时，用手能感觉到两侧出口风量都正常。驾驶人侧出风口温度正常，前乘客侧出风口温度感觉稍低。如图 4-7 和图 4-8 所示，使用温度计测量两侧出风口温度发现驾驶人侧温度 56℃，前乘客侧温度 12℃，确认故障存在。

图 4-7 驾驶人侧温度

图 4-8 前乘客侧温度

使用 GDS 读取到空调控制模块内有故障码"B0418—右侧温度控制回路 低电压/断路"。使用 GDS 查看温度风门模式执行器位置数据，右侧计数为 65535，异常；驾驶人侧

（左）计数为940，正常（图4-9）。

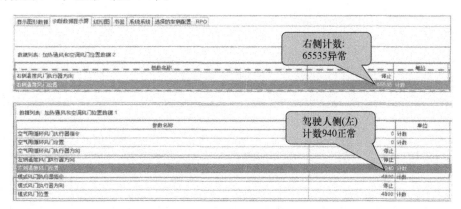

图4-9　两侧计数

结合故障码查看维修手册分析，此案例故障原因一般为：①HVAC（空调控制模块）故障；②温度模式执行器故障；③连接线路故障。根据维修线路图查找右侧温度执行器线路，如图4-10所示。依据线路图和维修手册，对右侧温度执行器线路3181、3182、3183、3184测试，电阻正常，如图4-11所示。

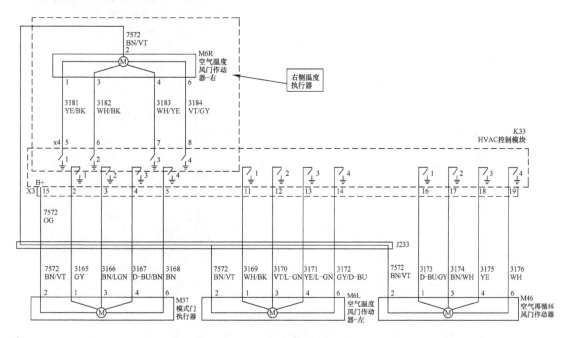

图4-10　电路图1

如图4-12所示，根据维修手册测试右侧温度执行器的插接器端子针脚1、3、4、6电压，正常。使用试灯测试，试灯点亮正常。结合测试检查结果分析，确认线路测试正常、控制供电正常。那么故障应该为空调温度模式执行器损坏。决定对该车辆右侧空调温度模式执行器进行更换，经查询该部件左右侧配件一样，左右互换后学习试车，故障依然存在。HVAC模块位置如图4-13所示，右侧空调温度模式执行器位置如图4-14所示。

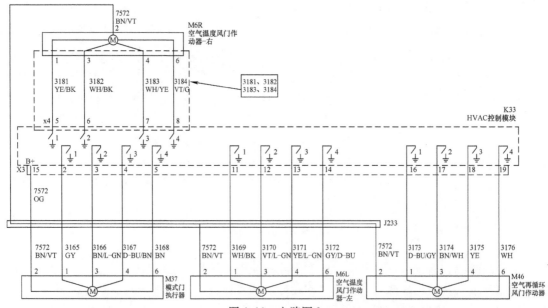

图 4-11　电路图 2

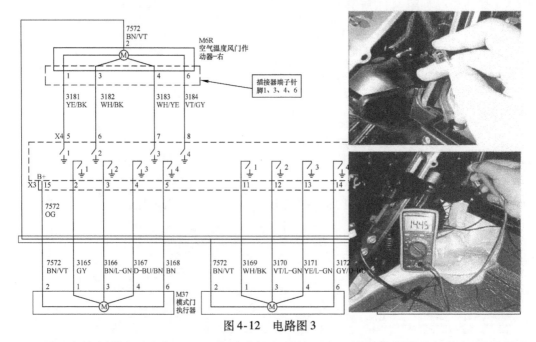

图 4-12　电路图 3

经测试各控制供电及右侧空调温度模式执行器均正常。既然控制模块、执行器都测试正常，那么故障部位在哪儿呢？经再次分析，故障部位可能为线束插接器插针，重点检查线束插接器插针。

经检查发现右侧空调温度模式执行器线束插接器处内部针脚松动，导致连接不良，如图4-15 所示。由于对该针脚无法进行维修或单独更换，决定更换右侧温度模式执行器插接器线束，如图 4-16 所示。

图 4-13　HVAC 模块位置

图 4-14　右侧空调温度模式执行器位置

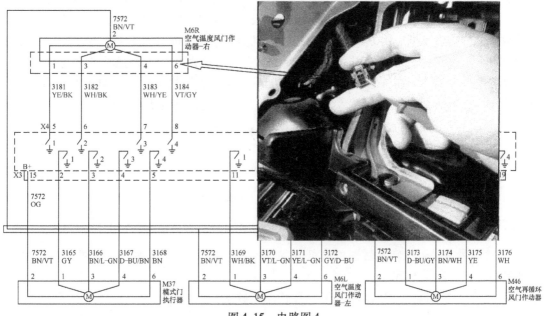

图 4-15　电路图 4

图 4-16　更换线束

故障排除　更换右侧空调温度模式执行器线束后试车,确认故障排除。

> **技巧点拨**　此案例的故障点说明了维修过程中的常规检查是非常重要的,细心观察相关异常,就能找到相关故障的蛛丝马迹。

第二节　别克车系

一、别克陆尊冷却风扇常转、制冷效果差

故障现象　一辆 2008 款别克陆尊商务车,行驶里程 25 万 km。驾驶人反映,该车在打开空调制冷时,冷却风扇立刻运转且运转时间很长,空调制冷效果差。

故障诊断　接车后试车验证故障现象,在开启和关闭空调制冷系统时,空调压缩机电磁离合器吸合、断开正常,在着车运行空调制冷系统后冷却风扇转动不停,空调制冷效果差,故障症状确如驾驶人描述。用故障检测仪读取故障码,未发现故障码。将空调压力表连接至空调制冷系统高、低压检修阀,观察制冷系统压力的变化,同时利用故障检测仪读取相关数据流,以期能从动态数据流中得到有价值的数据。在故障诊断过程中,由于数据较多,故将相关数据进行整理,见表 4-1。对照 A/C 高压传感器反馈给 PCM 的数据与空调压力表所测得的压力,不难发现,在 A/C 开关没有开启的情况下,空调压力表高压端数据与 A/C 高压传感器的数据不相符;在 A/C 开关开启的情况下,空调压缩机工作,空调压力表高压端数据与 A/C 高压传感器数据则相差更大。基于以上数据得到以下几点信息:

表 4-1　A/C 高压传感器和空调压力表数据

发动机转速/(r/min)	冷却风扇继电器1指令	冷却风扇继电器2指令	A/C 高压传感器/kPa	A/C 指令	发动机冷却液温度传感器/℃	空调压力表数据/kPa	
						高压端	低压端
1600~2000	断开	断开	480	关闭	85	300	280
1600~2000	接通	接通	2215	开启	85	1500	250

① 冷却风扇是否运转及转速的高低受控于空调制冷系统的压力和发动机冷却液温度,对风扇进行控制的是 PCM。

② 空调压力表高压端数据与 A/C 高压传感器数据在空调关闭和开启的情况下所得读数

有较大出入，可以初步判断 A/C 高压传感器失效。

③ 如图 4-17 所示，当冷却风扇继电器 1 接通时，两个冷却风扇串联，风扇以低速运转；当冷却风扇继电器 1、2 和 3 同时接通时，则两个冷却风扇并联，冷却风扇高速运转。

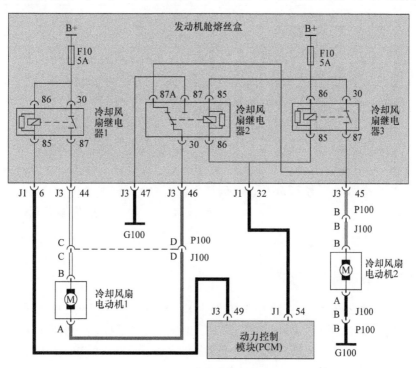

图 4-17　冷却风扇控制电路

④ 根据发动机冷却液温度数据显示，当前冷却风扇控制以空调系统压力控制为主。

随后对 A/C 高压传感器（安装在空气滤清器总成下方）进行拆检。为防止维修思路出现偏差遗漏，决定对其导线插接器的三根线进行测量，测量内容包括各线对搭铁、对电源的导通性及传感器工作电源，三根线对搭铁、对电源均无短路，导线端对端电阻呈现低电阻状态，工作电源电压约为 5V，线路符合要求。动态数据流显示空调制冷压力异常，怀疑是 A/C 高压传感器失准导致的。

故障排除　在征得驾驶人同意后更换了 A/C 高压传感器，对空调制冷系统进行抽真空并加注制冷剂后试车，在运行空调制冷系统时，测得的 A/C 高压传感器反馈的压力和空调压力表高压端数据见表 4-2。由表 4-2 所列数据可知，运行空调制冷系统时，低压表显示读数略高，高压表压力略低于 A/C 高压传感器信号，数据还是有问题。再次询问驾驶人得知，该车在此次维修空调制冷系统前曾经更换过空调压缩机，因此怀疑节流阀有脏堵的可能。拆检节流阀，发现节流阀入口侧的滤网上布满了铝屑，从而影响了制冷剂的流动。由此可见，在上次检修过程中没有对节流阀进行检查和清洁，从而导致空调制冷性能不达标。清除节流阀滤网上的异物，对空调制冷系统进行抽真空并加注制冷剂后试车，运行空调制冷系统，冷却风扇转速及启停时间符合正确指令，空调制冷系统压力正常，空调制冷性能达到标准，故障得以彻底排除。

表 4-2　更换 A/C 高压传感器后的检测数据

发动机转速/ （r/min）	冷却风扇继电器1指令	冷却风扇继电器2指令	A/C 高压传感器/kPa	A/C 指令	发动机冷却液温度传感器/℃	空调压力表数据/kPa	
						高压端	低压端
1600~2000	断开	断开	380	关闭	87	350	320
1600~2000	接通	接通	1700	开启	87	1650	280

技巧点拨　该车型设置空调制冷系统压力部分故障码的条件为 PCM 检测到系统压力低于 65kPa（信号电压低于 0.2V）或者检测到系统压力高于 3175kPa（信号电压高于 4.92V）。一旦 PCM 检测到其最低电压或峰值电压出现，便会设置相关故障码，并输出指令让冷却风扇运转，同时禁止空调压缩机接合。但该车 A/C 高压传感器的信号并没有超出极限值，因此系统没有设置故障码，PCM 在控制过程中按照错误的信号进行控制，着车后 A/C 高压传感器不断向 PCM 反馈空调压力，冷却风扇开始运转，只有在空调压力低于某一值时，冷却风扇才会停止运转，类似于发动机冷却液温度传感器故障所引起的故障现象。该车空调制冷效果变差的故障点则在于节流阀堵塞。

二、别克陆尊冷却风扇常转

故障现象　一辆 2008 款别克陆尊 3.0 商务车，行驶里程 12 万 km，搭载 LZC 发动机。该车因自动变速器漏油而进厂检修，维修完成后出现冷却风扇常转的故障现象。

故障诊断　由于在自动变速器的维修过程中，拆装了发动机的相关线路，因此怀疑故障是由相关导线插接器插接错误导致的。首先对线路连接情况进行仔细检查，但未见异常。用 TECH2 驱动冷却风扇运转，可以正常接通和断开冷却风扇的高、低速档。根据上述检查结果分析认为，发动机冷却风扇常转与此次维修没有直接关联。因为 TECH2 可以正常驱动冷却风扇工作，说明 ECM 对冷却风扇的输出控制及冷却风扇的执行电路均正常。进一步分析造成冷却风扇常转的可能原因如下：

① 节温器开度不够导致冷却液温度过高，造成冷却风扇常转。
② 冷却液温度传感器（ECT）故障。
③ 冷却系统内有空气。
④ 环境温度及进气温度数据不正确。ECM 利用冷却液温度传感器比对发动机的升温时间，若发动机升温时间与 ECM 储存数据有差异（升温时间过快或过慢均会导致 ECM 进入失效保护模式），ECM 则会控制冷却风扇常转。
⑤ 空调系统压力过高。
⑥ 空调压力传感器及其线路故障。
⑦ 自动变速器温度过高。
⑧ ECM 内有相关故障码。
⑨ ECM 故障或程序不正确。
⑩ 机油温度过高或机油液位太低。

如果对以上的故障点进行逐一排查，需要耗费较多时间。重新梳理上述故障可能原因，认为故障码、温度、压力、升温时间等数据，都可以通过 TECH2 进行快速检查。连接

TECH2读取车辆数据，ECM数据显示冷却液温度和进气温度均正常。人为断开冷却风扇的电源，观察发动机升温时间，也在正常范围内。当检查到空调压力传感器数据时，发现空调系统静态压力显示为952kPa（图4-18），对比正常车的空调压力传感器数据（图4-19），故障车的数据比正常车高很多，由此可知该数据不正常。

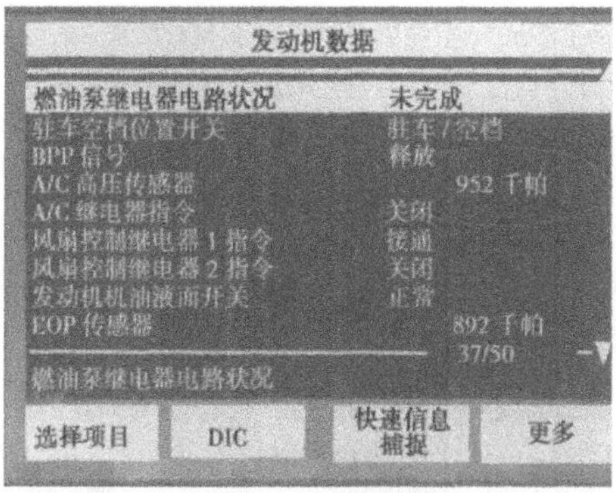

图4-18 故障车空调系统静态压力数据

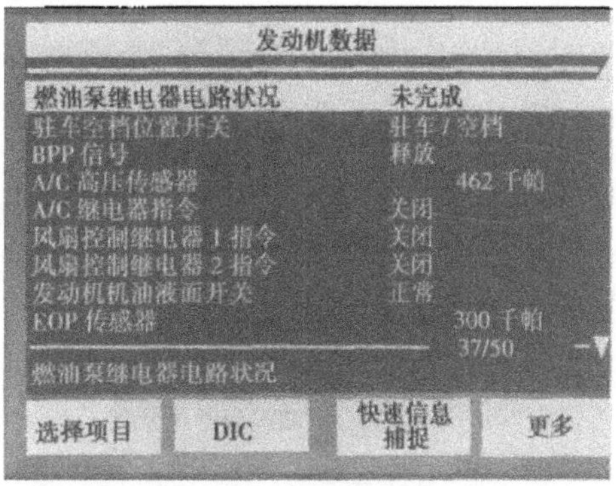

图4-19 正常车空调系统静态压力数据

空调压力数据过高，可能是制冷剂过量或空调压力传感器有故障。首先用制冷剂回收机回收制冷剂，回收的制冷剂为1.2kg（符合标准）。检查空调压力传感器，在空调管路内无制冷剂的情况下，再次查看空调压力传感器数据，显示为364kPa（正常应为0kPa），这说明空调压力传感器的测量数据已严重飘移，在空调系统无制冷剂的情况下，起动车辆，观察冷却风扇的运转情况，冷却风扇不再常转。看来故障就是空调压力传感器失准引起的。

常见的造成空调压力传感器测量数据失准的原因主要有两个方面：一是线路接触不良；二是空调压力传感器本身有故障。检查空调压力传感器相关线路并测量，未见异常。怀疑是空调压力传感器本身有故障。

故障排除 更换空调压力传感器后试车，故障排除。

技巧点拨 该车型ECM对于冷却风扇控制策略主要有以下四种：根据冷却液温度控制冷却风扇高、低速运转；根据空调系统压力控制冷却风扇高、低速运转；发动机失效保护模式，控制冷却风扇常转；根据发动机升温时间，控制冷却风扇高、低速运转。因此，在排除这类故障时，要充分利用故障检测仪，对数据流进行仔细分析，从异常数据入手，快速找到故障点。

三、别克陆尊后空调鼓风机不运转

故障现象 一辆2005年的别克陆尊，配置3.0L LW9发动机，行驶里程3.4万km。该车在打开后空调开关时，无论在哪个档位，后空调鼓风机始终不运转，无冷气吹出。

故障诊断 针对后空调鼓风机不出风的故障现象，通常可能是鼓风机、鼓风机电阻、鼓风机继电器、相关熔丝、鼓风机线路等故障。查阅相关电路图，如图4-20所示。

本着由简单到复杂的原则，以及汽车电路维修的先两头后中间的原则，首先检查发动机舱的后空调鼓风机熔丝，确认没有损坏。接着检查后空调鼓风机，始终没有12V电压过来，

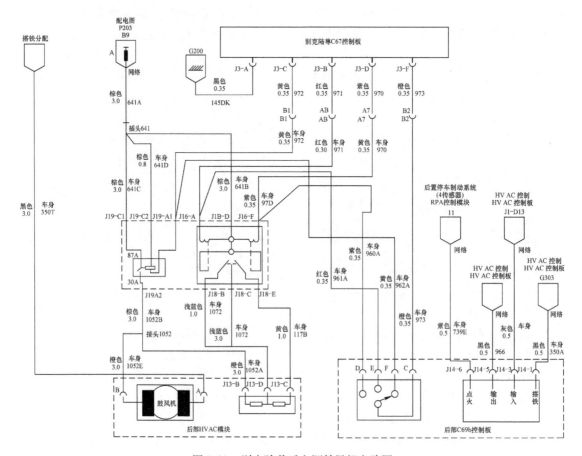

图 4-20 别克陆尊后空调鼓风机电路图

而鼓风机的搭铁良好；检查后排的后鼓风机开关，有搭铁信号（控制继电器搭铁），接着检查后空调鼓风机高速档继电器的控制电路，87A、85 接脚都没有 12V 电压，86 接脚有前后空调控制开关控制的后鼓风机继电器搭铁线。由此可以说明，该车的后空调鼓风机系统的 12V 电源部分出现故障，无法正常工作。由电路图可知，故障部分应该出在发动机舱熔丝盒 P203 到插头 641 处，虽然从电路图上看很短，但在实际车上该段线路却是从前发动机舱盖右边到行李舱盖左边，基本上是最长路线，并且全是隐藏布置的，增加了检查难度。对于此类线路断路的故障，可以采取分段检查的方法来缩小故障范围，由于该线路走向是从发动机舱盖右侧到仪表台右侧，接着到仪表台左侧，然后顺着车身左侧地板到达左后尾灯处。

首先检查发动机舱熔丝盒处后鼓风机熔丝到仪表台右侧之间的线路是否是接通的。在仪表台右侧找到发动机舱过来的线路总成，拆掉部分线束护皮，找到后鼓风机电源的棕色控制线并用大头针刺入测量，结果二者之间是相通的。接着用同样方法测量仪表台右侧到仪表台左侧之间线路，结果显示不通，说明断路处就在这一部分。顺着仪表台左右两侧往中间检查时发现在制动踏板上方有一转换插头，后鼓风机电源线就在该插头上，拆除该插头发现有一根线已经明显烧蚀了，而它正是后鼓风机电源的棕色线，如图 4-21 所示。

故障排除 在不影响车辆的安全性能前提下，对该烧蚀插座进行垫实修复（在插座的中间空孔处垫上一些薄铜皮或者铜丝），将插座插头插牢后，再在外面用相同线径的多股铜

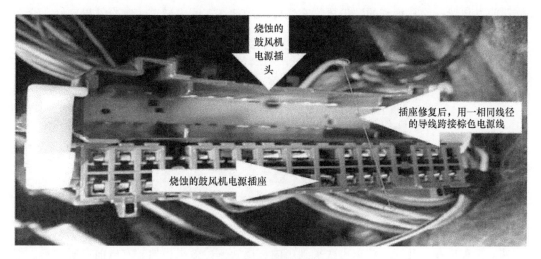

图 4-21 烧蚀的鼓风机电源线

线进行跨线短接,这样就加大了电流的通过率,避免该处再次发生故障。

技巧点拨 对于线路中间发生故障的维修通常采取分段检查的原则,先了解该线路的具体走向,再一步步测量诊断,这样才能准确迅速地找到故障位置。

四、2012 款别克君越空调制冷效果不良

故障现象 一辆 2012 款别克君越,配置 2.4L LAF V6 SIDI 发动机,VIN 为 LSGGF53W5BH282154,行驶里程 249720km。驾驶人反映,该车在开启空调后发现制冷效果较差,不能达到原有的制冷效果。

故障诊断 接车后,对驾驶人所述现象进行验证,情况确如驾驶人所述。针对这种现象,考虑空调控制系统工作是正常的。空调制冷系统工作时,用手分别触摸空调压缩机的高、低压管路,发现其高、低压管路的温差并不特别大,这种情况是不正常的。于是接上歧管压力表,着车后打开空调系统,工作一段时间后,测量制冷系统的高、低压侧的制冷剂压力。结果发现相比正常空调系统工作时的压力,该车低压侧压力正常,但高压侧的压力较高,压力接近 2MPa。分析高压侧压力高的原因,一方面是空调系统的膨胀阀出现脏堵,另一方面是冷凝器散热效果较差,导致制冷剂液化慢。停车熄火一段时间后再次测量,系统压力正常,说明空调管路中的制冷剂并不缺少。

根据上述分析,先从最简单的方面入手,将空调系统冷凝器进行检测和清洗。清洗过程中发现,冷凝器前部区域覆盖了一层较厚的粉尘,考虑是春季杨柳絮多的时候车辆行驶过多,覆盖在冷凝器表面,导致散热效果较差。同时发现冷凝器下半部分的散热翅片有倒伏现象(图 4-22)。靠近细看,翅片倒向一边,并没有划过的痕迹,对比冷凝器在车上的安装位置,倒伏部分正好与前保险杠下通风口处相对。推测造成冷凝器翅片倒伏的原因是在高压洗车时,高压高速的水流冲击所致。这种情况出现后,使得这部分管路周边空气流速减小,散热效果变差。于是将冷凝器外表面彻底清洗,着车后将空调制冷系统打开试验,发现制冷效果有所改善。为保险起见,更换整个冷凝器总成,同时为避免再次被杨柳絮和尘埃覆盖,在

冷凝器前方装置一网孔细密的防护罩。充注好制冷剂在车间内试车，制冷效果良好，交车。

图 4-22 散热翅片部分倒伏的冷凝器

谁知交车后没过几天，该车再次来到店内，反映制冷效果虽然较有以前有所改善，但依然感觉空调不够凉。重新进行检查并开车进行路试，发现在车间内制冷效果尚可，但在路上温度高、制冷负荷大的情况下，制冷效果显然是有点差，测量出风口温度有近10℃（图4-23），出风口温度有点高。

图 4-23 空调出风口温度的测量

重新连接歧管压力表测量系统高、低压侧的制冷剂压力，在制冷系统工作的过程中观察其压力的变化。和上次不同的是，系统的高压压力有点低，但低压压力较高，低压压力有时可达 0.5~0.6MPa。这种情况也有些异常。由此分析，造成低压高、高压低的原因，一方面是冷凝器为新件，热交换效果大幅度提高，导致高压侧压力有所降低；另一方面低压侧压力升高这种情况可能问题出在空调压缩机部位，压缩机的压缩制冷剂量减少从而导致低压侧压力升高。

于是将制冷剂再次回收后查看空调压缩机并结合图4-24所示空调压缩机控制电路图，发现空调压缩机除了受电磁离合器控制外还受压缩机电磁阀的控制。君越的自动空调系统压缩机采用可变排量压缩机，通过空调系统的压缩机电磁阀来进行排量的控制。于是判断问题出在空调压缩机电磁阀上，可能是由于电磁阀脏堵导致通过制冷剂量减少。首先考虑更换压缩机电磁阀，如没有相应配件的话，那就需要更换整个空调压缩机。拆掉的压缩机电磁阀的外形及安装位置如图 4-25、图 4-26 所示。

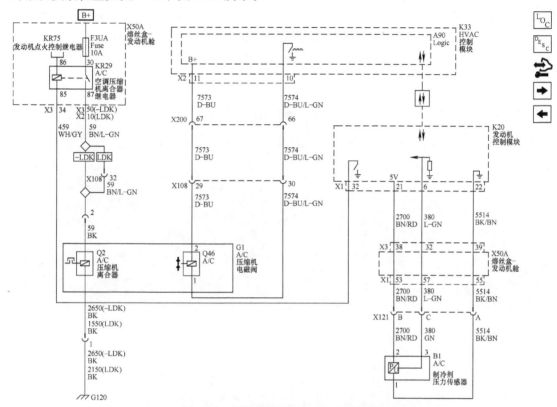

图 4-24　别克君越空调压缩机控制电路

图 4-25　压缩机电磁阀外形

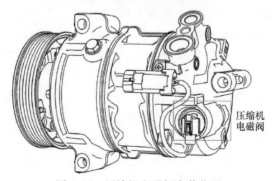

图 4-26　压缩机电磁阀安装位置

故障排除 购进一个压缩机电磁阀,将相关部件装复并进行充注制冷剂检漏,起动发动机后打开空调,观察歧管压力计的高、低压表的显示(图4-27),高、低压表显示正常。测量出风口的温度,比此前有所降低,达到5~6℃的水平(图4-28)。同时在空调系统工作时用手触摸压缩机上的高、低压力管路,感觉有明显的温差,低压管路非常凉。由此说明,空调制冷系统的工作正常。

图4-27 歧管压力计的高、低压表显示

图4-28 空调出风口温度的显示

技巧点拨 在空调制冷系统的简单检查中,我们可以利用手触摸相关部位的冷热感受来判断空调制冷系统的工作状况。具体方法是,当制冷系统工作正常时,低压管路呈低温状态,高压管路呈高温状态。从膨胀阀出口经蒸发器至压缩机入口为低压区;从压缩机出口经冷凝器、储液干燥器至膨胀阀为高压区。检查低压区时,由膨胀阀出口经蒸发器至压缩机入口应当是由凉变冷,但无霜冻;检查高压区时,由压缩机出口经冷凝器、储液干燥器至膨胀阀入口应当是由暖变热(检查时,注意手与被检查部位之间应保持一定的距离,避免烫伤)。如压缩机入口与出口之间无明显的温差,说明制冷剂泄漏或无制冷剂。如储液干燥器特别凉或其入口与出口之间温差明显,说明储液干燥器堵塞。

五、2008款君威散热风扇常转

故障现象 一辆2008款别克君威,装备3.0L发动机。该车在着车几十秒后,电子扇低速运转,再等几十秒电子扇高速运转。刚刚跑过长途回来没有问题,可是当再次发动时,很快电子扇就转起来了,而且一会儿又高速转了。只要着车,电子扇就运转,只有关闭发动机,才会停止。

故障诊断 接车后对故障进行验证,起动发动机,故障现象出现,一会电子扇就转起来了,随后高速运转。首先进行目测和徒手的常规检查,冷却液温度传感器插头良好,进气温度传感器插头良好,发动机线束良好,自动变速器线束良好,散热器水位正常,而且散热器的温度比正常的温度低很多,手感估计大概为50~70℃(正常要到108℃电子扇才会低速运转,96℃才会停止),以当前的温度参数,不足以驱动电子扇运转。仪表上的冷却液温度显示在正常区域内。

根据驾驶人描述加上故障的验证，怀疑此故障和冷却液温度传感器、进气温度传感器、变速器油温传感器等温度类传感器或者和空调系统有关。连接诊断仪读取故障码，显示没有故障码。再进入数据清单，选择相关数据，见表4-3。

表4-3 数据清单

项目	参数	项目	参数
冷却液温度传感器	95℃	空调开关	关闭
变速器油温传感器	50℃	风扇低速	接通
进气温度传感器	28℃（此时正是秋季，环境温度为18℃左右）	风扇高速	接通

根据数据显示分析，数据都在正常的范围内，没有不正常的数据。而且风扇运转是电控单元PCM控制的，非故障性接通。

关掉发动机，打开点火开关，用诊断仪进入发动机控制功能，接通电子扇低速，风扇低速运转，接通电子扇高速，风扇高速运转，这说明控制单元的控制功能和电子扇本身没有问题。接通压缩机，压缩机也能正常吸合。接通空调开关，空调请求信号显示"是"。以上检查显示一切正常。

着车就运转，不着车就不运转，说明控制单元接收到着车信号后，参考了某个不正确的信号，控制了电子扇工作。于是重新检查三个传感器（冷却液温度传感器、进气温度传感器、自动变速器油温传感器），拔下三个传感器分别测量电阻，数值在标准范围内。插上插头，信号电压也在标准范围之内。

测量传感器到控制单元的每条线束，都是接通的，且线路电阻值都小于0.5Ω，也是正常的。最后决定通过数据流查找故障点。在数据清单里仔细查看每一条信息，逐个过滤、分析。当查到空调压力传感器时，发现系统压力数据显示3000kPa，而此时并没有开空调。不开空调时的正常值应该在700~800kPa，这是个很重要的发现，猜想可能与这个数据有关。于是查看压力传感器，结果发现在压力开关的线束上，有一根细铁丝，而且铁丝已经将传感器的线束磨破，使压力传感器的搭铁线和信号线短路了。

故障排除 将铁丝去除，然后修复线束，完成后起动着车，风扇不转了，故障排除。

技巧点拨 查找故障的初期，根本没有想到空调压力传感器，虽然知道空调压力传感器的压力信号是送给发动机控制单元PCM的，但是没有想到的是，即使没有开空调，空调系统压力升高也会使风扇运转。在很多车型中，如果不开空调，即使空调压力再高，也不会驱动电子扇。

六、2010年别克林荫大道车内温度无法达到设定要求

故障现象 一辆2010年的别克林荫大道3.0SI，VIN为LSGEW53B3AS×××××，行驶里程124614km。驾驶人反映该车最近空调不正常，感觉车内温度无法达到设定要求。

故障诊断 维修人员首先验证驾驶人所述的故障，打开空调后发现，将温度设置调到最低，前排制冷正常，后排出热风，出风口温度有明显差异。用诊断仪检查，没有发现相应的故障储存。

维修人员根据维修手册提示，查阅相关电路图得知，暖风、通风与空调系统控制模块为后排乘客提供气流方向控制和温度控制，乘客可以通过手动模式或自动模式操作后暖风、通风与空调系统控制模块。暖风、通风与空调系统模式位置可以设置为OFF（关闭）、VENT（通风）、FLOOR（地板送风）等。

暖风、通风与空调系统模块为后排模式执行器提供电源和搭铁信号。通过点火开关电路与蓄电池正极电压电路，暖风、通风与空调系统模块从发动机舱盖下熔丝盒中接收电源。后排模式执行器为反极性电动机。每个电路都向辅助模式执行器提供电源和搭铁信号。当后排模式执行器就位时，两个后排模式风门控制电路都向执行器电动机两侧施加0V电压，从而使执行器保持静止。当选择一个模式时，后排模式风门控制电路之一搭铁，将后排模式执行器驱动至所需温度位置。根据所请求的模式，其余的后排空气温度风门控制电路可将后排模式执行器移到所需位置。

维修人员决定先判断一下后排温度执行器的工作状态。维修人员根据维修手册查找到后排温度执行器的位置（图4-29），测量结果是执行器线路正常。于是怀疑执行器本身故障。

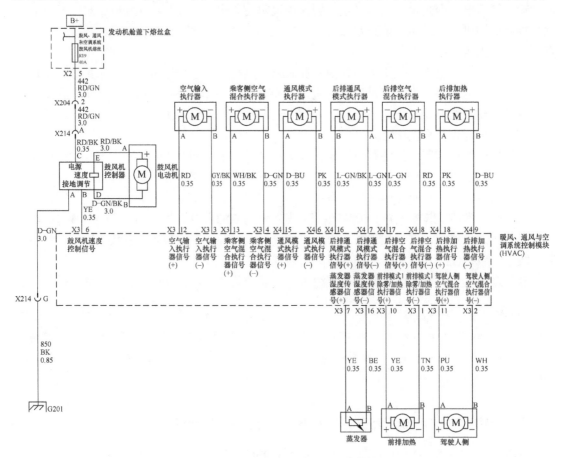

图4-29 后排温度执行器相关电路

本想拆下后排温度执行器与另一个对换，快速验证一下，正准备对换时，维修人员用手转动阀门轴时发现此轴可以360°旋转。这是一个很明显的故障现象，说明此阀门存在机械故障！下一步就是拆卸仪表台了。当拆下仪表台分解到蒸发器时，发现控制后排的阀门已断裂（图4-30）。

图4-30 后排阀门

故障排除 更换蒸发器壳体后，经试车确认故障排除。

> **技巧点拨** 这是一个比较简单的故障，但在实际维修中反而容易走弯路。维修人员会把过多的时间花在空调系统传感器的检查上，因为拆卸仪表台比较费力费时。故障判断能力是评判一个维修人员维修水平的试金石。

七、别克英朗空调不制冷

故障现象 一辆2010年的别克英朗轿车，行驶里程4.1万km，配置1.8L 2HO发动机。驾驶人反映该车的空调不制冷。

故障诊断 首先连接诊断仪GDS2检测，没有发现DTC故障码储存。然后观看动态的空调许可数据，发现压缩机并未吸合，数据也不正常，空调请求信号为"否"。根据空调数据的收集，发现诊断提示"高压端压力超出范围"，但实测高压侧的压力数据只有84kPa，而正常的数据应该在800～1000kPa。

看到数据之后，维修人员习惯性地先用试灯测试压缩机处有没有供电电源，可试灯并未点亮，怀疑可能是没有电源所导致的故障。查阅图4-31所示电路图，测量ECM提供的5V电压和搭铁都正常，所以可以排除线路上出现故障的猜测。

由于空调诊断数据中反映高压侧压力高，导致离合器未接合的可能性，怀疑系统进入保护模式，所以没有供电。空调压力开关不好也会引起故障，随之更换了压力开关，故障依旧。观察数据没有任何变化，也就排除了压力开关故障的可能性。

此车在检查中已经对制冷剂进行过检测，制冷剂没有缺失；而压力开关、空调模块也进行了相应的替换，通过线路检测以及更换多个部件之后问题依旧没有解决。是不是把问题想得过于复杂了？影响压力开关的原因是什么？空调压缩机在没有供电的情况下是不会工作的，但蒸发温度和压力都与之有关。

再次询问驾驶人之前有没有在别处修理过。驾驶人说年初的时候出过一次事故，在别的

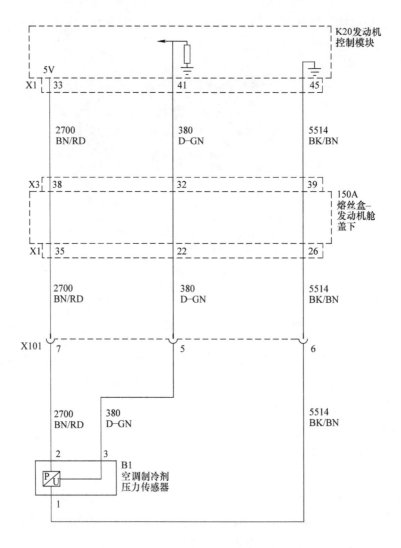

图 4-31 电路图

修理厂更换过冷凝器,因为天气原因一直没有使用过冷风,所以并没有觉得有故障,以为这次是突发状况。

故障排除 根据驾驶人的描述,怀疑问题出在冷凝器上。维修人员拆下冷凝器做压力测试,发现其和压力开关接口不良,有泄漏。重新更换了原厂冷凝器,加注制冷剂后测试,并再次观察空调数据,全部正常了,出风口温度为6℃。

技巧点拨 市场中有些配件固然便宜,但质量得不到保障。这次是冷凝器的质量问题造成的故障隐患,使压力开关因泄漏没有检测到高压侧压力。维修过程中与驾驶人的沟通非常重要,了解之前的维修过程,能让维修人员判断当前故障的逻辑关系,从而在维修过程中调整诊断策略和思路,这样就会让自己少走弯路。

第三节 雪佛兰车系

一、2013 款雪佛兰科鲁兹压缩机不工作，空调不制冷

故障现象　一辆 2013 款雪佛兰科鲁兹，配备手动空调，行驶里程为 9.6 万 km。该车在打开空调后，压缩机不工作，空调不制冷，其他功能正常。

故障诊断　接车后确认故障现象，连接故障诊断仪，发现故障码"P0530—空调制冷剂压力传感器电路电压过低"，清码后依旧存在；接着确认 K20（发动机控制单元）内得到的传感器数值，进入故障诊断仪的空调高压传感器，得到的参数均为 0；使用故障诊断仪的元件测试功能，发现空调压缩机离合器能够正常吸合、断开。由此得到的初步诊断结论是，压缩机离合器自身及线路无故障，空调制冷剂压力传感器或线路存在故障导致压力信号不正常。

参照维修资料（图 4-32），该传感器为三线制压电式无源传感器，即 1 号线为低电平参考电压（搭铁线）、2 号线为 5V 参考电压、3 号线为信号线。由于很难直接判断该传感器是否正常工作，所以决定从线路入手，依次判断每根线路的功能性。

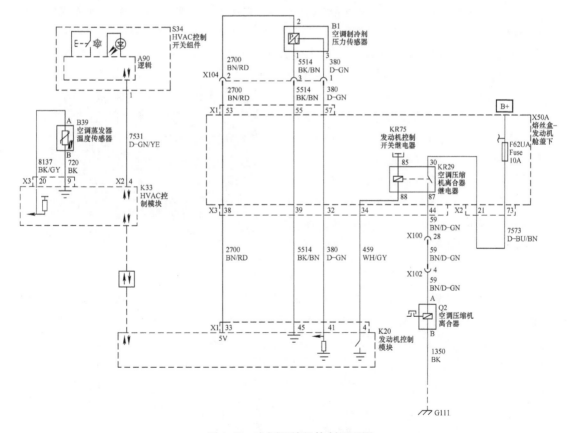

图 4-32　空调压缩机控制原理图

首先关闭点火开关，拔下空调制冷剂压力传感器插头。打开点火开关，使用万用表检测线束端 2 号脚的对地电压，显示 5.0V，正常；检测线束端 2 号脚和 1 号脚之间电压，为 5.0V，正常。此时，再次确认故障诊断仪中高压传感器的数据依然均为 0（图 4-33）；使用一个带有 3A 熔丝的跨接线，接在传感器线束端 2 号脚和 3 号脚之间，再次查看故障诊断仪中高压传感器的数据，结果显示依然为 0。由此判定信号线存在断路或对地短路故障。

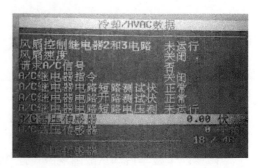

图 4-33 故障发生时诊断仪显示的数据

关闭点火开关，断开蓄电池负极，取下 K20 线束插接器。使用万用表检测传感器线束端 3 号脚对地电阻，结果显示无穷大，说明信号线没有对地短路；检测 3 号线端对端电阻，结果显示为 0.2Ω，说明信号线也没有断路。自此，开始回想之前的线索，检测结果确实说明信号线没有将信号送入发动机控制单元，那么在信号线没有对地短路也没有断路的情况下，是否要怀疑控制单元损坏呢？

此时，发现了 1 号线的特殊性，其功能为低电平参考电压线，也就是说传感器通过该线路到 K20 内部再形成搭铁回路，那么故障会不会和它有关呢？使用万用表检测传感器线束端 1 号脚和 3 号脚之间的电阻，结果显示 0.3Ω，说明两者线间短路。制冷剂压力的信号线间接对地短路，导致发动机控制单元无法得到正常数据。通过检查线路发现散热器线束（包含空调制冷剂压力传感器线束）中靠近冷却风扇的一处导线绝缘层出现破损，导致两根线碰在一起。经过询问驾驶人得知该车之前更换过散热器，怀疑是维修工在更换过程中无意中擦破了导线，导致线间短路。

故障排除 经检查确认，铜线本身并未受损，固对线路进行绝缘处理后重新插回各插接器，起动发动机，打开空调，压缩机工作正常，诊断仪数据正常（图 4-34），制冷效果良好。

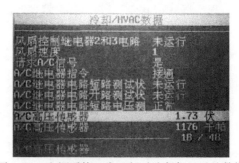

图 4-34 空调系统正常运行时诊断仪显示的数据

技巧点拨 科鲁兹轿车的手动空调利用发动机控制模块通过制冷剂压力传感器来监测高压侧制冷剂压力，这一信号作为压缩机能否运行的许可条件之一。空调制冷剂压力的变化将使传送至发动机控制模块的传感器信号发生变化，正常压力范围应该在 269～2929kPa 之间，当压力过高或过低时，发动机控制模块将不允许空调压缩机运行。

检修这一类故障时，首先应分析压缩机的控制条件以及相关传感器的工作原理，再结合故障诊断仪的检测数据，对照电路图有条不紊地查找故障原因。分清线路故障和元件故障，不能图省事采用换件修理的方法，不能毫无根据地怀疑传感器本身或控制单元损坏，否则不但会走弯路，而且容易遗漏某些潜在故障。

二、2009款雪佛兰科鲁兹鼓风机不工作

故障现象 一辆2009款雪佛兰科鲁兹,配备手动空调,行驶里程15.3万km。该车在打开空调转动鼓风机旋钮时,无论在任何风速档位下出风口均不出风,压缩机不工作。

故障诊断 连接故障诊断仪,未发现空调及鼓风机系统的故障码。查询相关诊断数据,进入"Blower Motor Switch"(鼓风机电动机开关)选项,此时将鼓风机开关旋钮从风量最小开至最大,确认诊断仪中的数据。显示值从0依次变化至6,说明鼓风机开关所在的S34模块能够将鼓风机开关动作指令通过LIN总线传送至空调系统控制模块K33。

接下来检查位于驾驶人侧的X51A仪表板熔丝盒内的F11DA熔丝,经检查发现该熔丝良好。由于F11DA是鼓风机电动机控制模块中唯一的熔丝,因此得到的初步诊断结论是鼓风机开关功能性良好且信号能够送达空调系统控制模块,鼓风机电动机控制模块熔丝良好。至此,仪表台外部故障排查完毕,要想进一步查找故障原因只能对仪表台内部的鼓风机电动机周围线路进行检测。

拆下前乘客侧的杂物箱,找到鼓风机电动机M8和鼓风机电动机控制模块K8。参照维修资料(图4-35),研究该车型鼓风机控制原理。鼓风机电动机控制模块K8是空调系统控

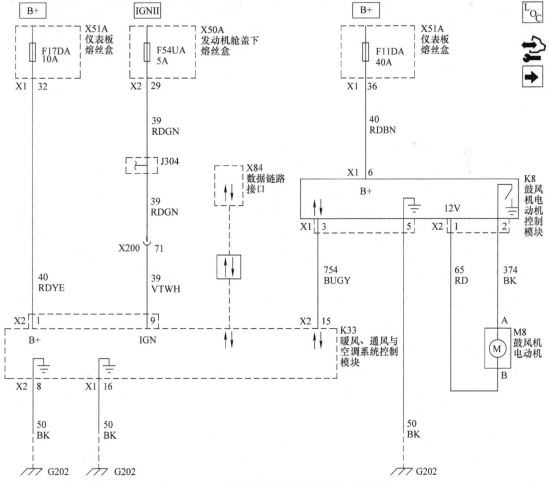

图4-35 2009款科鲁兹空调鼓风机控制原理图

制模块 K33 和鼓风机电动机 M8 之间的接口；来自蓄电池正极、搭铁电路和空调系统控制模块 K33 的鼓风机电动机转速控制信号指令鼓风机电动机控制模块 K8 运行；空调系统控制模块 K33 向鼓风机电动机控制模块 K8 提供脉宽调制（PWM）信号以指令鼓风机电动机 M8 转动；鼓风机电动机控制模块 K8 将脉宽调制信号转换成相应的鼓风机电动机电压。

关闭点火开关，取下 K8/X1 线束插接器。使用万用表检测线束端 5 号脚对地电阻，显示为 0.2Ω，说明搭铁线没有断路；使用测试灯检测线束端 6 号脚对地的亮度，结果试灯正常点亮，说明电源线也没有断路。

自此，检测结果说明 K8 的基本工作条件已经满足，由于 K8/X1 的 3 号脚即通往 K33 的线路检测过程比较复杂，于是决定从另外一个突破口入手。

取下 M8 线束连接器，插回 K8/X1 线束插接器。使用测试灯检测线束端 2 号脚对地的亮度，结果试灯正常点亮，说明 M8 的电源供给线路没有问题。但是由于 M8 的搭铁线为占空比信号控制，不能直接判断好坏，所以只能采用动态检测的方法。在 M8 的线束端 1 号脚和 2 号脚之间接一个测试灯，此时测试灯不亮；打开点火开关至"ON"位置，将鼓风机开关旋钮逐渐由关闭转至风量最大位置，观察测试灯亮度，结果测试灯仍然不亮，说明 K8 并没有控制 M8 获得电流。那么是 K8 模块出了问题吗？

故障排除 关闭点火开关，取下 K8/X2 线束连接器，再次打开点火开关，使用万用表检测线束端 2 号脚对地电压，结果显示 0，说明该线路没有对电压短路。关闭点火开关，使用万用表检测 K8/X2 线束端 2 号脚与 M8 线束端 1 号脚端对端的电阻值，结果显示为 0.1Ω，说明该线路没有断路。至此，鼓风机电动机周围所有线路已经检测完毕并且没有发现故障，但是鼓风机电动机无法得电，所以只能锁定 K8 模块损坏。结果不出所料，更换新的模块后故障彻底排除，鼓风机工作正常。

技巧点拨 在诊断电气系统故障过程中，故障大体分为三类，即线路故障、元件自身损坏故障以及控制模块损坏故障。其中线路故障最为常见，但检测过程也最为繁琐；元件好坏的判断要根据其工作原理区别对待，有些元件可以直接检测判断好坏，有些则要通过排除法来间接判断；控制模块损坏的故障虽然不多，但偶尔也会遇到，不能在毫无依据的情况下采用换件修理法，更换模块必须有充足的依据。

以该故障为例，由于鼓风机的控制原理比较复杂，所以必须先研读维修资料，弄清楚线路走向，再根据其工作原理由简入繁排查线路以及元件好坏；在确定了所有的线路工作正常且元件自身功能性良好的前提下，最后锁定模块的故障。

三、雪佛兰景程空调制冷系统不工作

故障现象 一辆 2007 款雪佛兰景程，行驶里程 19 万 km。该车空调制冷系统不工作。

故障诊断 接车后试车，发现当打开空调系统 A/C 开关后，A/C 指示灯亮起，鼓风机可以正常运转，但出风口吹出来的是热风。A/C 开关工作后，没有听到空调压缩机电磁离合器吸合的声音，说明 A/C 开关工作后，空调压缩机电磁离合器没有吸合，空调压缩机是不工作的。既然空调压缩机不工作，空调出风口出热风也是在情理之中了。直接从蓄电池引一根电源线给电磁离合器通电，强制使空调压缩机工作，空调出风口吹出凉风，空调系统开

始制冷了。但短时间工作后，空调管路中的释放阀开始有制冷剂放出，同时还有一个令人费解的情况是，正常情况下，空调压缩机工作的时候，冷凝器风扇低速档会随之工作。但强制压缩机工作后，冷凝器风扇不运转，致使空调管路中制冷剂压力过高，导致空调释放阀打开，泄放掉部分制冷剂以降低压力。在空调系统正常工作时是不会出现这种现象的。

使用故障诊断仪读取空调系统相应的故障码，显示无故障码。但使用数据流的控制功能，可以使空调压缩机运转制冷，这时和直接给压缩机电磁离合器强制供电一样，冷凝器风扇不运转，这说明空调压缩机的控制电路是良好的。但当发动机怠速运转一段时间后，冷却液温度上升到一定数值，冷却液风扇电动机开始运转，由此可以说明冷却液风扇电动机及其控制电路没有问题。不过当发动机温度上升到一定数值时，冷却液风扇有时也不运转，当将熔丝盒内（图4-36）的相关继电器重新插拔后，风扇就会运转。结合熔丝盒内继电器的分布情况并

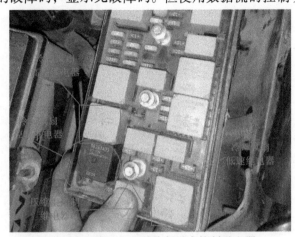

图4-36 熔丝盒上的冷却风扇控制继电器

查找图4-37所示相关电路图，控制冷却风扇的继电器有三个，分别是冷却风扇控制继电器、

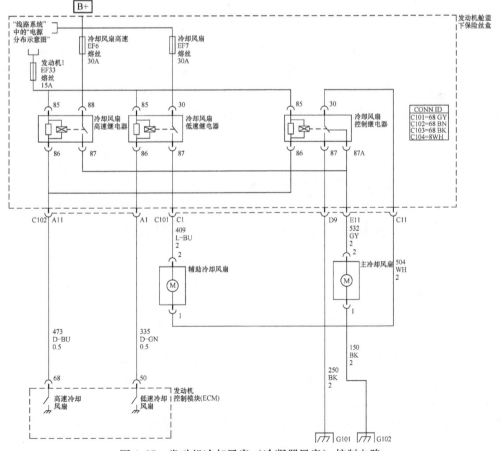

图4-37 发动机冷却风扇（冷凝器风扇）控制电路

153

冷却风扇低速继电器和冷却风扇高速继电器，当重新插拔冷却风扇控制继电器时，会出现冷却风扇运转异常的情况，于是将冷却风扇控制继电器进行更换。

另外，通过读取数据流发现，发动机冷却液温度传感器数值为-40℃，而其正常范围为-40℃~120℃，由此可以说明，发动机冷却液温度传感器及相关电路数据流不正常。于是更换发动机冷却液温度传感器，再次测量其数据流，在正常范围内（图4-38）。

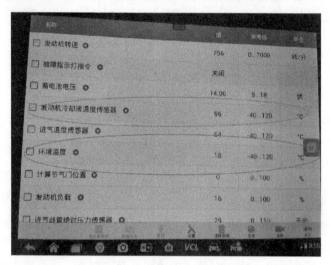

图4-38　发动机冷却液温度传感器数据流在正常范围

虽然更换了发动机冷却液温度传感器，但空调制冷系统仍然不能制冷，同时在读取数据流的过程中发现，环境温度仅显示18℃（图4-38），虽然显示环境温度是在正常范围，但当时的环境温度至少有30℃，有比较大的温度偏差。是否是环境温度开关出现故障导致的呢？通过查阅维修手册，发现环境温度传感器安装在图4-39所示的位置，但从实车上却找不到环境温度传感器，甚至连环境温度传感器的线束插头也找不到。

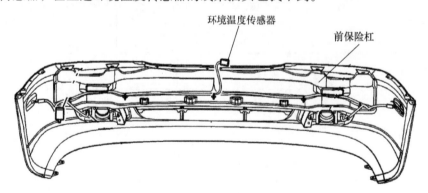

图4-39　环境温度传感器的安装位置

通过查阅图4-40所示空调制冷系统压缩机控制电路图发现，在暖风、通风与空调系统控制模块与发动机控制模块（ECM）间有导线直接连接，此线为网络控制线，为发动机控制模块的空调请求信号线，同时空调压缩机的控制是由发动机控制模块（ECM）来实现的，只有当发动机控制模块（ECM）接收到暖风、通风与空调系统控制模块发送到发动机控制模块（ECM）的空调请求信号后，发动机控制模块（ECM）模块才控制空调压缩机继电器线圈的搭铁端（即发动机控制模块（ECM）的压缩机控制端）搭铁，继电器工作，这种情况下才能控制空调压缩机工作，实现空调制冷系统的正常工作。

我们现在遇到的问题是暖风、通风与空调系统控制模块在空调制冷系统的工作中缺少某些信号导致其不能发出空调请求信号。是相应传感器信号故障？还是某些执行器故障？所有的问题在故障码和数据流显示方面均体现不出来，一度使维修工作陷入困境。

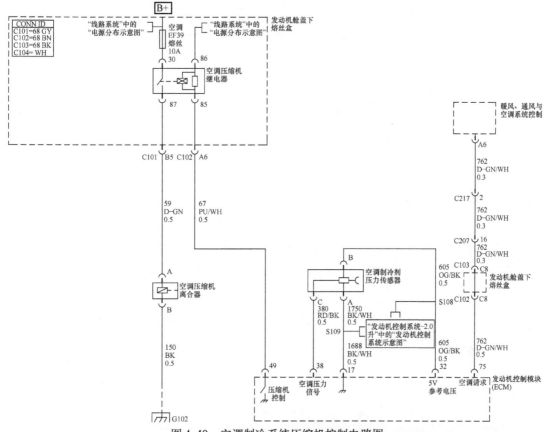

图4-40 空调制冷系统压缩机控制电路图

接下来将与空调相关的部件进行拆卸，检查是否存在一些不正常的方面，当我们拆掉前排乘客一侧的杂物箱后，在空调系统的通风控制管路上发现一个插头，其一端插接在一个方盒上（后经确认为模式控制器），另一端则通向暖风、通风与空调系统控制模块上。在拔掉插头进行检查时，发现插接器上棕色线内部已被腐蚀断裂（图4-41），于是将此线及插接器进行更换。

故障排除 将插接器修好后，打开空调，其电磁离合器正常吸合，空调系统正常工作，

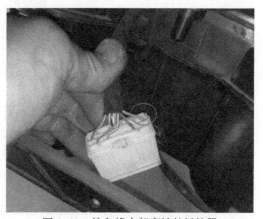

图4-41 棕色线内部腐蚀的插接器

故障排除。

技巧点拨 事后找到图4-42所示相应电路图进行分析，出现问题的插接器为模式执行器的插接器，棕色线为熔丝盒到模式执行器4号脚的线，各脚的相应功能见表4-4。4号脚为模式执行器提供蓄电池电压，由此可知，当模式执行器缺少12V点火电压时，是不能正常工作的，因此导致暖风、通风与空调系统控制模块不能发出空调请求信号，从而造成空调压缩机不能工作。

此端子被腐蚀的原因是使用空调清洗剂进行管道清洗时，多余的清洗剂落到端子上，久而久之，造成端子腐蚀导致故障出现。

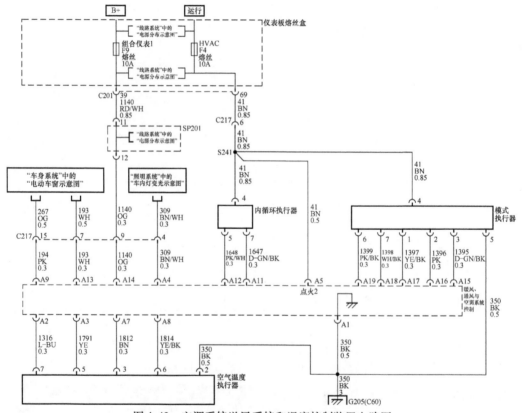

图4-42 空调系统送风系统和温度控制装置电路图

表4-4 模式执行器端子信息情况

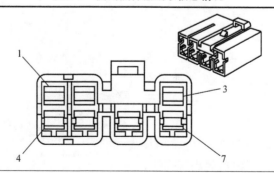

(续)

插接器部件信息		KETMG610203 7路F118（PA）系列（BK（黑色））	
针脚	导线颜色	电路号码	功能
1	YE/BK（黄色/黑色）	1397	下模式阀电磁线圈控制
2	PK（粉红色）	1396	除霜器模式阀电磁阀控制
3	D-GN/BK（深绿色/黑色）	1395	上模式阀电磁线圈控制
4	BN（棕色）	41	点火3电压
5	BK（黑色）	350	搭铁
6	PK/BK（粉红色/黑色）	1399	模式阀信号
7	WH/BK（白色/黑色）	1398	模式阀信号

四、2013款新赛欧压缩机不工作

故障现象 一辆2013款新赛欧，装备1.2L发动机和手动变速器，行驶里程2.5万km。该车是事故车辆，压缩机不工作。

故障诊断 用RDS诊断没有故障码（此车ECU设计简单，一般性故障没有故障码）。按下空调按钮，按钮灯亮，风扇转，压缩机不工作。按下空调按钮后，用诊断仪观察，发现ECU已经接受到了空调请求的信号，但是压缩机却显示没有接通。用诊断仪控制压缩机，压缩机不工作。检查压缩机控制熔丝正常。根据线路图用15A跨接线跨接30号、87号针脚，压缩机仍旧不工作。拔下压缩机插头，测量插头供电，结果显示为0V，测量搭铁电阻为0.3Ω，测量电源供电为0V。测量继电器30号针脚与压缩机B针脚断路，确认59号线路存在问题。

故障排除 经检修发现，X102插头针脚存在故障，处理后故障消失。

> **技巧点拨** 此车由于维修技工工作不认真，导致故障的出现，在维修事故车的时候，由于插头、线路太多，这就需要维修技工一定要认真仔细，感觉到有异常的地方，一定要停下来仔细检查，然后才能进行下一个工序，不要因为时间紧就草草地把车装好。结果因为一个人为制造的故障，把之前所做的工作又要重做一遍，浪费了大量的时间。

五、2011款科帕奇自动空调系统不工作

故障现象 一辆2011款雪佛兰科帕奇，行驶里程约为4万km，搭载2.4L发动机，配备自动空调系统。该车因空调系统不工作而进厂检修。

故障诊断 接车后试车验证故障，故障现象确实存在。经询问驾驶人得知，一开始故障只是间歇性出现，现在空调系统已经完全不工作了。用制冷剂检测仪检查制冷剂，结果正常。连接空调系统制冷剂回收、净化、加注设备，空调系统高、低压管路压力和制冷剂回收量均正常，因此可以初步排除制冷剂问题及管路泄漏造成空调系统不制冷的可能。

连接TECH2对车辆进行检查，空调系统中无故障码存储。使用TECH2的"发动机特殊功能"对空调系统进行控制，能够接通空调系统（空调压缩机电磁离合器吸合），驾驶人信

息中心也显示空调系统打开的符号，然而数据流中"请求 A/C 信号"却仍显示为"否"（图 4-43）。

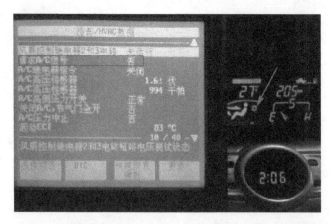

图 4-43　TECH2 检测到的数据流和驾驶人信息中心显示的空调系统打开符号

分析可知，用 TECH2 能控制空调压缩机电磁离合器吸合，说明空调压缩机电磁离合器的控制电路是正常的。数据流"请求 A/C 信号"始终显示为"否"，怀疑空调控制开关损坏或空调开启条件不满足。

查阅相关资料得知，空调系统开启的条件如下：①蓄电池电压为 11~16V；②冷却液温度低于 117℃；③发动机转速低于 4760r/min；④空调系统压力在 269~2929kPa。除上述因素外，一些传感器也会对空调控制系统产生影响，如节气门位置传感器、环境空气温度传感器、车内空气温度传感器、光照传感器、蒸发器温度传感器等。

蒸发器温度传感器安装在仪表台下的蒸发器处，检查起来比较困难，于是找到空调控制模块导线插接器上的蒸发器温度传感器信号端子（图 4-44），根据电路图（图 4-45）用万用表测量端子 A16 和端子 B7 之间的线路，发现断路。经过进一步检查，确认是蒸发器温度传感器内部损坏。

故障排除　更换蒸发器温度传感器后试车，故障排除。

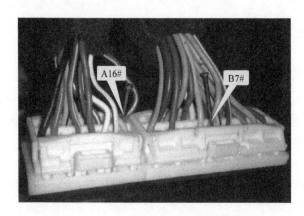

图 4-44　实车上蒸发器温度传感器信号端子位置

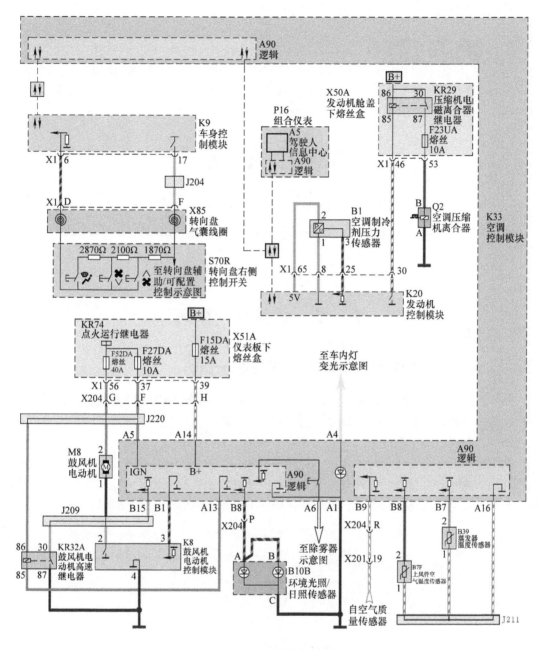

图 4-45 空调系统控制电路

技巧点拨 蒸发器温度传感器为二线式负温度系数热敏电阻,测量范围为 -40 ~ 85℃。如果温度低于 3℃,空调压缩机会关闭,以防止蒸发器冻结。如果该传感器及其线路存在故障,可能导致空调控制模块接收到不正常的信号,造成空调系统不能正常工作。

第五章

丰田车系

第一节 雷克萨斯系列

一、2015 年雷克萨斯 ES300h 空调无法正常工作

故障现象 一辆 2015 年的雷克萨斯 ES300h 轿车,搭载 2AR – FXE 发动机和混合动力系统,行驶里程 5 万 km。该车因事故进行维修,更换了散热器、冷凝器、冷却风扇以及空调管路后,发现空调不制冷。

故障诊断 维修人员起动发动机,打开空调开关,发现没有冷风吹出,一直都是吹的自然风,确认故障一直存在。另外在打开空调时能听到发动机舱里面压缩机发出异响。连接故障诊断仪进入空调系统进行查看,发现存在图 5-1 所示故障码,且为当前故障码。

图 5-1 空调系统故障码

维修人员保存故障码后,尝试删除故障码,可以正常删除,但是再次打开空调后,故障码会再次出现。该故障码的出现,主要原因是空调压力传感器电路断路或者短路,或者是高压侧制冷剂压力异常(低于 0.19MPa 或高于 3.14MPa)。空调压力传感器安装在高压侧的管路上面,用于检测制冷剂压力,并将制冷剂压力信号发送到空调放大器总成。空调放大器总成根据该传感器的信号来控制压缩机。

根据以上检查结果及故障码分析,该车可能的故障点有空调压力传感器、线路、膨胀阀(堵塞或卡滞)、干燥器(不能吸收制冷剂循环中的湿气)、冷凝器总成(堵塞,冷却能力下

降)、冷却风扇系统(不能冷却冷凝器总成)以及管路(制冷剂不足或过多、真空不到位)。

在进一步分析诊断前,需要先了解一下该车空调压缩机控制原理。混合动力车辆的压缩机并不是通过发动机的传动带驱动的,而是使用高压蓄电池直接供电给压缩机本身(图5-2)。该压缩机内部有逆变器和无刷电动机集成为一体,将高压蓄电池的高压直流电供应到压缩机内部的逆变器,使其转换成高压交流电,驱动压缩机内部的三相交流电动机提高空调压力。根据目标蒸发器温度和实际蒸发器温度,空调放大器计算目标压缩转速,然后空调放大器将目标压缩机转速传输至动力管理控制单元,通过动力管理控制单元控制空调逆变器,从而使压缩机转速达到目标压缩机转速。

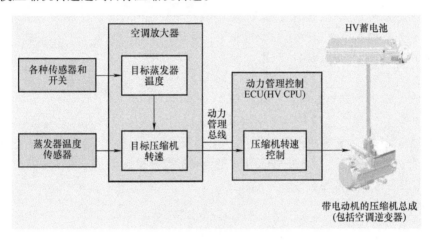

图 5-2 压缩机控制原理

接下来,维修人员查看空调系统数据流(图5-3),重点观察空调压力传感器的反馈数值。此时尝试删除故障码,发现可以正常删除。然后起动车辆打开空调,查看数据流中"Regulator Pressure Sensor"数值为2.4MPa,压力确实偏高,正常数值为1.5MPa左右。另外观察"Compressor Speed"(压缩机转速)和"Compressor Target Speed"(压缩机目标转速)的变化,发现压缩机的实际转速可以跟着目标转速变化,说明压缩机的控制方面不存在问题,且压缩机可以正常工作。但是在压缩机运转的过程中,发现空调管路压力有时可以瞬间高达3.2MPa左右,已经超出空调压力的正常范围。而当空调管路压力超出正常范围后,故障码B1423就会再次出现。另外,还发现当故障码出现后,压缩机目标转速和实际转速都会变成0,目的是不让压缩机工作,从而保护压缩机。

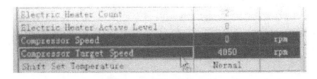

图 5-3 空调系统数据流

将空调关闭后,空调管路压力会下降,此时就可以删除故障码,如果再次开启空调,压缩机会再次工作,直到空调管路压力超出标准范围后,压缩机会停止工作,且故障码再次出现。

了解以上故障细节后，可以肯定产生故障码 B1423 的原因是管路压力数值偏高。当空调管路压力在范围之内时，故障码 B1423 可以正常删除，从另一个角度也就可以说明空调压力传感器以及线路不存在问题，否则故障码无法删除，也无法显示空调管路的压力数值。

接下来就要考虑为什么空调管路压力数值会异常偏高。会不会是制冷剂添加过多或者是抽真空没有到位？于是维修人员重新回收制冷剂，重新添加，但是故障依旧。接着检查空调管路，没有任何异常。检查冷凝器的表面，无任何脏污。起动车辆，再次打开空调，发现了异常，冷却风扇居然没有运转，使冷凝器散热不良从而导致压力偏高。

那到底是发动机控制单元没有接收到空调信号导致未驱动冷却风扇，还是冷却风扇本身控制不良？维修人员决定使用故障诊断仪进入发动机系统，对冷却风扇执行主动测试（图5-4）。

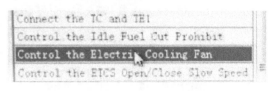

图5-4 执行元件主动测试

对冷却风扇执行主动测试后，发现冷却风扇依旧无法工作，说明是冷却风扇本身及控制线路存在故障。查看电路图（图5-5）可知，发动机控制单元 ECM 根据冷却液温度、空调开关状态、制冷剂压力、发动机转速和车速计算出适合的冷却风扇转速，并将信号发送至冷却风扇控制单元。冷却风扇控制单元根据来自 ECM 的占空比信号来控制冷却风扇转速。

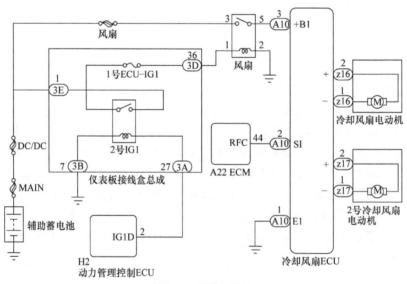

图5-5 相关电路图

故障排除 考虑到风扇电动机更换的都是全新件，维修人员决定先检查冷却风扇控制单元的供电是否良好。将电源模式切换至 IG 状态，拔下冷却风扇控制单元的插接器 A10，用万用表测量其 3 号端子与搭铁之间的电压为 0V，说明供电存在异常。于是检查冷却风扇的熔丝，发现熔丝已熔断（图5-6）。更换冷却风扇熔丝后试车，确认故障排除。

技巧点拨 由于车辆并未行驶，虽然冷却风扇不转，也未出现冷却液温度偏高的情况，导致维修人员在诊断过程中忽略了冷却风扇是否工作，走了弯路。

二、2011 款雷克萨斯 ES240 空调不能自动切换外循环

故障现象 一辆 2011 款雷克萨斯 ES240，装备型号为 2AZ–FE 的 2.4L VVT–i 发动机和 U250E 自动变速器，行驶里程 17 万 km。该车因空调不能自动切换外循环而进店检查。

故障诊断 接车后试车验证故障，接通点火开关，起动发动机，发动机顺利起动；接通空调开关，空调制冷正常，测量出风口温度仅为 5℃；观察组合仪表，仪表中无任何故障灯点亮，发动机运转平稳。连接故障检测仪对车辆进行测试，无故障码存储，但空调面板中间 AUTO 指示灯与外循环指示灯确实不能同时点亮，而正常情况下应该是可以同时点亮的（图 5-7），这说明故障确实存在。

图 5-6 冷却风扇熔丝损坏

图 5-7 正常车的空调面板

连接故障检测仪（GTS）读取相关数据流（图 5-8），发现烟雾传感器的数据显示为 255（最大值），且无变化。通常情况下，烟雾传感器的数据由车外环境决定，烟雾传感器的数据显示为 255 意味着车外环境极其恶劣，空调系统禁止打开外循环；或者是烟雾传感器本身损坏，使空调系统误认为车外环境很恶劣。

维修人员找来同型号的车辆，并检查该车的数据流，结果如图 5-9 所示，此时空调系统可以执行内外循环切换。于是重点对烟雾传感器进行检查。烟雾传感器（图 5-10）安装在前保险杠中网位置，找到后将其拆开（图 5-11），内有一层过滤棉及橙色的传感器探头。先清洁过滤棉，试车故障依旧。因传感器探头无法清洗，只能更换传感器总成。

雷克萨斯 ES240 车自动空调系统具有内外循环模式自动切换功能，其结构及工作原理如下：内外循环模式自动切换功能通过空调控制单元、烟雾传感器、车内温度传感器、环境温度传感器等实现；烟雾传感器对空气中的有害物质（CO、HC 和 NO_x）进行监测，并将结果反馈给空调控制单元；空调控制单元根据烟雾传感器反馈的情况，对空气质量进行评估，

从而决定是否对空调循环模式进行控制，以防止有害气体进入车内；空调控制单元会通过车内温度传感器对车内的温度进行监测，如车内温度较高，则自动将循环模式切换为内循环；空调控制单元通过环境温度传感器对车外温度进行检测，当系统判断风窗玻璃存在起雾的可能后，会自动将空调循环模式切换为外循环。

图 5-8 故障车的数据流　　　　　　　图 5-9 正常车的数据流

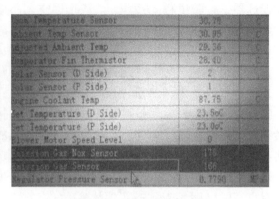

图 5-10 烟雾传感器外观　　　　　　图 5-11 拆检烟雾传感器

值得一提的是烟雾传感器。使用 GTS 对烟雾传感器进行检测，其数据应在 0～255 变化，如果信号异常，空调控制单元会认定为外界环境恶劣，为保持驾乘人员身心健康，空调循环模式将强制为内循环，禁止与车外空气流通，此时无法完成内外循环的切换。

故障排除　更换烟雾传感器总成后试车，故障排除。

> **技巧点拨**　烟雾传感器只检测与尾气相关的有害物质（CO、HC 和 NO_x），不能检测如篝火、工厂排放的烟雾，以及恶臭、动物气味、泥土或尘埃等。因此，循环模式不会因空气中存在上述这些物质而进行切换。

三、雷克萨斯 GS300 空调制冷效果差

故障现象　一辆雷克萨斯 GS300 轿车，搭载 3GR-FE 发动机，行驶里程 30 万 km。驾

驶人反映车辆在拥堵的市区行驶时空调会出现制冷效果差甚至不制冷的情况，出风口会出热风，但是速度上来之后，空调效果还可以。曾经到维修店检查，被告知是缺少制冷剂，于是重新添加制冷剂，但是故障依旧，还是会偶尔出现空调制冷效果差的情况。

故障诊断 起动发动机，打开空调风量，开 A/C 开关，将出风模式设置在吹脸，调节至内循环，温度调整到最低档，用手感觉空调制冷还是有些效果，但是并不是特别凉，并没有出现完全不制冷的情况。对比前排左右侧的温度，没有任何区别。用手触摸低压管，并不是特别凉。使用诊断仪进入空调系统查看，没有任何故障码存在。接着连接空调压力表，如图 5-12 所示，低压为 220kPa，高压为 1800kPa，从管路压力来判断高压偏高，正常数据为 1500kPa。观察散热风扇，一直都在高速运转。怀疑是散热不良导致的空调间歇性不制冷。

图 5-12 压力测量

初步判断可能的故障原因包括：①制冷剂添加太多；②抽真空不到位；③冷凝器散热不良；④散热风扇缺陷；⑤散热风扇的风向问题；⑥冷凝器内部堵塞；⑦干燥器存在故障；⑧压缩机存在故障；⑨空调压力传感器存在故障。

决定先从最基本的入手检查，重新抽真空，添加制冷剂，发现故障依旧。接着重点检查冷凝器，其表面脏污严重，于是用水枪冲洗干净后，再次观察其压力，压力并没有下降的趋势。观察散热风扇本身，运转平稳且无异常噪声。查询车辆的维修记录得知，车辆前部之前有过事故维修，怀疑是风扇风向问题，于是在冷凝器的前面放了一张纸，发现可以正常吸附在冷凝器上，说明风扇的运转方向并没有问题。用手触摸冷凝器的表面温度，对比左右两边的温度，感觉都差不多，并没有出现两边温差很大的情况。观察高压管路中的观察舱，发现很清澈，没有发黑的情况，从这点可以判断压缩机问题应该不大，如果真的有问题，会有磨损的痕迹，其管路中会有发黑的情况。

那还有什么原因导致空调管路压力比较高呢？观察空调管路，检查其安装没有任何问题，没有出现弯曲的情况，也没有修复过。再次连接空调压力表，高压压力还是偏高，怀疑还是冷凝器散热不良，再次观察冷凝器表面，没有修复的痕迹，难道是冷凝器的另外一面或者是散热器表面太脏导致的散热不凉？于是将散热器的上支架拆下，发现冷凝器和散热器的接触面非常脏，类似于棉花絮的杂物堆积在其表面。拆下后重新使用高压水枪冲洗，压力恢复正常，多次检查空调压力数值，无任何问题。

于是将车辆停在车间怠速运转并打开空调，正准备交车的时候，发现空调系统完全不制冷了，感觉吹出来的风都是自然风。于是连接诊断仪，进入空调系统查看其数据流，如图5-13所示。

参数	值	单位
Room Temperature Sensor	22.00	C
Ambient Temp Sensor	28.50	C
Adjusted Ambient Temp	27.12	C
Evaporator Temp Sensor	28.05	C
Solar Sensor (D Side)	3	
Solar Sensor (P Side)	3	
Engine Coolant Temp	90.55	C
Set Temperature (D Side)	MAX COLD	
Set Temperature (P Side)	MAX COLD	
Hand Free Telephone	OFF	
Blower Motor Speed Level	31	
Regulator Pressure Sensor	1.1615	MPa
Regulator Control Current	0.82	A
Air Mix Servo Targ Pulse(D)	5	
Air Mix Servo Targ Pulse(P)	105	
Air Outlet Servo Pulse (D)	32	
Air Inlet Damper Targ Pulse	31	
Cool Air Bypass Pulse	8	
Number of Trouble Codes	2	
Shift Set Temperature	Normal	
Air Inlet Mode	Auto	
Compressor Mode	Auto	
Compressor/DEF Mode	Link	
Evaporator Control	Auto	
Button Press Buzzer	ON	
Foot/DEF Auto Mode	ON	
Foot/DEF Auto Blow Up	ON	
Foot Air Leak	ON	
Ambient Temperature Shift	Normal	

图5-13　空调系统数据流

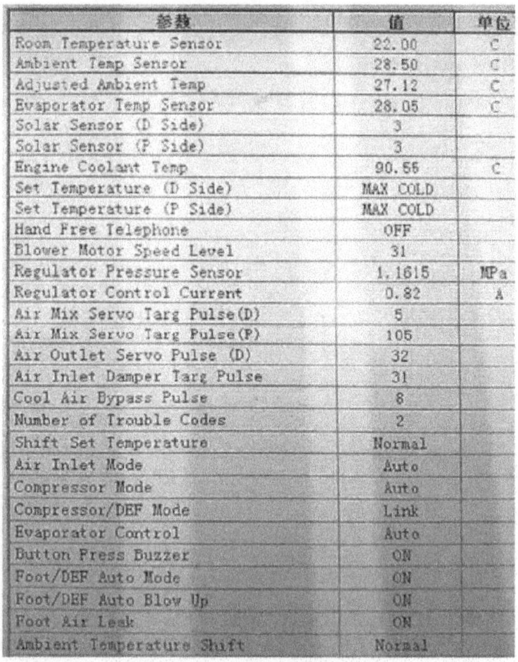

Evaporator Temp Sensor（蒸发器温度传感器）的反馈温度为28℃，其Regulator Pressure Sensor（空调管路压力）的反馈数值为1.1MPa，Regulator Control Current（电磁流量阀的电流值）为0.82A。从这三个数据中可以看出，当时空调确实不制冷，蒸发器温度传感器的反馈数值偏高，正常情况应该在5℃左右。但是压缩机工作正常，高压管路压力正常，那为什么现在都吹自然风了？打开发动机舱盖，发现低压管上面都是冷凝水，其低压管路摸上去也非常凉，那为什么吹出来的风是自然风呢？一时无法理解。

怀疑是混合伺服电动机存在故障？但是该车辆搭载的双区恒温空调，也不可能左侧和右侧的空气混合伺服电动机同时损坏啊，这种概率太低了。查看其空调系统内无任何故障码，再查看数据流，检查两侧的混合伺服电动机的步数，都在标准范围之内，说明混合伺服电动机没有任何问题。尝试切换出风模式，发现可以正常切换，在切换空调内外循环模式的时候，发现了异常。正常情况下，在切换内外循环的时候，其风量会有细微的变化，在同一档风量时，其内循环的风量要小于外循环的风量，能够明显地感觉到变化。

而且在调节的过程中，应该能听到伺服电动机工作的声音，但是并没有听到，怀疑是伺服电动机故障。于是拆下杂物箱里面的隔板，发现其内外循环的翻板一直处于外循环的位置（图5-14），在按下内循环按钮的时候，其位置一直未有变化，仔细排查发现内外循环伺服电动机的支架断裂，导致其无法调节，难道是这个原因导致的空调不制冷吗？手动将内外循环的翻板调节到内循环状态（图5-15），没过一会，车内的温度就下降了，而且空调制冷效果非常好。查看其数据流，蒸发器温度传感器的反馈数值在6℃左右。至此，故障原因终于找到了。

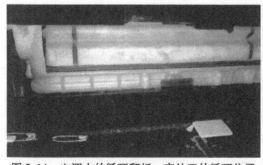

图5-14　空调内外循环翻板一直处于外循环位置

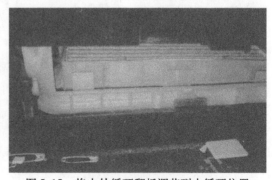

图5-15　将内外循环翻板调节到内循环位置

第五章 丰田车系

为验证该车故障是由内外循环风门一直处于外循环位置引起的，决定进行以下试验：关闭所有车窗，起动发动机，接通空调开关，温度调节至最低，选择外循环和中等风量，同时用故障检测仪监测空调系统数据流。没过一会儿，出风口温度升高，蒸发器温度传感器的反馈温度也不断升高，车内的制冷效果越来越差，这与驾驶人反映的情况一样，故障确实是由内外循环风门一直处于外循环位置引起的。

故障排除　更换内外循环风门电动机后试车，空调制冷恢复正常，故障排除。

> **技巧点拨**　内外循环风门电动机的支架为什么会断裂呢？怀疑是以前在更换空调滤清器时，强行将翻板打开，从而导致翻板支架断裂。正确的做法是，先将空调内外循环模式切换至内循环，让翻板自动打开，这样就可以拆装空调滤清器了。

四、雷克萨斯 ES240 伺服电动机无法正常工作

故障现象　故障车是一辆雷克萨斯 ES240 轿车。驾驶人到店反映该车的空调出风模式无法调节，始终停留在前风窗除雾的模式上。

故障诊断　起动车辆，打开空调，调节空调面板的出风方向，调节至吹脸的时候，发现还是前风窗玻璃除雾，调节出风模式到任意位置，都无法改变其出风的方向，驾驶人反映的问题确实存在。按下空调面板的切换出风模式的按钮后，空调显示屏可以正常切换出风的状态，但是实际上并没有真正切换。使用诊断仪进入空调系统，发现存在故障码，如图 5-16 所示。

因为车辆在室内，阳光传感器并没有接收到阳光，所以会输出 B1421 和 B1424 的故障码，这个属于正常情况。重点检查故障码"B1497—通信故障"。保存故障码后，尝试删除，发现无法删除，说明故障为当前存在。怀疑的故障原因有空调线束、空调放大器、初始化未完成以及空调放大器的电源和搭铁。

首先了解伺服电动机的工作原理，空调线束连接空调放大器和各个伺服电动机，空调放大器通过空调线束向各个伺服电动机供电和发送工作指令，各伺服电动机将风门位置信息发送至空调放大器，从而控制出风风向、内外循环和温度调控。想到这里，难道是所有的伺服电动机都无法工作吗？于是尝试切换内外循环，发现空调面板显示可以正常切换，但是拆下空调滤芯，发现伺服电动机并没有工作，其内外循环翻板没有任何动作。查看温度控制的伺服电动机，也无任何动作。经检查发现确实是所有伺服电动机都不工作，接着决定先尝试做伺服电动机的初始化，如图 5-17 所示。

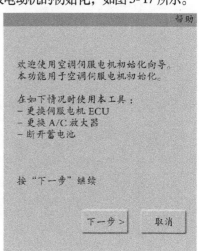

图 5-16　故障码　　　　图 5-17　伺服电动机初始化

在做初始化的过程中，发现伺服电动机都无任何作用，正常情况下，所有的伺服电动机会作用到初始化位置，于是决定重点检查伺服电动机的供电和搭铁是否良好。

根据图 5-18 所示电路图，拆下空调放大器，将插头 E1 拔下，测量 E1 的 14 号端子 GND 和搭铁的电阻，测量值为 0.2Ω，正常。接着将 E1 插头重新插上，测量插头 Y1 的 2 号端子 BUS G 与 E1 的 14 号端子 GND 之间的电阻，测量值为 0.2Ω，正常。接着将电源模式切换至 OFF 的状态，测量 Y1 插头的 4 号端子 B BUS 与车身搭铁的电压，测量值为 0。将电源模式切换至 IG 的状态，测量 Y1 的 4 号端子与搭铁的电压，测量值为 0，而正常情况下应该有 12V 的电源输出，所以问题还是出在伺服电动机的供电上。而该电压是空调放大器供应的，难道是空调放大器内部损坏导致？于是拆下空调放大器，取出芯片进行观察，并没有任何异常情况，考虑到伺服电动机的供电既然是空调放大器供给，那是不是并没有给空调放大器供电呢？于是查阅电路图（图 5-19），发现空调放大器有两条供电线路，分别是 IG 和 +B。于是拔下插头 E1，测量其 IG 和 +B 电源，发现 +B 电源缺失。

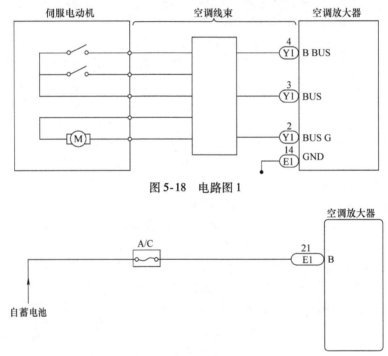

图 5-18　电路图 1

图 5-19　电路图 2

故障排除　查看熔丝，发现根本没有 A/C 熔丝，仔细观察发现，熔丝插错了位置。恢复熔丝的位置后（图 5-20），伺服电动机恢复正常，至此故障排除。

技巧点拨　按照维修手册提示需要更换空调放大器总成，但是最终的问题并不是空调放大器本身，而是缺少 +B 电源导致。从维修手册的说明来看，+B 电源是为了存储故障码，并没有提到给伺服电动机供电，而维修手册提示 IG 电源才是供给伺服电动机的工作电源，如图 5-21 所示，所以在诊断过程中忽略了 +B 电源的检查，导致在诊断过程中走了弯路。

第五章　丰田车系

图 5-20　熔丝位置

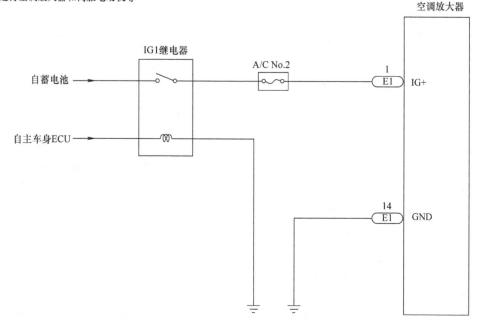

图 5-21　电路图 3

五、2010 款雷克萨斯 RX450h 冷却风扇异常运转

故障现象　一辆 2010 款雷克萨斯 RX450h，行驶里程 115986km。该车在电源开关处于 OFF 状态时，发动机冷却风扇一直高速运转，当电源开关转到 IG ON 时，风扇运转正常，仪表中无任何警告信息。

故障诊断　冷却风扇控制系统原理是，ECM 根据发动机冷却温度、空调开关状态、制冷剂压力、发动机转速和车速计算相应的冷却风扇转速，并发送信号至冷却风扇 ECU 以调节冷却风扇（图 5-22）；冷却风扇 ECU 根据来自 ECM 的占空比信号来控制各冷却风扇转速。

推测故障原因是 RDI FAN No.1 和 RDI FAN No.2 继电器或其控制线路异常，继电器始

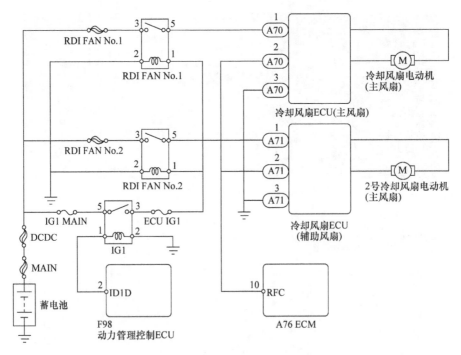

图5-22 冷却风扇控制系统电路图

终处于闭合状态。

接下来进行故障验证。关闭电源开关，断开 RDI FAN No.1 和 RDI FAN No.2 继电器，分别测量插接器侧1号和2号之间电压均为0；电源开关转到IG ON，1号和2号之间电压均为12.5V，证明继电器控制电路正常。分别测量 RDI FAN No.1 和 RDI FAN No.2 继电器3号和5号之间电阻值，均小于1Ω，证明继电器工作异常，继电器触点短接。分解两个继电器，发现继电器触点已经烧结在一起。

正常情况下，继电器烧结在一起的概率非常小，两个同时烧结的概率就更小。而此车是一辆雷击事故车，车辆曾受到高压电击，车上有14块ECU内部短路（+B与接地短接）。继电器触点烧结原因是高电压施加到3号端子，而5号端子通过风扇ECU接地，那么在高压电作用下，两个触点之间会产生火花，由于电压过高，产生的热量大，所以触点被烧结。

为什么电源开关 IG ON 风扇控制正常，而 IG OFF 风扇常转？风扇控制 ECU 接收 ECM 指令（RFC）来控制风扇转速，以占空比形式控制，当电源为风扇控制 ECU 供电时，风扇控制 ECU 输出 12.5V 的电压到 ECM（RFC），ECM 根据冷却需求，内部控制 RFC 接地，接地时间长短构成占空比信号。当 ECM 控制 RFC 不接地时，RFC 电压为12.5V，此时占空比为100%，风扇高速运转；RCF 完全接地时，RFC 电压为0，占空比为0%，风扇不运转。当电源开关 IGON 时，ECM 工作，可以正常控制 RFC 接地占空比，风扇转速可以正常控制；当电源开关 IG OFF 时，ECM 停止工作，RFC 信号与地之间开路，这时 RFC 占空比是100%，所以风扇高速运转。

故障排除 更换 RDI FAN No.1 和 RDI FAN No.2 继电器后进行测试，故障排除。

第五章 丰田车系

> **技巧点拨** 目前雷克萨斯车型上很多执行器都用占空比信号来控制,如水泵、冷却风扇、点火线圈IGF、鼓风机等。了解占空比信号的控制方式才能对症下药,如由谁发出电压、发出多大的电压、由谁控制接地,这样才能正确区分是执行器故障还是ECU故障。目前雷克萨斯车型除了IGF电压是由ECU输出,点火器接地,其他的基本都是由执行器发出,ECM控制接地。

第二节 丰田系列

一、2009年广汽丰田汉兰达空调制冷效果差

故障现象 一辆2009年的广汽丰田汉兰达,车型为GSU45L,搭载2GR发动机,行驶里程25万km。驾驶人反映该车空调制冷效果差,有时甚至完全不起作用。

故障诊断 维修人员试车,发现该车空调确实不制冷。检测空调控制单元,没有故障码。读取空调系统数据流,发现后空调蒸发器温度为-29.7℃,显然这是导致空调停机的原因。

断开空调控制单元的插接器D38,测量检查后蒸发器温度传感器。D38的4号端子电压为4.6V,正常,D38的19号端子与车身搭铁导通正常。断开插接器N12,测量线路的导通性,发现N12-7与D38的19号端子之间存在断路。剥开线束检查,发现导线已经断开。从线束损伤的情况看,应该是事故造成的。

修复线束后试车,后蒸发器的温度数据恢复正常。就在准备交车时,发现空调又不制冷了。检测空调控制单元,仍然没有故障码。从蒸发器温度看,此时空调已经停机。检查中发现制冷剂流量控制电磁阀的两个端子电压都是0V。拆下空调控制单元检查,感觉有轻微的烧糊味。于是拆检空调控制单元,发现电路板上有器件被烧毁(图5-23)。

更换空调控制单元后试车,发现虽然空调不再停机了,但制冷效果仍然不理想。观察数据发现,在流量控制电磁阀的工作电流已经达到0.942A的情况下,高压侧的制冷剂压力只有1.05MPa。按照标准重新加注制冷

图5-23 电路板上有器件烧毁

剂,试车发现情况没有好转。在制冷剂加注量正常的情况下,流量已经调到最大,高压仍然上不去,说明压缩机的泵送能力已经下降。鉴于这种情况决定更换压缩机。

故障排除 更换压缩机和干燥器后试车,蒸发器温度很快便达到了4℃,故障彻底排除。

技巧点拨 故障诊断就是要考验维修人员的分析能力，要全面撒网、逐个分析，对异常点进行排序，找出最大可能性。

二、丰田锐志空调不制热

故障现象 一辆2006年的丰田锐志轿车，行驶里程19.8万km。驾驶人反映该车的空调不制热。

故障诊断 接车后试车验证故障，发现将空调温度调节旋钮调到最热，空调出风口仍吹出自然风。连接IT－II读取故障码，无故障码存储；查看相关数据流，发动机冷却液温度为96℃，冷却风扇正常运转（图5-24），等待一段时间后发动机冷却液温度降到93℃，冷却风扇停止工作（图5-25）。根据上述检查结果，可初步排除发动机冷却液温度异常和冷却风扇工作异常造成故障的可能，怀疑是空气混合系统故障。

Function　View　System　Bar　Help

Engine / 数据列表

Primary		
Coolant Temp	96	℃
Electric Fan Motor	ON	
Vehicle Speed	0	Km/h
Engine Speed	766	rpm
Calculate Load	14.1	%

图5-24　冷却风扇工作时的数据

Function　View　System　Bar　Help

Engine / 数据列表

Primary		
Coolant Temp	93	℃
Electric Fan Motor	OFF	
Vehicle Speed	0	Km/h
Engine Speed	783	rpm
Calculate Load	13.7	%

图5-25　冷却风扇不工作时的数据

用IT－II检查驾驶人侧和前排乘客侧空气混合伺服电动机脉冲的目标脉冲和实际值，当空调温度调节旋钮调节到最冷位置时，读取到的数据如图5-26所示；当空调温度调节旋钮调节到最热位置时，读取到的数据如图5-27所示，也正常。由此可知，空气混合伺服电动机也能正常工作，怀疑是空气混合伺服电动机的联动机构有故障，使空气混合风门无法正常调节，于是决定对空气混合伺服电动机的联动机构进行检查。拆卸仪表台饰板，检查空气混合伺服电动机及其联动机构，均正常。根据上述检查结果分析可知，空气混合系统正常，故障排除工作陷入僵局。

Function	View	System	Bar	Help
Air Conditioner / 数据列表					
All Data				
Set Temperature(P Side)			MAX COLD	
Hand Free Telephone			OFF	
Blower Motor Speed Level			7	
Regulator Pressure Sensor			0.4701 MPaG	
Regulator Control Current			0.32 A	
Air Mix Servo Targ Pulse(D)			5	
Air Mix Servo Targ Pulse(P)			105	

图 5-26　空调温度调节旋钮在最冷位置时的数据

Function	View	System	Bar	Help
Air Conditioner / 数据列表					
All Data				
Set Temperayure(P Side)			MAX HOT	
Hand Free Telephone			OFF	
Blower Motor Speed Level			7	
Regulator Pressure Sensor			0.5142 MPaG	
Regulator Control Current			0.34 A	
Air Mix Servo Targ Pulse(D)			104	
Air Mix Servo Targ Pulse(P)			6	

图 5-27　空调温度调节旋钮在最热位置时的数据

　　经过仔细思考，空气混合系统和发动机冷却液温度均正常，但空调却无法制热，说明发动机的热量没有传递给空调制热系统。查阅锐志的相关资料得知，空调制热系统的工作原理是，冷却液流过空调热交换器使其温度上升，鼓风机将新鲜空气吹过空调热交换器，使空气加热，热空气经风道从出风口吹出，达到制热的效果。由此怀疑是空调热交换器堵塞，导致冷却液无法通过。尝试用手摸空调热交换器的出液管，出液管不热，于是准备检查空调热交换器，确认其内部是否堵塞。在拆卸前，为了防止在拆卸冷却液管路时喷出冷却液导致烫伤，需要打开散热器盖释放冷却液管路内的压力。然而在打开散热器盖时发现其已经损坏（图 5-28）。此外，发现冷却液也不足，但散热器盖周围并没有漏液的痕迹。

　　故障排除　更换散热器盖并添加冷却液后试车，故障排除。

　　技巧点拨　发动机运转过程中，冷却液温度增高，冷却液管路内形成一定的压力，由于散热器盖损坏，密封效果不良，冷却液通过散热器盖耗散，导致冷却液缺失。由于冷却液不足，且空调热交换器的安装位置又较高，冷却液无法进入空调热交换器进行热交换，导致空调不制热。因该车缺少的冷却液不是很多，且故障发生在冬天，环境温度较低，所以并没有对发动机冷却液温度产生很大影响。

图 5-28 损坏的散热器盖

三、丰田凯美瑞开空调发动机熄火

故障现象 一辆 2007 款丰田凯美瑞，型号是 ACV40，行驶里程 8.7 万 km。该车在大雨天行驶后，在停车场停放一夜，第二天早上开空调发动机就熄火。

故障诊断 接车后试车，发动机可以正常起动，接通空调开关，出现"咔"的一声异响，同时发动机熄火；关闭空调开关，发动机又可以正常起动。与驾驶人沟通得知，该车近期没有进行过车辆电气线路方面的维修，初步判断该故障为雨天行车后引发的电气线路渗水导致的突发故障。从故障现象看，与该故障相关联的主要系统为智能进入与起动系统和空调系统。

用故障检测仪检测，无故障码存储；查看发动机怠速时的数据流，未见异常，但在发动机熄火时，"起动机工作状态"一直显示为"ON"状态，异常。由此推断那一声异响来自于起动机小齿轮与飞轮的啮合冲击，那么在发动机运转过程中开空调，为何会使起动机工作呢？怀疑起动机控制电路和空调控制电路存在短路故障。

仔细查看该车的起动机控制电路和空调控制电路，发现空调压缩机电磁离合器线圈的控制线路和起动机电路中的起动机继电器线路均经过导线插接器 CA2。拔下导线插接器 CA2 检查，发现里面有积水，确认故障是由此引起的。分析故障产生的过程是，发动机运转时接通空调开关，电磁离合器线圈的控制线上的电源通过导线插接器 CA2 内的水窜至起动机继电器的电源线上，使起动机运转，从而产生一声异响；当发动机 ECU 检测到起动机重新运转时，发动机 ECU 为了保护起动机，控制发动机熄火。

故障排除 将导线插接器 CA2 及其周围的水用压缩空气吹干，重新连接导线插接器 CA2 后测量空调压缩机电磁离合器与起动机继电器之间的线路，无异常导通现象。将线路连接好后，重新起动发动机，发动机运转正常；接通空调开关，发动机继续保持正常运转状态，再无熄火现象，说明开空调发动机熄火的故障已排除。

技巧点拨 为避免导线插接器 CA2 再次进水，必须找出进水的原因。经检查，发现车身内骨架有水流干涸后留下的痕迹；顺着水流痕迹往上寻找，发现驾驶人侧前风窗玻璃与 A 柱连接处有渗水痕迹。为检验是否为该处渗水，用水连续淋前风窗玻璃，5min 后发现确实在该水痕处有渗水现象。拆下前风窗玻璃并重新安装后进行淋水试验，不再有渗水的情况，故障彻底排除。

四、2014 款丰田 RAV4 空调系统不制冷

故障现象 一辆 2014 款丰田 RAV4，车辆型号是 ASA44L - ANTQKC，行驶里程 2971km，排量 2.5L，驱动方式为前置四驱。近日该车出现空调制冷不足，有时还出自然风。

故障诊断 接车后经检查发现空调滤芯正常无堵塞，散热器外部无脏污堵塞，GTS 数据中的制冷剂压力为 0.8MPa，满足空调工作条件，空调压缩机传动带正常转动顺畅，用手转动压缩机感觉没有过大阻力。如图 5-29 所示，接入压力表检查，发现开空调 A/C 开关前后高、低压压力相近，再次试验高压升至 1.1MPa 后就不再增加，低于 1.37～1.57MPa 的标准值，显然空调压缩机没有工作。

图 5-29 压力表

如图 5-30 所示，用诊断仪读取数据，当打开 A/C 开关后，电磁阀电流由 0 增加到 0.82A，但空调高压侧的压力最高到 1.1MPa，而且蒸发用温度不降反升。对于变排量压缩机来说，电磁阀的工作是直接影响压缩机排量和工作效率的，显然是排量控制机构出了问题。

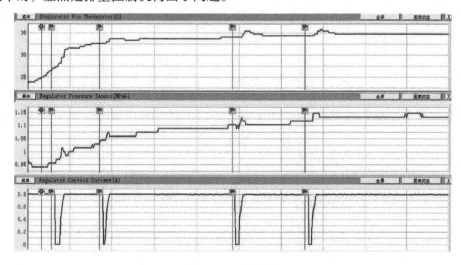

图 5-30 读取数据

测量电磁阀电阻为 10.2Ω，正常。将电流表串联在压缩机控制电磁阀线路中，打开 A/C 开关对比电流表显示诊断仪的数值，基本一致，如图 5-31 所示。这说明空调放大器和线路正常。于是判断为压缩机电磁阀卡死或斜盘角度调节机构不能动作导致空调不制冷。

故障排除 更换空调压缩机后空调制冷正常，数据也正常，如图 5-32 所示。打开 A/C 开关，电磁阀电流逐渐增大，空调系统开始工作，蒸发器温度逐渐下降到 7℃，系统恢复正常工作。

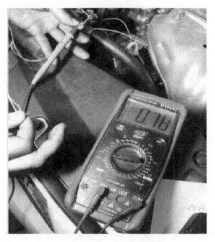

图 5-31 使用工具测量

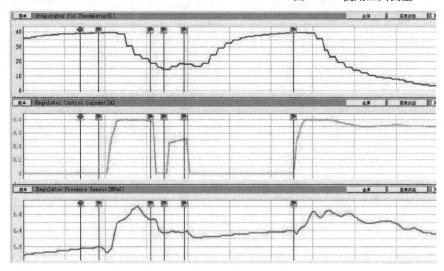

图 5-32 正常数据

技巧点拨 现代车辆上空调系统变排量压缩机的使用相当广泛，而且系统的电控程度也更加深入，从接压力表测压力、用手摸温度到通过数据分析故障，我们对整个系统认识的直观程度大大提高，诊断也更加方便，不但可以了解到系统的工作状态，而且还可以进行主动测试，再通过实际测量就可以很便利地找到故障点。这与用传统思维或经验方式维修相比更快捷，准确度更高。

五、丰田雅力士空调鼓风机不工作

故障现象 一辆 2009 年的丰田雅力士，搭载 1ZR-FE 发动机，行驶里程 8 万 km。该车出现空调鼓风机不工作的故障。

故障诊断 接车后试车，将电源模式切换至 IG ON 状态，旋转鼓风机开关至任何档位鼓风机均不工作；此时按下 A/C 开关，A/C 开关指示灯异常点亮，而正常情况下，鼓风机工作后 A/C 开关指示灯才会点亮。

用故障检测仪检查，空调系统中无故障码存储。分析该车鼓风机控制电路（图 5-33）可知，接通鼓风机开关，鼓风机继电器吸合，鼓风机运转；鼓风机开关处于不同档位，串入电路中的鼓风机电阻不同，鼓风机以不同转速运转；接通鼓风机开关时，空调放大器端子 9 同时接收鼓风机开关请求信号（搭铁信号），此时若按下 A/C 开关，空调放大器允许点亮 A/C 开关指示灯，同时控制空调压缩机工作。

由于接通鼓风机开关后，按下 A/C 开关，A/C 开关指示灯能够点亮，说明空调放大器能够接收到鼓风机开关请求信号，由此排除鼓风机开关存在故障的可能。查看熔丝 GAUGE 和熔丝 HTR，均未熔断，且供电正常。接着对鼓风机继电器进行检查，发现在接通点火开关的情况下，鼓风机继电器端子 2 上无供电，这说明熔丝 GAUGE 与鼓风机继电器端子 2 之间的线路断路。由于此段线路在主车身 ECU（图 5-34）内部，只能更换主车身 ECU。

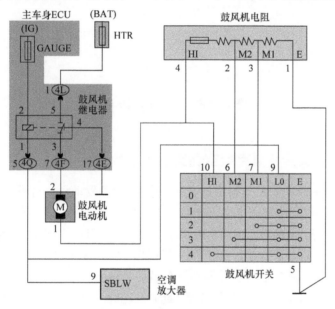

图 5-33 鼓风机控制电路

故障排除 更换主车身 ECU 后试车，鼓风机工作正常，故障排除。

> **技巧点拨** 要追溯根源，一定要知其然还要知其所以然。需要不断地交流互动才能逐步提高技术，案例分享就是一个比较好的方法，既是对自身诊断思路的梳理，又可引导他人学习。

图 5-34 主车身 ECU 安装位置

第六章

福 特 车 系

第一节 福克斯系列

一、2007 款长安福特福克斯空调突然不制冷

故障现象 一辆 2007 款长安福特福克斯，搭载 1.8L 发动机，行驶里程 14 万 km。驾驶人反映，车辆在使用过程中空调突然不制冷，于是将车辆开到修理厂进行检修。

故障诊断 接车后首先试车验证故障现象。接通点火开关，起动发动机，将鼓风机开关调至 1 档位置，出风口有风吹出来，说明鼓风机工作正常；接通空调（A/C）开关，A/C 开关指示灯点亮；将温度控制旋钮调至最低温度位置，约一分钟后插在出风口的温度计显示为32℃，确认空调系统不制冷。观察组合仪表，此时发动机冷却液温度明显偏高。打开发动机舱盖，发现空调压缩机电磁离合器没有吸合，冷却风扇也不运转。将发动机熄火，接通点火开关，连接故障检测仪读取故障码，在动力控制模块（PCM）内存储有故障码"P0480—冷却风扇 1 控制电路故障"（图 6-1）。结合该车的故障现象分析，由于冷却风扇不运转，造成发动机冷却液温度高，动力控制模块启用高温保护功能，禁止空调压缩机工作，从而导致空调不制冷。

图 6-1 读得的故障码

查阅相关电路图（图6-2），得知该车装配有一个冷却风扇控制模块，该控制模块上有一根常火线、一根搭铁线和一根信号线；动力控制模块接收来自空调压力传感器和发动机冷却液温度传感器的信号后，在满足条件的情况下，动力控制模块端子12给冷却风扇控制模块提供信号，冷却风扇控制模块控制冷却风扇运转。分析认为造成故障的可能原因有冷却风扇故障、冷却风扇控制模块故障、动力控制模块故障及相关线路故障。

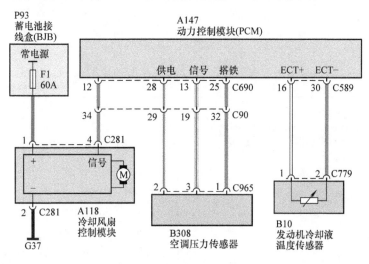

图6-2 冷却风扇控制电路

本着由简入繁的诊断原则，断开冷却风扇与冷却风扇控制模块之间的导线插接器，直接给冷却风扇提供12V外接电源，冷却风扇正常运转，排除冷却风扇故障的可能。断开冷却风扇控制模块导线插接器，用万用表测量冷却风扇控制模块导线插接器端子1与端子2之间的电压，为12.3V，说明冷却风扇控制模块的供电和搭铁正常。重新连接冷却风扇控制模块导线插接器，起动发动机，在接通A/C开关的瞬间，测量冷却风扇控制模块导线插接器端子4与车身搭铁之间的电压，约为10V，说明冷却风扇控制模块接收到了动力控制模块的信号，却没有控制冷却风扇运转，诊断至此，判断为冷却风扇控制模块故障。

故障排除 更换冷却风扇控制模块，起动发动机，接通A/C开关，冷却风扇正常运转，空调制冷效果良好。交车一个星期后，电话回访驾驶人，驾驶人反映空调制冷效果正常，至此故障彻底排除。

技巧点拨 排除故障要重点验证，不要全面撒网，要利用手头资源及工具进行重点验证，为结果找方法。

二、长安福特经典福克斯空调左侧出风口出热风

故障现象 一辆2013年的长安福特经典福克斯，搭载1.8L发动机，行驶里程5万km。该车因空调系统故障而进厂检修，据驾驶人反映，车辆在接通空调开关后，会出现中央出风口一侧吹出热风，另一侧吹出冷风的故障现象。

故障诊断 接车后，试车验证故障现象，接通点火开关，起动发动机，接通空调开关，将温度调至最低，中央出风口左右两侧均吹出冷风，说明此时空调系统工作正常，并没有出

现驾驶人所描述的故障现象。然而，继续试车约10min后故障出现，左侧出风口的温度逐渐升高，而右侧出风口的温度则没有明显变化，两侧出风口的温差非常明显。尝试对空调温度进行调节控制，旋转右侧温度调节旋钮，能对温度进行正常调节；而旋转左侧温度调节旋钮则不能对温度进行控制。

连接IDS，对车辆进行故障测试，读取到故障码"B2266-60—EATC左车门温度电路失效"（图6-3）。根据上述故障现象，结合故障码进行分析，判断故障原因包括：左侧空气温度调节电动机及其相关线路存在故障；左侧空气温度调节翻板卡滞；空调控制模块（EATC）故障。

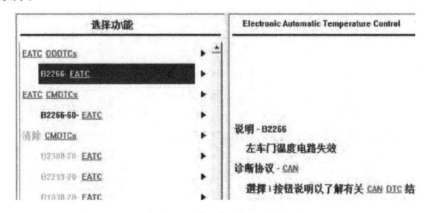

图6-3　诊断仪IDS读取到的故障码及说明

本着由简至繁的原则对上述可疑故障点进行排查。用IDS调取故障发生时的数据流，将温度调节旋钮调至最低时（制冷模式下），左、右侧空气温度调节翻板的位置状态均显示为0%，正常。反之，将温度调节旋钮调至最高时（制热模式下），右侧空气温度调节翻板的位置状态显示为39.21%，而左侧空气温度调节翻板的位置状态显示为8.62%，与正常车辆的数据进行对比可知，该数据明显异常（正常情况下，当温度调至最高时，左、右侧空气温度调节翻板的位置状态均应为39.21%）。

查阅相关电路图（图6-4），检查左侧空气温度调节电动机与EATC之间的线路，线路

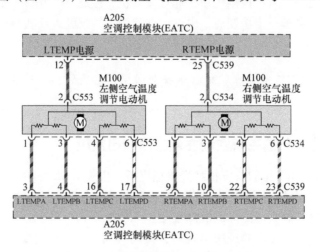

图6-4　空气温度调节电动机相关电路

第六章 福特车系

导通良好，没有短路和断路等故障现象；检查相关导线插接器，插接牢固，且各端子也均未见异常。拆下左侧空气温度调节电动机，转动翻板轴，翻板运转自如，无任何卡滞的现象。将左、右侧空气温度调节电动机相互调换后进行测试，故障依旧。由此可以排除左侧空气温度调节电动机故障造成空调系统工作异常的可能，怀疑是 EATC 内部存在故障。

故障排除 更换 EATC 并清除故障码后试车，故障彻底排除。

> **技巧点拨** 此案例的故障点说明了维修过程中的常规检查是非常重要的，细心观察相关异常情况，就能找到相关故障的蛛丝马迹。

第二节　蒙迪欧系列

一、2015 款新蒙迪欧空调和音响系统均不工作

故障现象 一辆 2015 款福特新蒙迪欧，搭载 1.5L 涡轮增压缸内直喷发动机和型号为 6F35 的自动变速器，行驶里程 1 万 km。该车因空调和音响系统均不工作而进厂检修。

故障诊断 接车后试车验证故障，接通点火开关起动发动机，发动机顺利起动。接通空调开关，空调系统没有任何反应；接通音响开关，音响也没有声音发出。经询问驾驶人得知该车曾因涉水导致车辆被淹，且当时水位较深，几乎没顶。查阅该车的维修记录，确实有相关的涉水维修记录。记录显示，当时维修人员更换了音响控制模块（ACM）和中央控制面板（FCIM），并对更换的相关模块进行了可编程模块安装，维修后试车，所有功能均正常。然而距离上次维修仅一个多月后就发生了上述故障，初步判断故障原因可能有 ACM 和 FCIM 内部故障、模块软件故障、线路故障，以及涉水维修不到位引发的故障等。

连接福特专用故障检测仪（IDS），对车辆进行检测，发现 ACM 显示为"合格"，而 FCIM 显示为"失败"，进行网络测试时 FCIM 也显示为"失败"。查看该款车型的网络拓扑图（图 6-5）得知，FCIM 和前排乘客侧车门控制模块（PDM）、驾驶人侧车门控制模块（DDM）、遥控接收器模块（RTM）、网关模块（GWM）等均在中速网络上。执行网络测试时，PDM、DDM、RTM、GWM 等模块显示为"合格"，说明中速网络通信基本正常，因此，判断 FCIM 通信失败的可能原因是模块本身故障或模块的供电、搭铁或网络等线路问题。

本着由简到繁的诊断原则对上述故障点进行排查。由于故障车有涉水维修经历，维修人员决定先对线路进行检查。对照电路图（图 6-6），拆下 FCIM，断开其导线插接器，在接通点火开关的情况下测量导线插接器 C2402A 端子 26 的电压为 12V，正常；测量端子 1 与搭铁之间的导通情况，也正常；测量端子 18 的电压为 2.36V，测量端子 17 的电压为 0V，不正常（正常电压约为 2.7V）。

根据网络图（图 6-7），分别测量导线插接器 C2402A 的端子 17 和端子 18 与导线插接器 C260 的端子 1 和端子 2 的导通情况，正常；准备测量导线插接器 C260 端子 1 的输入端，发现端子 1 缺失（图 6-8），取出导线后发现故障原因是端子 1 因进水腐蚀而断了（图 6-9）。

故障排除 查明故障原因后，本着节约的原则，找一个和受损端子一样的端子进行替换，并将连接处用电烙铁按照标准进行焊接修复，修复完成后装复，用故障检测仪测试，

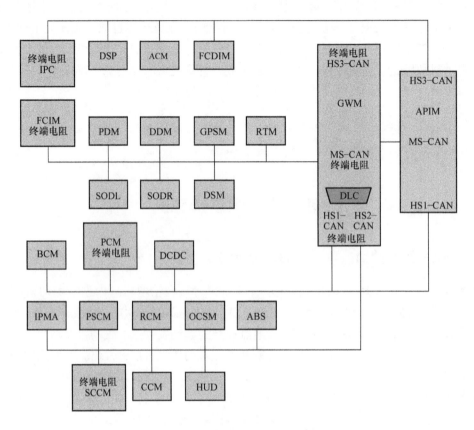

图 6-5 新蒙迪欧车网络拓扑图

ABS—制动防抱死模块　ACM—音响控制模块　APIM—附件协议接口模块　BCM—车身电子控制模块
CCM—定速巡航控制模块　DCDC—直流/直流变换器　DDM—驾驶人侧车门模块　DLC（即GWM）—网关模块
DSP—音频数字信号程序模块/功放模块　DSM—驾驶人座椅模块　FCDIM—显示屏　FCIM—中央控制面板
GPSM—卫星导航模块　HUD—挡风玻璃影像显示模块/顶部显示模块　IPC—仪表模块　IPMA—前摄像头模块
OCSM—乘客席占用级别传感器　PCM—发动机控制模块　PDM—前排乘客侧车门模块　PSCM—电子助力转向模块
RCM—约束装置控制模块（安全气囊模块）　RTM—遥控接收器模块　SCCM—转向柱控制模块/转向盘模块
SODL—左侧障碍物发现模块　SODR—右侧障碍物发现模块

FCIM 合格，试车发现空调和音响均能正常工作了。至此，故障彻底排除。

> **技巧点拨**　对涉水车辆进行维修时，一定要在第一时间切断蓄电池电源；紧接着，快速处理进水的导线插接器及其端子，用压缩空气吹枪进行吹干作业；之后，再用除锈剂进行防锈蚀处理，避免端子腐蚀断裂或接触不良，造成故障。车辆维修完毕，一定要反复多次进行仔细试车，确认车辆不存在任何问题后再交车。

二、2015 年新蒙迪欧冷却风扇常转

故障现象　一辆 2015 年的新蒙迪欧，配备 2.0T 发动机及 6F35 自动变速器，行驶里程 13703km。驾驶人反映最近一段时间该车在起动后，发动机的噪声很大，怀疑发动机有异响。

第六章 福特车系

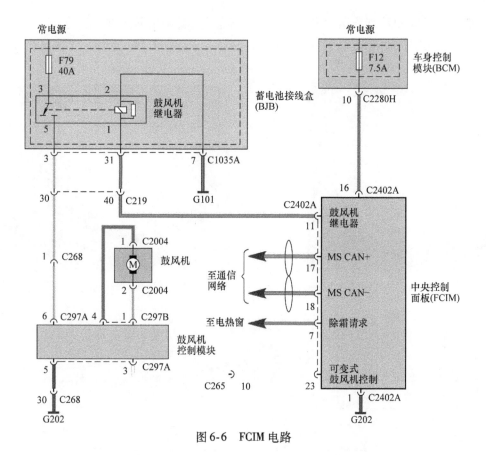

图 6-6 FCIM 电路

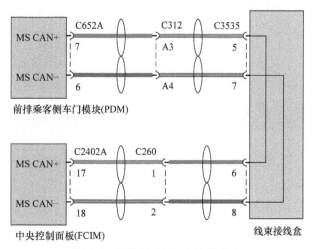

图 6-7 网络图 C2402A 接线部分

故障诊断 接车后，首先确认故障现象。起动发动机后，马上就能听到发动机舱传来很大的"嗡嗡"响声。打开发动机舱盖，发现冷却风扇高速运转。为了检查是否还有其他异响，将发动机冷却风扇插头断开，发动机工作声音正常，没有发出任何异响。驾驶人反映以前车辆起动时没有那么大的响声，此种响声是最近才出现的。最终经过和驾驶人确认，异响就是冷却风扇高速运转的响声。引起发动机冷却风扇高速运转的可能原因包括：①冷却风扇

183

线路故障；②发动机冷却液温度过高；③冷却液温度传感器信号异常，发动机进入应急保护状态，冷却风扇高速运转；④空调系统压力过高；⑤PCM 模块故障等。此款发动机的冷却风扇系统工作电路如图 6-10 所示。

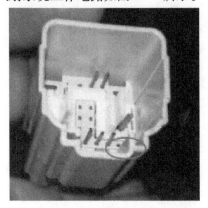

图 6-8　导线插接器 C260 的端子 1 缺失

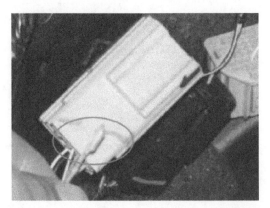

图 6-9　导线插接器 C260 的端子 1 因进水腐蚀断了

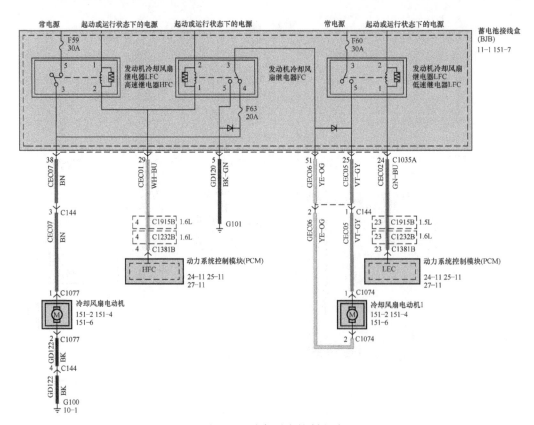

图 6-10　冷却风扇控制电路

发动机控制模块 PCM 基于冷却液温度传感器、空调系统压力传感器及发动机系统其他输入信息控制冷却风扇的转速，在冷却液温度低时关闭冷却风扇，在冷却液温度高和开启空调制冷时接通冷却风扇，从而达到控制冷却液温度保护发动机及对空调系统进行散热的目的。首先依据风扇线路图检查风扇相关线路，没有发现有关线路出现短路及断路现象，风扇继电器也正常，没有短接现象，基本排除了风扇线路故障的可能；冷车关闭空调系统起动车辆，发动机冷却风扇一直高速运转，用 IDS 检查发动机系统没有故障码，进入发动机控制模块 PCM 读取冷却液温度数据和仪表显示的基本一致，并且冷却液温度会随着发动机运转的时间变长而逐步升高。由此基本排除了冷却液温度高及冷却液温度传感器信号异常引发 PCM 控制冷却风扇高速旋转的原因。冷车起动，空调系统关闭，冷却风扇一般是不会运转的，冷却液温度信号没有问题，难道是空调系统压力传感器信号异常导致 PCM 误认为空调系统压力过高而接通冷却风扇高速继电器所致？带着疑问再次进入 PCM 读取空调系统压力，如图 6-11 所示。

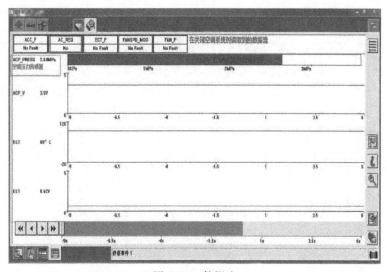

图 6-11 数据流

读取到的数据信息显示，发动机控制模块 PCM 接收到的空调系统压力信号为 2.64MPa。为了验证读取到的信息是否可靠，用空调系统压力检测表实测空调系统关闭时的压力值为 580kPa 左右，如图 6-12 所示。这说明 PCM 接收到的空调系统压力信号严重失真。

图 6-12 压力测量

依据线路图（图 6-13），检测空调压力传感器到 PCM 模块之间的线路正常，信号参考电压 5V 正常，没有短路、断路情况。传感器位置靠近冷凝器右侧，如图 6-14 所示。在车辆起动、风扇高速运转状态拔下空调压力传感器插头,冷却风扇马上停转。

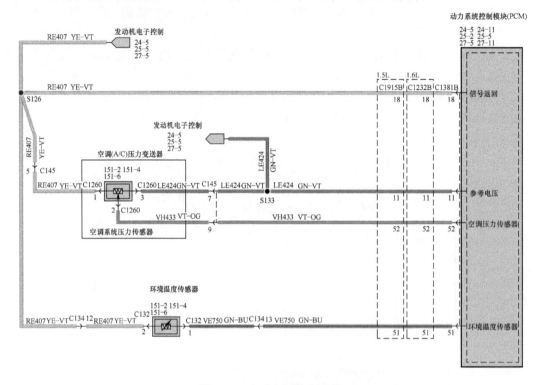

图6-13 自动空调控制系统

既然线路没有问题,那就是传感器本身故障,更换空调系统压力传感器后起动发动机,冷却风扇依旧高速运转。再次读取数据流,读取到的数据依旧是2.64MPa。是否是PCM模块内部对接收到的信号处理出错导致最终得出失真的压力信息?找来一辆同配置的车对换PCM验证,故障车辆装上正常车辆的PCM模块后,读取到的数据为710kPa,如图6-15所示,与压力表实测的数据接近。故障车的PCM模块装到正常的车辆后,读取到的压力数据和原故障车读取到的数据一样为2.64MPa。

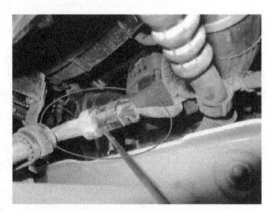

图6-14 空调高压传感器位置

故障排除 此车的故障原因正是发动机控制模块PCM对接收到的空调系统压力信号处理出错,最终计算得出的信号压力失真(2.64MPa)。发动机冷却系统基于得到的空调系统压力信号(2.64MPa)误认为此时空调系统处于高压状态,从而控制冷却风扇一直高速运转,导致车辆一起动就会发出很大的噪声。

更换新的发动机控制模块PCM,编程并在线匹配防盗后起动车辆,发动机正常运转,冷却风扇不再一直高速运转,故障排除。

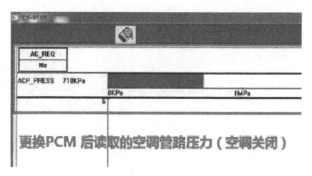

图 6-15 数据流（正常）

技巧点拨 此案例提醒我们，作为维修技师，不但要懂技术、把车修好，同样也需具备良好的沟通和表达能力，通过技术层面向驾驶人做好解释工作，打消驾驶人心中的疑虑，最终提高其对本品牌的满意度和忠诚度。

三、2013 年新蒙迪欧空调不制冷

故障现象 一辆 2013 年的新蒙迪欧，配备双区域自动温度空调系统，行驶里程 35860km。该车在使用过程中出现空调不制冷的情况，在起动发动机并按下 A/C 开关后，将空调控制面板调到制冷状态，没有冷气，出自然风。

故障诊断 接修车辆后，验证故障现象，起动发动机，将空调系统调至制冷状态，开启 A/C 开关，经过很长一段时间后，空调依旧出自然风，空调不制冷，故障现象确实存在。经初步检查发现，开启 A/C 开关后，压缩机电磁离合器没有吸合，空调系统不能正常制冷。由故障现象及初步检查结果分析可知，此车故障现象是由制冷系统（压缩机）不工作导致的空调系统工作异常。该车空调系统工作原理如图 6-16 所示。

该车配备有双区域自动温度控制（DATC）系统，DATC 集成到了中控面板控制模块（FCIM）上，FCIM 还包含了 HVAC（加热 + 通风 + 空调）模块的控制功能。FCIM 也控制后风窗玻璃除霜和座椅加热功能。对于配备了 SYNC 系统的车辆，驾驶人可以利用声控和触屏来控制空调系统。利用多功能触摸显示屏或声控命令开启空调时，SYNC 会通过 HS1 – CAN 将此命令发送给网关模块（GWM）。网关模块（GWM）将此请求信号发送给 MS – CAN 上的中控面板控制模块（FCIM），此外网关模块（GWM）还会通过 HS1 – CAN 向 PCM 发送请求信号。用中控面板控制模块（FCIM）开启空调时，FCIM 通过网关模块 GWM 将此请求信号发送给 HS1 – CAN 上的 PCM，PCM 根据各种传感器的输入信号，控制空调压缩机。PCM 通过空调压力传感器监测高压管路压力。当压力过高或过低时，PCM 会断开压缩机。

在给定的环境温度中，如果压缩机高压管路压力低于参考值，PCM 也会断开压缩机。当 PCM 收到开启空调的请求信号后，判断如果满足以下所有的条件，PCM 则接合压缩机离合器：①PCM 未检测到空调压力传感器值过高或过低；②环境温度高于 2℃；③蒸发器温度高于 2℃。

同时 PCM 根据蒸发器温度、车外温度、发动机转速、车速、空调高压管路压力及进气温度等输入信号向压缩机电磁阀发送 PWM 信号，从而控制压缩机的变排量。空调制冷系统电路如图 6-17 所示。

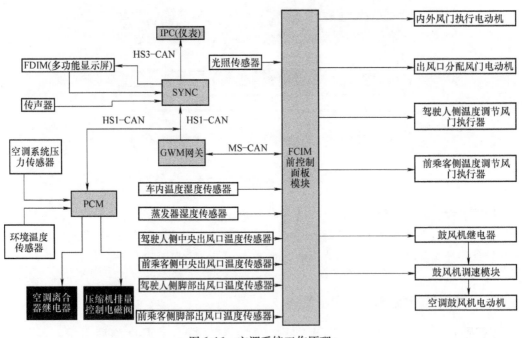

图 6-16 空调系统工作原理

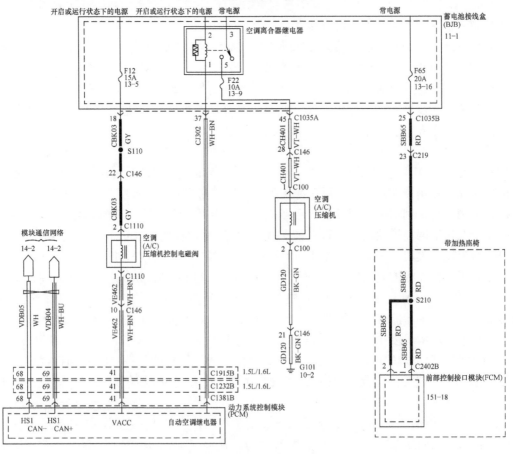

图 6-17 空调制冷系统电路

为了确认究竟是空调控制系统故障还是执行系统（离合器线圈及线路）故障，首先将压缩机继电器拔掉，使用跨接线直接短接继电器3号脚和5号脚压缩机电磁线圈执行电路，此时压缩机马上吸合工作。同时经检测确认，离合器继电器及熔丝正常，线路也没有短路、断路现象。然后检查空调压缩机排量控制电磁阀的相关线路，起动发动机及开启A/C开关，测量电磁阀插接器C1110的1号脚及2号脚的电压均为蓄电池电压14.23V，这说明电磁阀的供电线路正常。经检测确认，从电磁阀C1110-1至PCM之间的线路也没有短路、断路现象。断开C1110插接器，测得电磁阀的电阻为15.8Ω，电磁阀没有短路、断路现象。通过以上基本检查说明开启A/C开关后，PCM没有控制压缩机离合器继电器及压缩机排量控制电磁阀工作，如图6-18、图6-19所示。

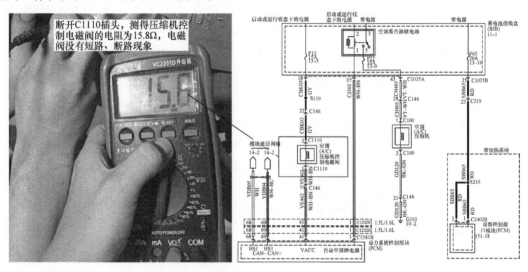

图6-18　电阻测量

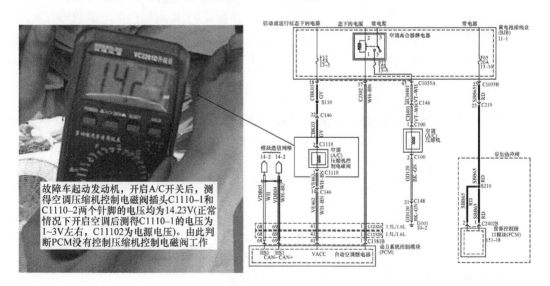

图6-19　电压测量

排除了空调系统执行部分出故障的可能性后，下面重点检查空调控制系统方面的问题。

用诊断仪 IDS 读取数据流，读取蒸发器表面温度信号和当时的环境温度一致，没有异常。当时的环境温度为 38℃，空调管路压力为 1200kPa，读取到的数据显示空调 A/C 开关信号会随按压开关动作的变化而变化，PCM 接收到的 A/C 信号正常，如图 6-20、图 6-21 所示。

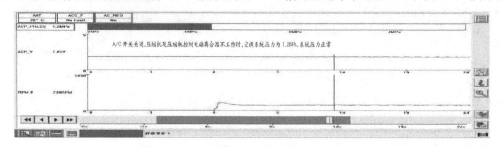

图 6-20　数据流 1

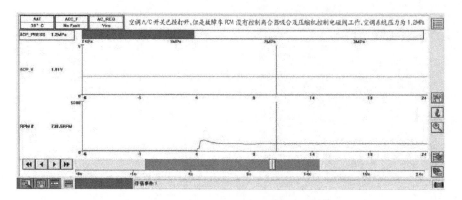

图 6-21　数据流 2

通过以上的检测，PCM 控制压缩机继电器吸合及压缩机排量调节电磁阀工作的所有条件已经全部满足，PCM 依旧没有做出相应的指令，怀疑是 PCM 内部控制电路故障。将相同配置正常车辆的 PCM 调换到故障车辆，做好 PCM 编程及匹配好起动模块后，起动发动机，开启 A/C 开关，压缩机离合器吸合，压缩机排量调节电磁阀工作，空调系统可以正常制冷，如图 6-22 所示。

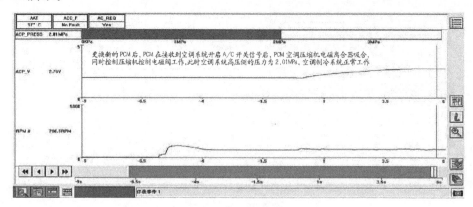

图 6-22　数据流 3

故障排除 至此故障原因找到，更换新的 PCM 并做好编程及匹配起动模块后故障排除，如图 6-23 所示。

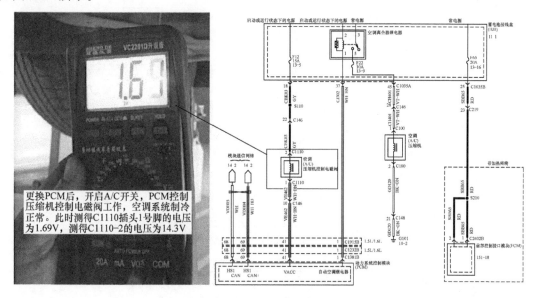

图 6-23 端子测量

> **技巧点拨** 此车故障是空调制冷系统故障导致的一种故障现象，故障原因是发动机控制模块 PCM 在接收到空调系统的请求信号后因 PCM 内部电路故障，没有处理相关信号或控制压缩机继电器及压缩机排量调节电磁阀工作。

第三节 福特其他车型

一、福特翼虎空调系统不出风

故障现象 一辆长安福特翼虎，搭载 1.6L 涡轮增压发动机和自动变速器，行驶里程 5 万 km。该车因空调系统不出风而进厂检修。

故障诊断 接车后试车验证故障，故障现象确实存在。接通空调开关，调节温度按键、风量按键和风门按键，空调出风口均无风吹出（鼓风机不运转），而仪表信息中心却无任何故障提示信息。经询问驾驶人得知，该车空调之前一直使用正常，故障是突然出现的。

连接 IDS 对车辆进行检测，读取到与故障相关的故障码为 "B10B9 00—HVAC 鼓风机控制器"。根据上述检查结果，初步判断故障原因可能有鼓风机供电或搭铁线路故障、鼓风机故障、鼓风机控制器故障、BCM 控制模块故障以及空调控制模块故障等。

查阅相关电路图（图 6-24），首先检查熔丝 F10、F23 和 F71，熔丝均正常。接通空调开关，空调压缩机能正常工作。用 IDS 查看空调控制模块的数据流，操作风量按键、风门按键及温度调节按键，IDS 上均能正确显示相关信息，说明空调控制模块能发出正确的控制信息，至于其他控制模块是否能接收到信号，暂时待查。

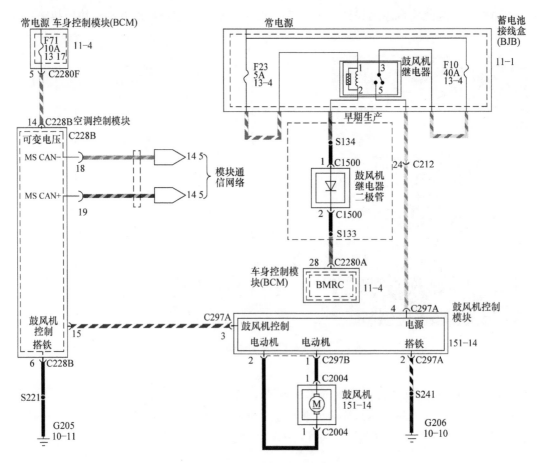

图 6-24 空调系统电路

接着测量鼓风机的供电和搭铁，断开导线插接器 C2004，用试灯一端连接端子 1，另一端连接端子 2，接通空调开关，发现试灯不亮，说明鼓风机的供电或搭铁有问题。接着对鼓风机控制模块的供电和搭铁进行测量，用试灯测量导线插接器 C297A 的端子 4 和端子 2，试灯仍然不亮。为确保准确判断故障，维修人员找来相同型号的正常车，用试灯测量导线插接器 C297A 的端子 2 和端子 4，试灯能正常点亮（图 6-25），这说明故障车的鼓风机控制模块的供电或搭铁确实存在问题。为了确认是供电问题还是搭铁问题，维修人员用试灯一端连接导线

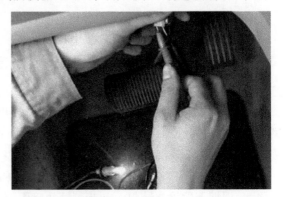

图 6-25 试灯正常点亮

插接器 C297A 的端子 4，另一端就近与点烟器的搭铁连接，发现试灯仍然不亮，于是判断是供电有问题。

接着检查 BCM 与蓄电池接线盒（BJB）之间的线路，以及 BJB 与鼓风机控制模块之间的线路，确认线路导通良好，无短路、断路和虚接等故障现象，因此可以排除线路问题导致

故障发生的可能。鼓风机控制模块的供电由 BCM 控制，既然线路正常，维修人员怀疑 BCM 有问题。为保险起见，维修人员决定再次测量鼓风机控制模块的搭铁，测量导线插接器 C297A 端子 2 与点烟器搭铁之间的电阻，为 0Ω，正常。于是尝试更换 BCM 后试车，但故障依旧，说明原车的 BCM 应该是正常的，至此故障诊断陷入僵局。

重新整理思路，短接 BJB 内鼓风机继电器的端子 3 和端子 5，再次用试灯测量鼓风机控制模块导线插接器 C297A 的端子 4 和端子 2，却发现试灯仍不亮。将原本连接在导线插接器 C297A 的端子 2 上的试灯一端连接在点烟器搭铁上，仍不亮；而将其在左前门处搭铁时，试灯点亮。故障排查到这里可以确定鼓风机控制模块的供电正常，问题出在搭铁。维修人员本想在导线插接器 C297A 的端子 2 处跨接搭铁线，却发现连接端子 2 与左前门搭铁时居然有火花产生，用试灯检查发现两处搭铁之间竟然有微弱的电压，可以让试灯微微点亮（图 6-26）。

对鼓风机控制模块的搭铁进行检查，发现其与点烟器共用搭铁点 G206 搭铁不良。

故障排除 对搭铁点（图 6-27）进行重新处理后试车，鼓风机恢复正常工作，空调出风口有冷风吹出，故障排除。

技巧点拨 对于搭铁不良的处理，要对搭铁点进行仔细清理，必要时可以在端子安装后涂抹润滑油。

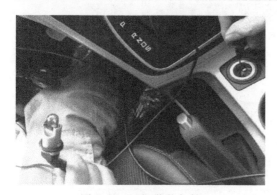

图 6-26 试灯微微点亮

图 6-27 对搭铁点进行处理

二、福特金牛座空调不制冷

故障现象 一辆 2016 款福特金牛座，搭载 2.0L 缸内直喷涡轮增压发动机和 6 速手自一体变速器，行驶里程 8 万 km。该车因空调系统不制冷而进厂检修，据驾驶人反映，近来该车的空调制冷效果越来越差，发展到现在已彻底不制冷了，出风口吹出的是热风。

故障诊断 接车后，对车辆进行常规检查，未见异常。该车空调系统配备了三区域空调，前排为双区域空调，而后排区域空调可由乘客通过后排中央扶手后部的空调控制开关单独开启或关闭。试车验证故障现象，接通点火开关，起动发动机，发动机顺利起动；接通空调开关，并将温度设定至最低，打开发动机舱盖，观察空调压缩机电磁离合器，确认空调压缩机电磁离合器已吸合；然而，空调出风口吹出的风比自然风还要热一些。将发动机转速提高至 2000r/min，故障依旧，确认故障现象确实存在。

根据上述检查结果,判断故障原因可能是空调系统管路泄漏、制冷剂不足、空调系统相关控制线路故障、冷凝器散热不良以及空调压缩机故障等。

本着由简到繁的诊断原则对上述可疑故障点进行排查,仔细检查空调系统各管路及冷凝器,没有发现有制冷剂泄漏的情况,冷凝器表面也不是很脏,不存在散热不良的情况。该车没有任何事故记录,底盘也没有碰撞过的痕迹。

连接福特专用诊断工具IDS对车辆进行检测,无相关故障码存储。起动发动机,接通空调开关,将温度设置旋钮调至最低温度(LO),用IDS读取前控制接口模块(FCIM),也称空调控制面板(HVAC)的数据流,发现蒸发器温度传感器的数据显示为35℃,这就难怪出风口吹出的是热风了。接着读取PCM的数据流(图6-28),发现发动机怠速时,车外温度传感器(环境温度传感器)、冷却液温度传感器及空调请求信号等数据均正常,且PCM已控制空调压缩机电磁离合器吸合,空调压力传感器的电压为1.61V。此时,连接空调歧管压力表,测得发动机怠速时的空调管路高压侧压力为9bar,低压侧压力为8.5bar,这说明空调系统制冷剂的量是充足的,但高压侧压力偏低、低压侧压力偏高,明显不正常(正常情况下,空调系统工作时,管路高压侧压力为13~15bar,低压侧压力为1.5~3bar)。

将发动机转速提升至约2000r/min,空调压力传感器的电压始终在1.6V左右(图6-29),空调歧管压力表上显示的压力也基本和怠速时一样,没什么太大变化,而空调压缩机电磁离合器始终处于接合状态。

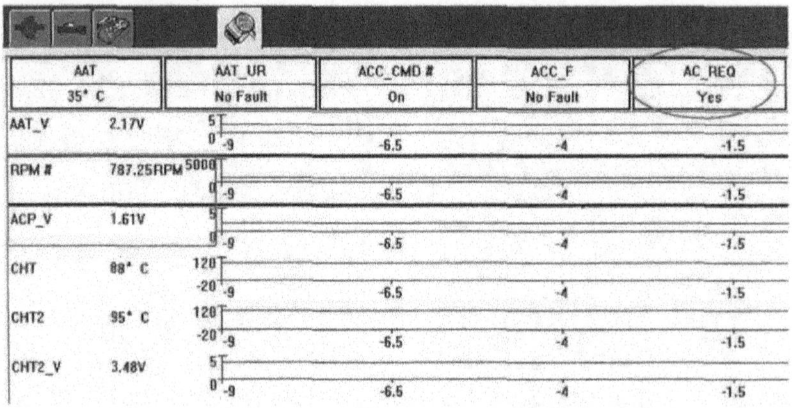

图6-28 读取到的PCM数据流

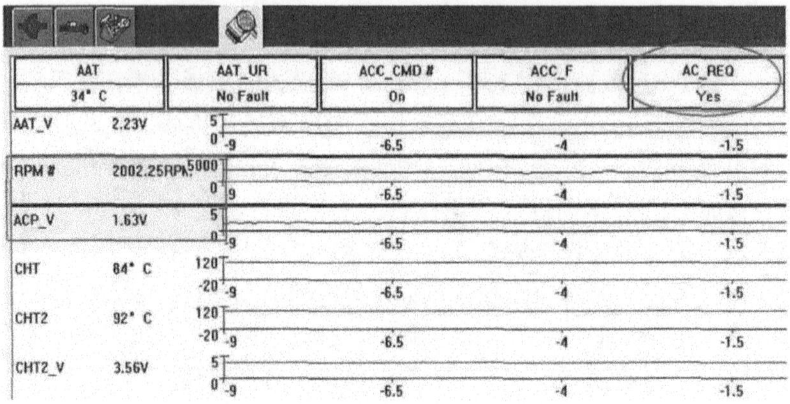

图6-29 发动机转速达到约2000r/min时的数据流

根据电路图（图6-30），测量排量控制阀导线插接器C1110端子2的电压，为电源电压；测得导线插接器C1110端子1与导线插接器C1381B端子41之间的电阻为0.5Ω，说明线路导通正常；检查导线插接器C1110端子1，与电源和搭铁之间无短路；测得排量控制阀的电阻为11.8Ω，与正常车空调压缩机上的排量控制阀的电阻相差无几，初步排除排量控制阀及其相关线路故障的可能，判断故障为空调压缩机故障。

拆下该车的空调压缩机，检查发现空调压缩机电磁离合器前的压缩机传动轮中间的橡胶已经烧熔流出了（图6-31），怀疑这是由于压缩机电磁离合器始终处于接合状态使温度过高导致的。

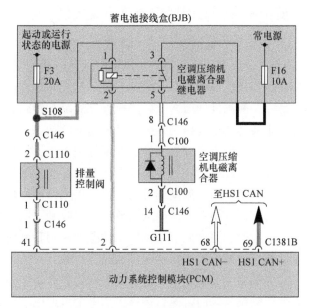

图6-30 空调压缩机控制电路

图6-31 空调压缩机传动轮橡胶烧熔

故障排除 更换空调压缩机，抽真空，加注适量制冷剂后试车，用IDS查看怠速时空调压力传感器电压，为2.22V，且能随着发动机转速的变化而变化，空调歧管压力表上的数据也正常了，高压压力达到17bar，低压压力为3.2bar，故障彻底排除。

> **技巧点拨**　该车空调压缩机为可变排量式压缩机，且与一般的变排量压缩机不同的是，其排量控制阀由机械元件和电磁单元组成。发动机控制模块（PCM）获取环境温度、蒸发器温度、发动机转速、车速、空调系统高压侧压力、温度和模式设定、进气温度等信号作为输入信息，经过运算处理和分析，然后通过控制排量控制阀的电磁单元对空调压缩机的功率进行无级调节。

三、福特探险者前排乘客侧的出风口温度不受控制

故障现象　一辆2013款福特探险者运动型多功能车，配备独立双区自动空调系统，行驶里程9.8万km。驾驶人反映该车前排乘客侧的出风口温度不受控制，一直吹冷风。

故障诊断　该车配备的是双区域独立自动空调系统，驾驶人侧和前排乘客侧温度可以独立进行灵活调节，不受另外一侧温度调节影响。经检查，故障车辆驾驶人侧出风口温度可以进行正常的调节，而将前排乘客侧温度控制开关调至最高温度状态，吹出来的风依旧是自然风，没有暖风的效果，出风口温度不受控制面板的温度开关控制，故障现象确实存在。

依据该车的故障现象分析，此故障应属于车载空调温度控制系统故障。车载空调系统中用于温度控制的部件有温度调节风门、温度调节电动机、出风口温度传感器、空调温度调节开关及空调控制单元等。当空调控制单元从温度调节开关接收到不同的驾驶人侧或乘客侧温度需求时，空调控制单元就会控制温度调节电动机驱动温度风门转到所需位置，同时利用温度风门电动机内部电位计感应到的位置来精确定位风门执行器。

该车配备的是独立双区域自动空调系统，所以左右两侧各有1个温度风门执行器。驾驶人侧温度风门执行器和乘客侧温度风门，执行器各包括1个可逆电动机和1个电位计。电位计可使空调控制单元监温度混合风门的位置。同时双区域自动空调系统配备4个出风口温度传感器，包括驾驶人侧中央出风口排气温度传感器、驾驶人侧脚部空间排气温度传感器、乘客侧中央出风口排气温度传感器及乘客侧脚部空间排气温度传感器。

空调控制单元会利用传感器反馈信息来调整温度风门电动机的位置，从而维持所需的乘员舱空气温度。温度控制开关可调节排气温度。温度旋钮从制冷转到暖风会引起温度风门移动，温度风门的位置决定排气温度。空调控制单元为执行器电动机供电，以便将风门移动到所需位置。所需风门位置由空调控制单元根据设置温度、车内温度、环境空气温度以及光照进行计算。

维修人员首先使用福特专用故障诊断仪IDS检测，没有发现任何的相关故障码。通过查看空调系统电路图及结合空调温度控制原理分析，引起此故障现象的原因有右侧混合风门电动机故障、右侧混合风门内部机械卡滞、线路故障、空调控制单元本身内部电子故障和温度传感器故障（信号失真）等几种可能。读取故障车辆空调系统的数据流（图6-32）。从数据流中可以看出，右侧（前排乘客侧）混合风门位置不会随温度开关的调节而改变，一直保持在5.09%，而驾驶人侧的混合风门位置随温度调节而有相应的变化。同时读取左、右侧中央出风口的温度和实际测量的数据基本一致，排除了温度传感器失真故障的可能。

从读取到的数据分析可知，右侧混合风门电动机故障和右侧混合风门内部机械卡滞的可

第六章 福特车系

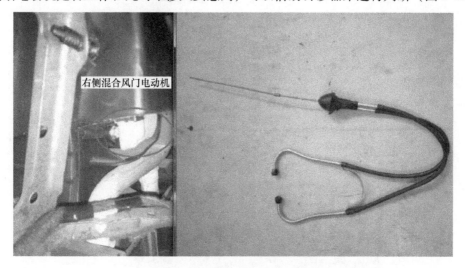

图 6-32 空调系统数据流

能性最大。右侧混合风门电动机安装的位置非常隐蔽，如果要拆卸该混合风门电动机及混合风门检查，需要先拆卸仪表台后才能拆检，工作量非常大。是否有什么好办法可以不用拆卸就可判断电动机是否工作？此时维修人员想到，可以借助听诊器来进行判断（图6-33）。

图 6-33 借助听诊器进行故障诊断

维修人员一边调节温度控制开关，一边使用听诊器听混合风门电动机是否有工作声音。当调节温度开关时，如果能听到电动机工作声音，而混合风门位置不变，则是混合风门机械卡滞；如果没有听到电动机的工作声音，则可能是电动机故障或是空调控制单元没有发出调节指令。通过检查发现，当调节前排乘客侧温度开关时，右侧混合风门电动机根本没有任何工作声音，而调节驾驶人侧温度开关时，左侧混合风门电动机能听到电动机的工作声音。由此可知，右侧混合风门电动机根本不工作。

接下来检查电动机不工作的原因是电动机本身故障、线路故障，还是空调控制控制单元故障。依据温度调节的电路图（图6-34），维修人员拔下右侧混合风门电动机插头，将双向发光二极管试灯连接至插头C2092的5号和6号端子（必须是双向的二极管试灯，因为混合风门电动机是可逆电动机，如果是普通灯泡试灯就没有那么直观，甚至有可能无法使用，控制单元发出的占空比信号电压很低，以至于不能点亮普通灯泡试灯）。当将温度往高温方向调节时，发光二极管亮红灯；当往制冷方向调节时，发光二极管亮绿灯（图6-35）。由此判断空调控制单元已经发出了工作指令，不存在故障可能，同时也排除了线路存在短路、断路现象。

故障排除 至此，故障原因已经明确，即右侧混合风门电动机故障。更换新的混合风门电动机，装复所拆卸部件后试车，前排乘客侧温度可正常调节，故障排除。

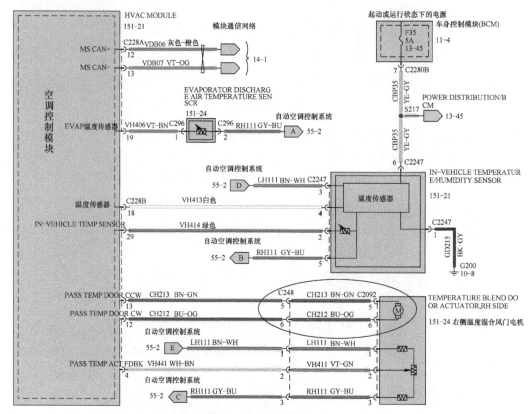

图 6-34　温度调节电路图

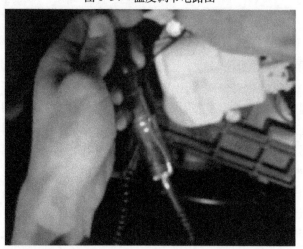

图 6-35　用双向发光二极管试灯检测

技巧点拨　其实导致该车故障现象的原因并不多,排除故障的思路也不复杂。而作为现代的汽车维修诊断技师,在掌握汽车各种系统基本工作原理的基础上,在诊断过程中应熟练使用各种有效的检测设备,收集相关数据及灵活运用一些基本工具来辅助诊断(如本案例中的听诊器、双向发光二极管试灯),从而提高诊断效率,这也是我们需要努力提高的能力。

四、福特翼搏空调制冷效果差

故障现象 一辆2013款长安福特翼搏，搭载1.5L双独立可变气门正时发动机和5速手动变速器，行驶里程5000km。该车因空调系统制冷效果差而进厂检修。

故障诊断 与驾驶人交流得知，由于天气渐渐变热，驾驶人在使用空调制冷时发现，空调系统运转一段时间后就不制冷了，同时发动机舱内冒出白色雾气。

试车验证故障，确实如驾驶人所述。接通点火开关，起动发动机，接通空调开关，空调压缩机电磁离合器正常吸合，空调出风口有冷风吹出，但空调系统运转一段时间后，散热风扇仍然没有运转，制冷剂压力不断升高，直到从空调压缩机后部喷出了部分制冷剂，从而形成了白色气体，此后空调制冷效果随之变差。

查阅该车在我站的维修记录，除首次保养外，没有其他维修记录。连接IDS读取故障码，无故障码存储。读取相关数据流，发现冷却液温度达到约100℃时，散热风扇开始低速运转（图6-36）；尝试断开冷却液温度传感器的导线插接器，PCM进入故障保护模式，控制散热风扇高速运转（图6-37）。由此可知PCM、散热风扇及其控制线路均是正常的。

查看空调系统数据流，在空调开关未接通的情况下，空调系统压力显示为595kPa，接通空调开关后，空调压缩机电磁离合器吸合，但不论如何提高发动机转速，空调压力数据并没有明显增加，显示为680kPa（图6-38），在此过程中，空调出风口能够吹出冷风，但散热风扇不工作。断开空调压力传感器的导线插接器，空调压力显示为3.05MPa（图6-39），散热风扇高速运转，虽然有空调请求信号，但PCM不控制压缩机工作。

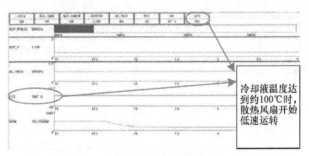

图6-36 用IDS读取相关数据流

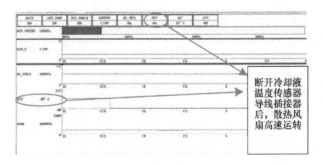

图6-37 人为断开冷却液温度传感器后的数据流

根据上述检查结果分析可知，在接通空调开关后，空调压缩机工作，但空调系统压力上升不明显，且散热风扇不工作，而断开空调压力传感器的导线插接器后，散热风扇高速运

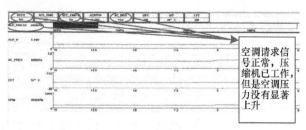

图6-38 空调系统数据流

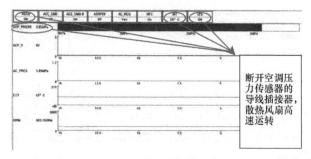

图6-39 人为断开空调压力传感器导线插接器后的空调系统数据流

转,因此,怀疑是空调压力传感器及其相关线路故障,使PCM无法获得准确的空调压力数据,导致故障发生。

尝试更换空调压力传感器后试车,但故障依旧。于是重点对空调压力传感器的线路进行排查。查阅相关电路图(图6-40),用万用表测量导线插接器C1062端子1与导线插接器C175B端子4D之间的电阻,为∞(正常应小于5Ω);测量导线插接器C1062端子2与导线插接器C175B端子3D的电阻,为∞(正常应小于5Ω);测量导线插接器C1062端子3与导线插接器C175B端子2D的电阻,为0.01Ω,正常。由此确认PCM与空调压力传感器之间的线路确实存在故障,空调压力传感器的搭铁线和信号线均不正常。

然而,再次测量却意外发现导线插接器C1062端子1与导线插接器C175B的端子3D导通,而导线插接器C1062端子2与导线插接器C175B端子4D导通!这说明PCM与空调压力传感器之间的线路存在接线错误。仔细检查该线路,发现空调压力传感器的导线插接器线束的颜色和电路图不符,且该导线插接器也是后接的(图6-41),线路接错了。由于线路颜色完全一样,导致了线路接错。

故障排除 将接错的线路恢复,并将制冷剂添加至标准量,接通点火开关起动发动机,接通空调开关,空调压缩机工作正常,空调系统压力正常上升,当压力达到1.36MPa时散热风扇低速运转,故障排除。

技巧点拨 经询问驾驶人得知,该车此前曾因事故进行过修复,因此怀疑此故障是事故修复遗留问题。空调压力传感器的导线插接器是后接的,而原本该导线插接器上的搭铁线和信号线的颜色和粗细一模一样,很容易弄混。

五、福特嘉年华散热风扇频繁高速运转

故障现象 一辆2003年产长安福特嘉年华,搭载1.6L自然吸气发动机和5速手动变速

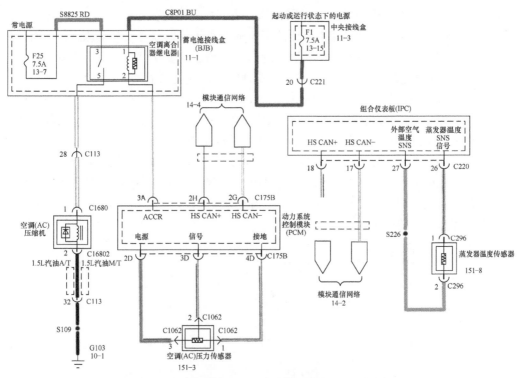

图 6-40 空调系统电路

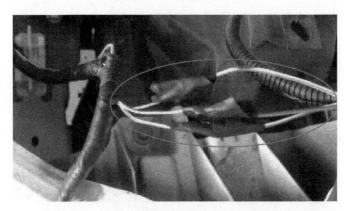

图 6-41 后接的空调压力传感器导线插接器的线束

器,行驶里程约为 13.2 万 km。该车因行驶过程中散热风扇频繁高速运转而进厂检修,据驾驶人反映,车辆在行驶过程中并没有其他异常,只是在低速行驶过程中会觉得散热风扇运转的声音太大,且散热风扇运转过于频繁。

故障诊断 接车后试车验证故障,接通点火开关,尝试起动发动机,发动机顺利起动;让发动机怠速运转(未接通空调开关),观察散热风扇的运转情况,当发动机怠速运转约 10min 后,散热风扇开始高速运转;散热风扇在运转约 1min 后停止运转,然后 2~3min 后又开始高速运转,周而复始。观察仪表上的冷却液温度表,指针始终指示在正常范围内。接通空调开关后,散热风扇持续高速运转。在与正常车辆进行对比后,确认故障车辆确实存在散热风扇频繁高速运转的故障现象。

连接 IDS 对车辆进行检测，无故障码存储。查阅相关电路图（图 6-42）可知，老款嘉年华的散热风扇分为高速档和低速档，而故障车辆的散热风扇却并没有低速运转，而是只能高速运转。将发动机熄火，待发动机温度下降后，重新起动发动机，利用 IDS 读取相关数据流，包括 ECT（冷却液温度信号）、FAN1（散热风扇低速运转命令）、FAN2（散热风扇高速运转命令）等数据。当冷却液温度达到 99℃时 FAN1 信号由 OFF 转变为 ON（图 6-43），说明 PCM 已根据冷却液温度信号控制散热风扇低转速运转，然而观察故障车的散热风扇却发现，散热风扇实际并没有运转；当冷却液温度继续上升至 105℃时（图 6-44），FAN2 信号由 OFF 转变为 ON，说明 PCM 已根据冷却液温度信号控制散热风扇高速运转，对发动机进行降温；当温度下降至 99℃时，FAN2 信号由 ON 转变为 OFF，散热风扇高速档切断，此时数据流显示散热风扇低速档命令（FAN1）仍然处于 ON。PCM 应控制散热风扇继续低速运转，但故障车的散热风扇已经停止运转。

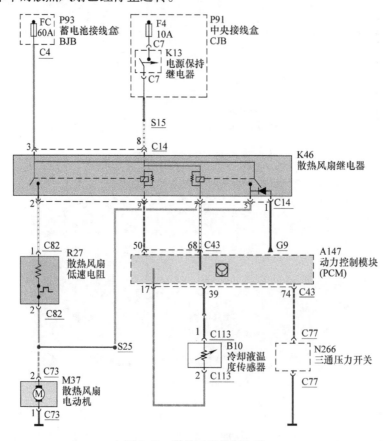

图 6-42　散热风扇控制电路

根据上述检查结果，判断故障原因可能有 PCM 故障、散热风扇故障、散热风扇继电器故障以及相关线路故障等。分析散热风扇电路（图 6-42）可知，该车散热风扇的高速档和低速档经由同一个熔丝供电，既然高速档能够正常运转，说明供电和熔丝是正常的；同理，熔丝（FC/60A）与高速散热风扇继电器之间的线路、熔丝（F4/10A）与高速散热风扇继电器之间的线路均是正常的。既然散热风扇的低速档和高速档是由高速散热风扇继电器（安装在散热风扇左侧）控制的，于是维修人员决定重点对高速散热风扇继电器及其相关线路进行检查。

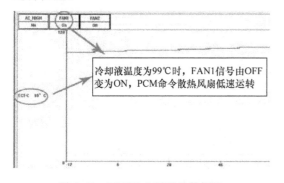

图6-43 用IDS查看相关数据流

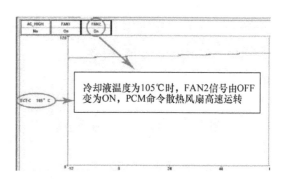

图6-44 散热风扇高速运转时的数据流

首先利用试灯对高速散热风扇继电器端子9进行测试，当FAN1信号由OFF转变为ON时，试灯点亮（图6-45），当FAN1信号由ON转变为OFF时，试灯熄灭。这说明PCM能够根据冷却液温度传感器的数据对高速散热风扇继电器进行控制。用万用表测量散热风扇电阻C82端子1的电压，随着FAN1信号由OFF转变为ON，电压由0V变为14.3V，当FAN1信号由ON转变为OFF时，电压由14.3V变为0V，说明高速散热风扇继电器及其与散热风扇低速电阻之间的线路也是正常的。用万用表电阻档测量散热风扇电动机与低速电阻之间线路的电阻，为0.1Ω。根据上述检查结果，可以判断PCM、高速散热风扇继电器及其相关线路均正常。怀疑故障是风扇低速电阻损坏导致的。

拆下风扇低速电阻测量，电阻为973kΩ（图6-46），正常车辆的风扇低速电阻约为2Ω，至此确定故障是风扇低速电阻损坏引起的。

图6-45 用试灯进行测试

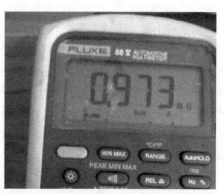

图6-46 用万用表测量散热风扇低速电阻

故障排除 更换散热风扇低速电阻后，利用IDS查看相应数据，当FAN1信号变为ON时，散热风扇开始低速运转，当冷却液温度降至94℃时，FAN1信号变为OFF，散热风扇停止运转，发动机原地怠速运转过程中，散热风扇高速档不再介入了，至此故障排除。

技巧点拨 该车散热风扇低速档是通过在电路中串联电阻进行分压实现的。风扇低速电阻损坏，导致散热风扇无法低速运转，发动机温度也因此不断上升，直到温度达到散热风扇高速档的运转条件，散热风扇即高速运转。

第七章

其他车系

第一节 本田车系

一、东风本田思铂睿热车时空调制冷效果不良

故障现象 一辆 2011 款东风本田思铂睿，行驶里程 8 万 km。该车在早上冷车起动后打开空调，空调制冷效果还可以，但是车辆行驶一段时间之后，空调的制冷效果变差。

故障诊断 接车后首先试车验证故障现象，发现该车故障的确如驾驶人所述。本田思铂睿的空调系统具有自诊断功能，空调系统的自诊断方法下：断开点火开关，在空调控制面板（图7-1）上关闭鼓风机开关，将温度设置为最冷，将模式控制置于通风；接通点火开关至 ON 位，然后按下并保持空气循环控制开关，在保持空气循环控制开关按下 10s 内，按压后车窗除雾器开关 5 次，空调循环指示灯闪烁 2 次，然后开始自诊断。自诊断结束后，如果空调系统存在任何故障，则空气循环指示灯通过闪烁的方式输出故障码；如果系统检测到的是蒸发器温度传感器

图 7-1 空调控制面板

电路的故障，则空调循环指示灯通过闪烁的方式输出故障码（故障码 14 和 15）；如果系统正常，则指示灯不闪烁；在出现多个故障码时，空气循环指示灯只显示闪烁次数最少的故障码。按照上述方法执行空调系统自诊断，结果无故障码输出。打开空调制冷，检查空调压缩机离合器，可以正常吸合；检查制冷系统制冷剂压力，冷车时高低压均正常，但热车时高压偏高，低压正常。根据维修经验（表7-1），制冷系统制冷剂压力高压偏高而低压正常的检

测结果说明该车冷凝器散热不良。

表 7-1 制冷剂压力检测结果对应的常见故障

制冷压力检测结果		常见的故障原因
高压侧	低压侧	
低	低	制冷剂不足
高	高	制冷剂过多
高	正常	冷凝器散热不良
低	正常	空调压缩机故障或损坏
正常	高	膨胀阀故障或损坏
正常	低	制冷剂管路堵塞

冷凝器的作用是把空调压缩机排出的高温、高压制冷剂蒸气进行散热降温，从而使高温、高压的气态制冷剂冷凝成较高温度的高压液态制冷剂。冷凝器一般安装在发动机冷却系统散热器之前，利用发动机散热风扇和行驶中迎面吹来的空气流进行冷却，如果由于某些原因（如冷凝器外部有覆盖物或冷凝器风扇、散热器风扇故障等）导致冷凝器散热不良，将会使制冷剂液化效果变差，导致进入蒸发器的液态制冷剂量减少，蒸发器吸收的热量减少而使空调制冷剂效果变差。尘土、树叶、飞虫及外来异物（如行驶中地面泥浆溅入）等聚集在冷凝器散热片之间，引起空气流通不畅，是导致冷凝器散热不良的最常见原因。因此，首先检查冷凝器表面是否脏堵，经检查，该车冷凝器表面比较清洁。

接下来检查冷凝器风扇（右侧）和散热器风扇（左侧）的工作情况，经检查，发现两个风扇的高低转速均正常，但在检查风扇转速时，发现车辆前部有热风吹出，这时怀疑风扇的旋转方向有错误，从而导致热车时冷凝器散热不良，致使其影响了空调的制冷效果。另外找来一辆同款的思铂睿进行对比，打开空调制冷，人站在车辆前方，并没有感觉到有热风吹出，查看风扇的旋转方向，与故障车一样。在检查风扇的旋转方向时，却发现故障车的风扇叶片的倾斜方向与正常车不一样，这样本来应该吹向发动机的风，变成了吹向散热器，从而导致冷凝器散热不良，造成空调热车时制冷不良。既然该车都已经行驶了 8 万 km 了，如果真是这样的话，该车应该会出现发动机冷却液温度高的故障，怎么会到现在才因为热车空调制冷效果不好才发现问题了呢？百思不得其解。后经询问驾驶人得知，该车前不久曾经发生过一侧碰撞事故，冷凝器、散热器和散热风扇等全部被撞坏，事故维修中更换了散热器、冷凝器和散热风扇等部件。事故维修后，并没有注意发动机温度是否过高，最近天气热，用空调时才发现热车空调制冷效果不好。再查看该车上次事故中更换的散热器、散热风扇等，发现均非正厂配件。

故障排除 更换上正常冷凝器风扇和散热器风扇后试车，在市区行驶了约一个小时，未见发动机温度异常升高，热车后空调的制冷效果也非常好，至此故障彻底排除。

技巧点拨 该车故障是由事故维修中更换了非正常配件导致的。在此提醒广大维修技术人员，在进行车辆维修的过程中一定要确认更换的配件是否正确，以免留下故障隐患。

二、本田 CR-V 空调不制冷

故障现象 一辆 2012 年的本田 CR-V，出现空调不制冷的故障，出风口温度为车外温度。

故障诊断 接车后试车，起动发动机，接通空调开关，发现空调压缩机电磁离合器不吸合。用空调歧管压力表检测空调系统制冷剂压力，高、低压侧制冷剂压力均低于 100kPa。对空调系统进行加压、保压测试，发现空调系统存在泄漏。给空调系统加压，然后用肥皂水检测空调系统各管路的连接状况，发现高、低压管与膨胀阀的连接处有漏气现象。根据检测结果分析故障发生的脉络如图 7-2 所示。拆检高、低压管，发现其与膨胀阀接触面有异物，导致制冷剂泄漏。

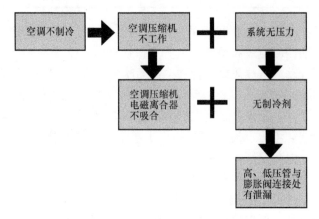

图 7-2 空调不制冷故障发生的脉络

故障排除 除去异物，更换 O 形圈，将管路恢复连接后再次试压，压力能够保持，重新抽真空、充注制冷剂后试车，故障排除。

> **技巧点拨** 夏季是空调使用的高频季节，很多驾驶人在使用空调的过程中遇到了不少烦恼，除了空调不制冷故障以外，还有空调系统散发出刺鼻异味等。

三、广汽本田奥德赛起停系统不工作

故障现象 一辆 2015 年产本田奥德赛，搭载 2.4L 发动机，行驶里程 4.5 万 km。该车因起停系统不工作而进店检修。

故障诊断 接车后首先试车验证故障现象，系上安全带，起动发动机，进行路试，在路况较好的城区路面上行驶约 10min，然后在交通红绿灯前将车辆停下，发现起停系统确实不工作。根据以往的维修经验，如果蓄电池性能存在不良，怠速停止功能也会被禁止，于是决定首先检查蓄电池。回厂后，将发动机熄火，检查蓄电池表面，未发现蓄电池表面有鼓包、电解液渗漏现象；检查蓄电池正负极电缆，均连接牢靠。起动发动机，用万用表测量起动瞬间蓄电池的电压，为 11.5V，正常，至此，排除蓄电池故障的可能。连接故障检测仪（HDS）读取故障码，在电动车窗控制模块内存储有故障码"U1299—电动车窗主开关与空调控制单元失去通信"(图 7-3)。查阅故障码 U1299 的相关说明,得知造成该通信故障的可能原因有 CAN 通信线路断路或短路、电动车窗主开关搭铁线断路以及空调控制单元故障。

继续读取发动机相关数据流(图 7-4),发现"怠速停止禁止(HVAC)"状态为"被禁止",说明空调控制单元(HVAC)禁止怠速停止功能,推断空调系统存在故障。起动发动机,接通 A/C(空调)开关,将空调控制面板上的温度旋钮调至最低位置,发现没有冷风吹出;打开发动机舱盖,观察空调压缩机的运行状况,发现空调压缩机离合器没有吸合,同

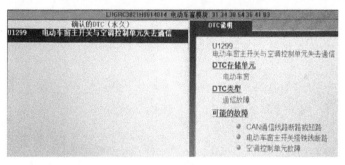

图 7-3　读得的故障码

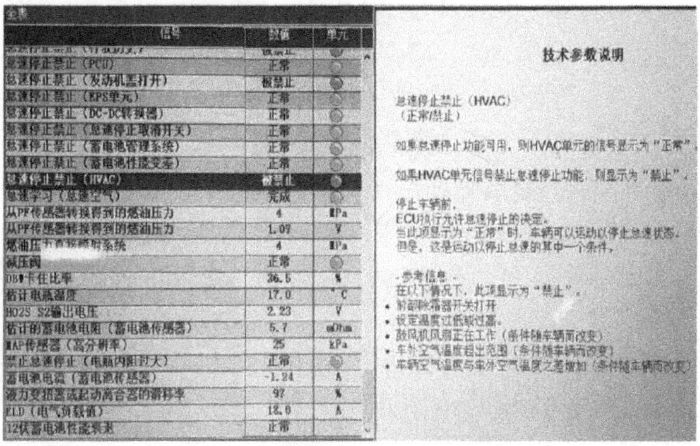

图 7-4　读取的发动机相关数据流

时发动机舱内的两个冷却风扇也没有运转。查阅相关电路(图 7-5),断开空调压缩机离合器导线插接器,用二极管试灯测试空调压缩机离合器导线插接器端子 1,二极管试灯不亮,说明空调压缩机离合器供电存在故障,于是决定首先检查空调压缩机离合器的供电熔丝。打开发动机舱内熔丝/继电器盒盖,找到空调压缩机离合器的供电熔丝 A25(7.5A),发现熔丝没有熔断,用二极管试灯测试熔丝的输出端,二极管试灯也能够正常点亮。尝试更换空调压缩机离合器继电器,空调压缩机离合器仍然不吸合。拔下空调压缩

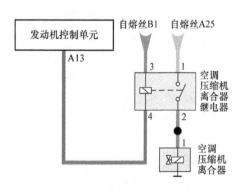

图 7-5　空调压缩机离合器供电电路

离合器继电器，用二极管试灯分别测试空调压缩机离合器继电器座端子 1 和端子 3，二极管试灯正常点亮，说明空调压缩机离合器继电器供电端正常。短接空调压缩机离合器继电器座端子 1 和端子 2，空调压缩机离合器正常吸合，说明空调压缩机离合器继电器的控制端出现故障。根据图 7-5，得知空调压缩机离合器继电器是受发动机控制单元控制的。再次读取发动机相关数据流，发现 A/C 开关的值显示为"关闭"，尝试多次接通或断开 A/C 开关，A/C 开关指示灯始终点亮，A/C 开关的值始终显示为"关闭"，说明空调控制单元存在故障。

故障排除　更换空调控制单元，接通 A/C 开关，空调压缩机正常工作，进行路试，起停系统恢复正常。

> **技巧点拨**　虽然故障现象是起停系统不工作，但却以更换空调控制单元而结束，故障涉及网络、空调、起停系统等多个方面，这使得我们在诊断时要综合多方面的因素去分析故障。

四、本田思域空调压缩机和散热风扇不工作

故障现象　一辆本田思域，行驶里程 10 万 km。在事故维修后，对该车的空调系统试压、抽真空、加注制冷剂，打开空调，空调压缩机和散热风扇不工作。

故障诊断　接车后首先验证故障现象，起动发动机后，接通空调开关后，空调开关指示灯能正常点亮，但空调压缩机不工作，散热风扇不工作。

用 HDS 测试空调压缩机离合器，在空调压缩机处能听到空调压缩机离合器接合的声音，说明压缩机离合器及其控制线路正常；用 HDS 检测空调系统数据流，数据流中显示的"空调压力传感器"数据为 0.66MPa，正常；接通空调开关，但数据流中却显示"空调开关 关闭"，不正常，这说明空调开关信号没有发送到 PCM，PCM 没有接收到空调开关接通的信号，从而 PCM 无法控制空调压缩机离合器吸合、散热风扇工作。用 HDS 检测各控制模块之间的通信功能，正常；尝试更换空调（HVAC）控制器后试车，故障依旧。根据上述检测结果分析，故障只能是出在空调系统的线路上。断开空调（HVAC）控制器导线插接器，用万用表检

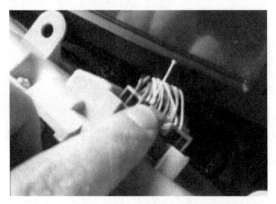

图 7-6　空调（HVAC）控制器导线插接器端子 10 和端子 11 的插脚松动

测空调（HVAC）控制器端子 10 与车身搭铁之间的电压，正常；进一步检查空调（HVAC）控制器导线插接器，发现其端子 10 和端子 11 的插脚松动（图 7-6）。

故障排除　处理松动的空调（HVAC）控制器导线插接器端子 10 和端子 11 后试车，空调工作正常，故障排除。

技巧点拨 该车故障是由于维修人员在对该车进行事故维修时，拆装仪表台过程中造成空调（HVAC）控制器导线插接器针脚松动，空调开关信号无法传送至空调（HVAC）控制器导致的。

夏季是空调使用的高频季节，很多驾驶人在使用空调的过程中会遇到空调系统有刺鼻异味的问题。第一个容易产生异味地方的是空调滤芯。空调滤芯是一个比较容易被忽视的地方，其阻挡了部分体积较大的杂物和灰尘（图7-7），而这些杂物长时间堆积会发霉，散发出难闻的异味。另一个汽车空调产生异味的"罪魁祸首"是蒸发器。蒸发器是空调系统中负责对空气制冷的一个部件，其工作原理是将空调制冷剂由液态变成气态，从而大量吸走周围空气中的热量，达到制冷的目的。蒸发器通常是由铝制的片状材料构成的，其间隙比较小，因此，一些细微的、不易被空调滤芯过滤的灰尘和空调制冷时产生的水汽非常容易存留在上面，长期处于温暖、潮湿的环境中极易发霉（图7-8），产生大量霉菌、军团菌，发出难闻的异味，影响汽车的舒适性。

消除空调异味的方法就是要定期清理、更换空调滤芯，清理空调管道和蒸发器。由于空调的蒸发器一般位于发动机和车辆中控台之间，拆下蒸发器清洗则需要拆开中控台，费时又费力，因此从专业的角度讲，建议每年在换季期间使用德国力魔原装进口空调杀菌除味套装对空调蒸发器进行杀菌清洁和除味。

图7-7 空调滤芯上积聚的杂物和灰尘　　　图7-8 积满杂物和灰尘的蒸发器在潮湿的环境中极易发霉

第二节　日产/雷诺车系

一、2009年的日产皮卡空调不制冷

故障现象　一辆2009年的郑州日产五十铃皮卡，配置3.0L发动机，VIN为LWLTFRXD29L×××××，行驶里程220782km。驾驶人反映该车的空调不制冷，而且之前经过多次维修也没解决这个问题。

故障诊断　维修人员起动发动机，打开空调开关，调整鼓风机风量和温度开关，在出风口感觉不到温度的任何变化。打开发动机舱盖检查，触摸感觉高、低压管都很烫，确认空调系统存在故障。

首先按常规检查空调系统的方法，打开高压阀门，没有感觉有制冷剂喷出。连接空调压力表，显示系统压力在 100～200kPa 之间，初步怀疑制冷剂泄漏。给制冷系统打压测试，观察到压力表指针的保持位置有明显下滑，显然泄漏比较严重。

考虑到驾驶人反映该故障曾多次维修过，为确保能真正解决问题，维修人员将整个系统分解拆除，然后逐段进行试漏测试。最后发现冷凝器和蒸发器都有泄漏，如图 7-9 所示。

拆检中发现制冷管道很脏，如图 7-10 所示，结合该车行驶里程很多的情况，怀疑压缩机活塞和阀片的工况也不理想。

图 7-9　冷凝器和蒸发器有泄漏

图 7-10　制冷管道很脏

基于以上检查，建议驾驶人更换蒸发器、冷凝器、压缩机、膨胀阀、干燥瓶，并清洗管道。参考维修手册，更换了相关部件（图 7-11）并对管道进行清洗，压力测试确认无误后，抽真空加注制冷剂，并添加适量冷冻机油。但是着车以后测试空调出风口温度在 12℃ 左右，很不理想。

检查压缩机工作正常，观察风扇（传动带驱动）也无异常。难道因为外界温度太高？进行路试过程中，观察温度略有下降，基本在 10～11℃，看来还是有问题。重新连接空调压力表，观察管路压力基本正常。车身密封不好会影响制冷效果，但散热不良的影响更大，于是尝试用水枪冷却散热器，试试制冷反应。试了以后，发现出风温度下降到 4.5℃，说明制冷系统是没有问题的。

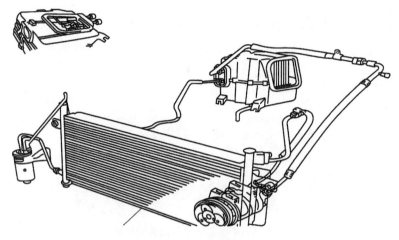

图 7-11 相关部件

故障排除 经过散热测试，确定冷凝器散热不良就是故障原因，但风扇是传动带驱动的没有问题，所以问题点就集中在散热器了。车凉下来后，拆除散热器并直接拿水冲洗，发现污垢越来越多，只能请附近专业清洗散热器的师傅帮忙，随后重新更换防冻液。完工后，经静态试车和路试，空调温度出风都能达到 5 ~ 6℃。交车给驾驶人，驾驶人表示非常满意。

> **技巧点拨** 维修过程中，维修人员首先考虑到该车空调经多次维修，所以在免拆检查出蒸发器有泄漏时，没有立即确认维修方案，而是进一步拆检制冷系统其他部件，最终发现冷凝器泄漏及其他问题。空调系统最基本的原理就是利用制冷剂的物理特性实现热交换，所以冷凝器、蒸发器这些主要部件的散热是否良好，会影响整个制冷效果。

二、东风日产轩逸空调压缩机不工作

故障现象 一辆 2013 年的东风日产轩逸轿车，行驶里程 4500km。该车因事故而进厂修复，修复过程中空调压缩机不工作（空调压缩机电磁离合器不吸合），无法加注制冷剂。

故障诊断 经分析可知，导致空调压缩机电磁离合器无法吸合的原因包括：空调压缩机损坏；空调压缩机电磁离合器无供电；制冷剂压力传感器及其线路故障；空调控制开关故障；空调控制放大器及其线路故障；BCM 配置有问题。

对车辆执行自动主动测试，发现空调压缩机电磁离合器能够正常吸合，说明空调压缩机电磁离合器及其相关线路是正常的。接着，用东风日产专用检测仪检查 BCM 的配置，正确；读取 BCM 关于空调系统的数据流（图 7-12），发现空调控制放大器显示为 OFF，正常情况下在接通点火开关后应显示为 ON。

于是根据电路图（图 7-13）对空调控制放大器进行测量，测得空调控制放大器端子 1 的电压为 12V，正常；测量端子 2 与搭铁之间的导通情况，不导通；测量端子 3 和 BCM 端子 26 之间的导通性，导通良好。根据检查结果，判断为搭铁故障。顺着空调控制放大器的线路查找，发现线束有碰撞损伤的痕迹（图 7-14），拨开线束，发现搭铁线已经折断。

故障排除 对线束进行处理后试车，故障排除。

技巧点拨 在自动主动测试模式中，发动机舱智能配电模块（IPDM E/R）会向以下系统发出一个驱动信号：后车窗除雾器、前刮水器、驻车灯、牌照灯和尾灯、前雾灯、前照灯（远光、近光）、空调压缩机（空调压缩机电磁离合器）、冷却风扇以及机油压力警告灯，因此可按顺序对它们进行操作检查。

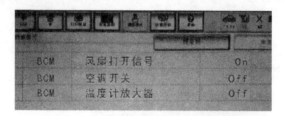

图 7-12 BCM 中关于空调系统的数据流

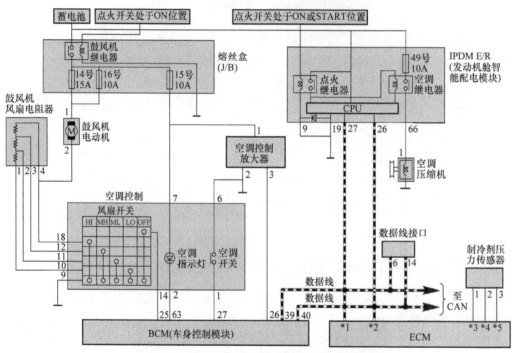

图 7-13 空调系统电路

图 7-14 损坏的线束

三、2011 款日产新阳光空调不制冷

故障现象 一辆 2011 款日产新阳光轿车（N17），行驶里程约 2.5 万 km。驾驶人反映，该车出现空调不制冷的故障。

故障诊断 进入车内，发现该车为手动空调。起动发动机并接通 A/C 开关和鼓风机开关，发现空调出风口无冷风吹出。打开发动机舱盖，发现空调压缩机电磁离合器没有吸合。用空调压力表进行检查，发现空调系统压力正常。脱开空调压缩机电磁离合器导线插接器，起动发动机并接通 A/C 开关和鼓风机开关，然后用万用表检测空调压缩机电磁离合器的供电电压，测得电压为 0V，由此推断故障可能出在该车空调压缩机电磁离合器的控制电路上。该车空调控制原理如图 7-15 所示。

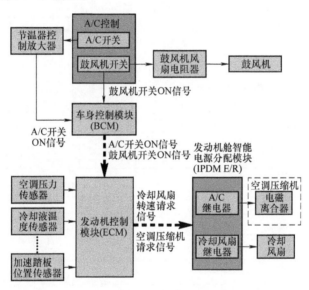

图 7-15　2011 款日产新阳光轿车空调控制原理示意图

接通 A/C 开关和鼓风机开关，A/C 开关 ON 信号经过节温器控制放大器（即蒸发器温度传感器）传输至车身控制模块（BCM）；鼓风机开关 ON 信号直接传输至 BCM。BCM 通过 CAN 线将 A/C 开关 ON 信号和鼓风机开关 ON 信号传输至发动机控制模块（ECM）。ECM 根据 A/C 开关 ON 信号和鼓风机开关 ON 信号，通过 CAN 线路将空调压缩机请求信号传输至发动机舱智能电源分配模块（IPDM E/R），同时根据空调压力传感器、冷却液温度传感器、加速踏板位置传感器等相关信号，通过 CAN 线将冷却风扇转速请求信号传输至 IPDM E/R。IPDM E/R 在接收到空调压缩机请求信号后控制接通 A/C 继电器，使空调压缩机电磁离合器吸合，同时在接收到冷却风扇转速请求信号后控制接通相应的冷却风扇继电器，使冷却风扇低速或高速运转。

图 7-16 所示为该车空调控制电路。通过之前的诊断过程已知空调压缩机电磁离合器无电压供应，接着断开 IPDM E/R 导线插接器，用万用表检测 IPDM E/R 端子 64 与空调压缩机电磁离合器端子 1 之间的导通性，结果正常，由此可知 IPDM E/R 没有输出控制电压。检查 IPDM E/R 内 43 号 10A 空调熔丝和 A/C 继电器，均正常。按以下步骤执行 IPDM E/R 自动主动测试，检查空调压缩机是否工作：

① 保持点火开关置于 OFF。

② 将点火开关置于 ON，然后在 20s 内将驾驶人侧车门开关按下 10 次，再将点火开关置于 OFF。

③ 在 10s 内再将点火开关置于 ON，在喇叭鸣响一次后自动主动测试开始。

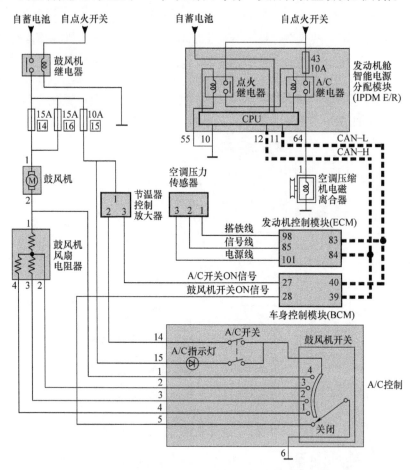

图 7-16　2011 款日产新阳光轿车空调控制电路

IPDM E/R 自动主动测试的结果显示空调压缩机电磁离合器可以吸合，这说明 IPDM E/R 可以正常工作，该车的故障原因为 IPDM E/R 未能从 ECM 接收空调压缩机请求信号。

连接故障检测仪，接通点火开关，在 ECM、BCM、IPDM E/R 中均未发现故障码。起动发动机，接通 A/C 开关和鼓风机开关，在 BCM 中读得 A/C 开关信号为 ON，鼓风机开关信号也为 ON；在 ECM 中读得 A/C 开关信号为 OFF，鼓风机开关信号也为 OFF，这说明 BCM 没有通过 CAN 线将 A/C 开关 ON 信号和鼓风机开关 ON 信号传输到 ECM。于是检查 CAN 线。拆下 BCM 和 ECM 的导线插接器，用万用表检测 BCM 端子 39 与 ECM 端子 84 之间及 BCM 端子 40 与 ECM 端子 83 之间的导通性，均正常。既然 BCM 与 ECM 之间的 CAN 线是正常的，那么不是 BCM 内部有问题（无法输出 A/C 开关 ON 信号和鼓风机开关 ON 信号），就是 ECM 内部有问题（无法接收 A/C 开关 ON 信号和鼓风机开关 ON 信号）。

故障排除　更换 BCM 并进行专用程序匹配后试车，空调恢复制冷，故障排除。

四、雷诺风朗空调不制冷

故障现象 一辆雷诺风朗轿车,搭载 M4R 发动机和 FK0 无级变速器,行驶里程9.8万 km。驾驶人反映该车的自动空调有问题,刚打开空调时有冷风,但是过一会儿就开始吹热风,熄火后重新起动发动机,有时空调能吹冷风,但有时始终吹热风。

故障诊断 维修人员接车后试车,空调出风口吹出的确实是热风。用手摸空调低压管路,感觉较热;观察空调压缩机,发现压缩机离合器不吸合,但是风扇在转。断开压缩机离合器的插头,用万用表测量有 13.56V 的电压,检查插接器针脚无异常。插回插接器后,发现压缩机离合器吸合了,但是大约30s 后就会断开,过一会儿再次吸合,但吸合的时间还是很短。根据以往的经验判断,空调压缩机离合器故障的可能性很大,维修人员建议驾驶人更换。但是驾驶人反映该车不久前因碰撞事故而维修过,空调压缩机是新换的,而且也是在 4S 店维修的,因此驾驶人认为压缩机故障的可能性很小,坚持让维修人员再继续检查是不是其他原因。

于是维修人员继续排查,以便找出过硬的证据,明确故障点。连接空调压力表观察读数,低压侧为 0.4MPa,高压侧在 1.6MPa 左右。根据以往的经验,低压侧一般在 0.2~0.4MPa,高压侧一般在 1.0~1.5MPa,该车高压和低压都有点偏高,怀疑可能是之前维修时制冷剂加多了,于是放掉部分制冷剂,让系统压力恢复到正常范围。同时,检查了冷凝器和散热器的表面,并没有堵塞。

再次起动试车,此时压缩机又可以吸合了,但是运行大约 40s 后停机,过一段时间后再次吸合 40s 左右后停机,如此反复 3 次后空调压缩机不再吸合了,空调出风口始终吹热风。此时无论开关空调,还是熄火重新起动,离合器始终就是不吸合。连接诊断专用诊断仪 CLIP 对该车控制系统进行检测,结果没有任何故障码。进入空调控制单元419,观察数据流中环境温度为28℃,与实际气温相符,蒸发器温度为33.6℃。

进入发动机控制单元120查看数据流,其中冷却液温度为94.5℃,发动机转速827r/min,进气歧管压力为33.2kPa,节气门开度为13%,均正常。检查空调压力开关输出电压,在空调不工作时为1.2V,空调工作时为1.4~1.7V,也正常。

为什么在熄火停机一段时间后又能工作了呢,是空调控制单元检测到什么条件不允许压缩机继续工作吗?还是在压缩机运作时负荷变大进入了保护程序?但是环境温度、蒸发器温度、冷却液温度及发动机负荷等都正常。此时想到该车数据流中并没有车内温度数据显示,怀疑其信号错误,导致空调压缩机不工作。带着这个疑问,维修人员断开了车内温度传感器的插接器,不让其参与空调的控制,结果故障依旧。

根据以往的经验判断,空调压缩机可能有问题。进一步思考,如果在压缩机不吸合的状态下检测插接器的电压,会是多少呢?于是在此时测量了电压,发现还是 13.55V,为了排除虚电的影响,又连接了一个 21W 的试灯测量,试灯点亮。这就说明控制单元已经给出了压缩机工作的指令，推翻了之前的压缩机不工作是没有满足某个运行条件的判断，故障的原因就出在空调压缩机上。

有了以上的判断，就开始在压缩机上找问题。测量离合器线圈电阻，为 4.6Ω，正常。尝试拨动离合器，发现其运行有些卡滞，分析这是因为离合器受热后出现了变形，造成运转受阻，这应该才是压缩机运行一段时间后失灵的真正原因。

故障排除 和驾驶人说明情况后更换压缩机，故障彻底排除。

> **技巧点拨** 这个故障其实并不难，实际上在最初维修人员就感觉是压缩机的问题，但是并没有找到过硬的证据说服驾驶人，结果绕了这么大的圈子。这就告诫我们，经验固然重要，但还是要根据实际遇到的情况冷静分析、细致观察、认真测量，只有在故障出现时找到过硬的证据才能让人信服。

第三节　斯巴鲁车系

一、2010 年斯巴鲁傲虎空调不制冷

故障现象 一辆 2010 年的斯巴鲁傲虎，配置 2.5L 发动机，VIN 为 JF1BR96D7AG××××××，行驶里程 26 万 km。驾驶人反映该车的空调之前一直很正常，但是最近打开空调制冷，发现一点都不凉了。

故障诊断 接车后，维修人员首先验证故障，起动车辆打开空调，发现空调出风口并没有凉风吹出；用手去触摸发动机舱内的空调低压管路，手感温度是常温，同时观察到空调压缩机离合器已经吸合，因此确认空调不制冷现象存在。连接故障诊断仪检测空调系统，系统无故障码。维修人员根据维修经验判断，不制冷的原因可能是空调缺少制冷剂或空调系统泄漏。

用压力表连接空调高、低压管路，发现高压侧只有 0.4MPa 压力，明显过低。于是将系统加压到 1.5MPa 并进行保压测试，发现只经过 5min 左右压力就明显下降。至此，维修人员确认系统存在泄漏。

先采用传统的泡沫检查法，分段在空调冷凝器、外界管路接口、膨胀阀、空调加注阀等处进行漏点测试，都未发现有任何泄漏，于是怀疑内部蒸发器泄漏。带着怀疑拆开鼓风机，用内窥镜探测蒸发器表面，发现蒸发器表面灰尘很多，但是并未发现有明显泄漏的痕迹。面对这样的难题，也不敢轻易断定就是蒸发器的问题，毕竟拆装都是需要花时间的。为了不走弯路，再次检查发动机舱内的系统管路和部件是否泄漏，没有新的发现。

此时维修人员想到了一个将蒸发器和空调系统其他部件分开测试的方法：将膨胀阀附近的管路拆开，用补胎胶片配合自动变速器换油机的专用工具，将空调系统高、低压管封堵，保证能承受 1.5MPa 压力不泄漏。此时再对系统加压观察，加压后保持 30min，空调系统并未泄漏，因此断定泄漏点在空调蒸发器上。征得驾驶人同意后，拆解仪表台总成，取出蒸发器观察，没有看到表面有泄漏的油渍，如图 7-17 所示。

故障排除 将蒸发器连接到气压管路上,再次加压并进行泡沫测试,发现了一个泄漏点,如图7-18所示。至此,故障原因确认,安排配件订货,更换新的蒸发器,按标准重新对系统加注制冷剂,故障排除。

> **技巧点拨** 空调系统关系到驾驶人和乘客的健康,建议及时清洗最容易潮湿的蒸发器,可以避免异味和霉变腐蚀,延长系统部件的使用寿命。该车因为使用里程很长(26万km),蒸发器从新车到现在从未进行过清洗,加上不正确的使用习惯,蒸发器长期处于不良环境。而蒸发器本身材质是铝,容易跟外界环境发生化学变化,再加上空调系统内部压力偏高,更容易造成泄漏,导致空调不制冷的故障发生。

图7-17 蒸发器表面无异常

图7-18 泄漏点

二、2015年斯巴鲁傲虎熄火后空调控制面板背景灯常亮

故障现象 一辆2015年的傲虎,配置2.5L NA发动机和无级变速器,VIN为JF1BS22AXFG××××××,行驶里程331km。该车在熄火后出现空调控制面板的背景灯常亮的故障,如图7-19所示。

故障诊断 接车后维修人员从外观检查,确认了故障现象存在,于是连接故障诊

图7-19 故障现象

断仪读取故障码，结果不存在故障码。此故障可能涉及的问题大致包括：①空调控制面板故障；②相关电路故障；③相关电器部件存在故障。

在针对故障进行排查检修前，维修人员先查看维修手册电路图（图7-20、图7-21），以便确定分析的范围。

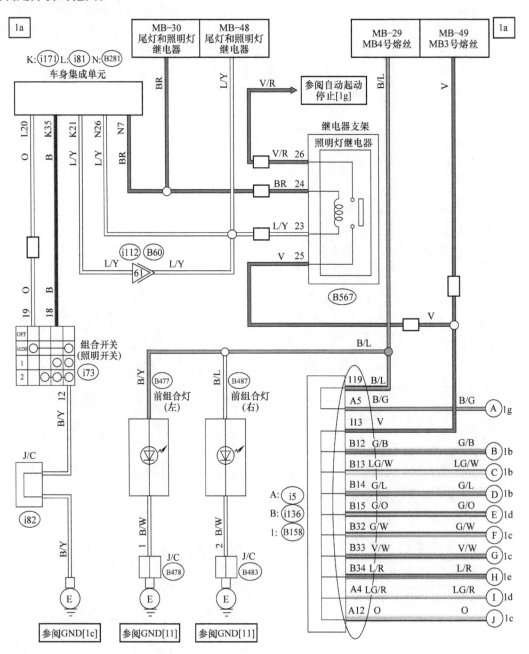

图7-20　电路图1

对照明电路进行分析，查看电路图发现，该照明电路和很多控制开关照明线路并联。空调控制面板的背景灯为插座的2号脚（线束G/W）和6号脚（线束B/W），拆下空调控制

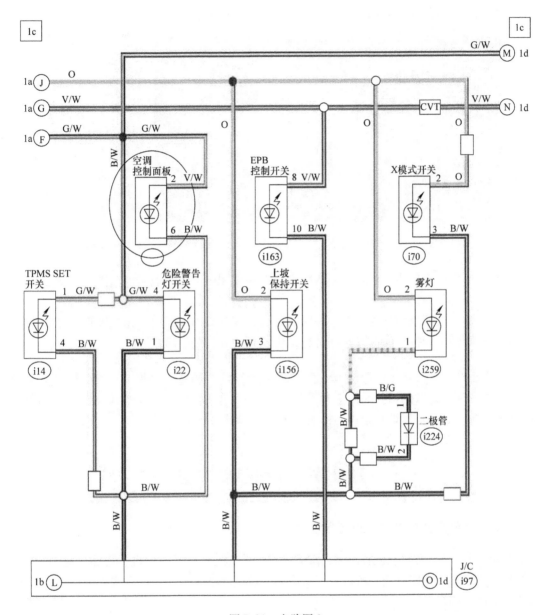

图 7-21 电路图 2

面板进行检查。用万用表测量插座 2 号与 6 号脚之间的电压，测得电压为 0.67V（图7-22），确认电路存在异常。

　　检修并联电路需要仔细，因为每个控制开关内的照明发光二极管都可能存在击穿或相关线束存在短路的情况。为了区分是某个控制开关故障还是该线束故障，对相关电路中的控制开关逐一拔下电器插头进行测试。当维修人员拔下自动起停取消开关时，空调控制面板照明灯熄灭了，由此把故障范围缩小至自动起停取消开关及其线束。

　　根据维修手册电路图，对自动起停取消开关线路进行检测，未发现异常，初步判定为自动起停取消开关故障。随后拆下自动起停取消开关，用万用表测量该开关的发光二极管相对应的针脚 1 号与 4 号，测得正向电阻为 2.51kΩ，将万用表的正负表笔对换后再次测量 1 号与 4 号针脚，测得反向电阻仍是 2.51kΩ，如图 7-23 所示。

图 7-22　电压为 0.67V　　　　　　图 7-23　电阻为 2.51kΩ

发光二极管应为单相导通，现在两次测量都存在相同电阻，说明该二极管已被击穿，存在故障。

故障排除　故障点确认为自动起停取消开关，该开关内部照明发光二极管击穿后造成电路短路，从而使空调控制面板背景灯常亮，更换新的开关后故障排除。

> **技巧点拨**　经过这次维修，进一步了解了如何对并联电路的故障进行快速有效的检修。首先要缩小故障范围，因为有故障现象的部件并不一定就是发生故障的点，而结合维修手册及相关电路图进行分析和检测，才是有针对性的排查。

第四节　其他品牌车型

一、路虎揽胜 L405 空调暖风工作异常

故障现象　一辆路虎揽胜 L405，配置 3.0L 汽油机械增压发动机，行驶里程 96223km。驾驶人反映该车的左侧空调出风口一直吹冷风，温度无法调节，右侧空调出风口正常，该故障已经出现一年多。

故障诊断　接车检查，调节驾驶人侧温度旋钮，无法达到指定温度。调节乘客侧温度旋钮，发现温度可以变化。尝试着对风向进行切换，发现驾驶人侧除了面部出风口吹冷风，其余的脚部和除雾都不能出风。对乘客侧进行风向切换，面部脚部和除雾都能够正常工作。用 SDD 读取车辆的故障码，如图 7-24 所示。

从相关模块中读取出的相关故障码为永久性故障码，无法删除，而且暖风控制模块中报出相关故障的步进电动机都是左侧的，更为突出的是报出了 LIN 总线 B 的故障。

根据故障码描述再结合故障现象分析，认为是空调系统中 LIN 总线 B 处于瘫痪状态。造成 LIN 总线 B 瘫痪的可能原因包括：①暖风控制模块损坏；②线路中存在短路或断路；③步进电动机存在故障。查阅相关电路图，如图 7-25 所示。

从电路图中可以看出暖风控制模块分为 LIN1 总线和 LIN2 总线两个区域。LIN1 控制右

第七章 其他车系

图 7-24 故障码截图

侧空调，LIN2 控制左侧空调。从故障现象来看 LIN2 处于瘫痪状态，LIN1 工作正常。将电门打开并且打开空调，断开插头 C2H227 测量 4 号脚和 1 号脚之间的电压为 12.5V，测量 2 号脚和 1 号脚之间的电压为 12V。

对比 LIN1 总线的电压，断开插头 C2H206 测量 4 号脚和 1 号脚之间的电压为 12.5V，测量 2 号脚和 1 号脚之间的电压为 12V。由此可以判断暖风控制模块输出的电压正常。路虎揽胜空调风道步进电动机通信是通过 LIN 线传输，所有的风道步进电动机都是串行在 LIN 线中，从电路图中可以看出 LIN2 总线中的风道步进电动机先后串行的顺序是除雾步进电动机、面部脚部辅助气候控制步进电动机、左侧后方温度混合步进电动机、左侧前方温度混合步进电动机、左侧前方面部脚部步进电动机。经过思考，可以通过测量 LIN 线中的电压来判定整个 LIN2 总线的实际状况。测量插头 C2H227 中的 4 号脚和 1 号脚之间的电压为 12.5V，测量 2 号脚和 1 号脚之间的电压为 0.2V，拔下插头 C2H227 测量 2 号脚和 1 号脚之间的电压为 0.2V。对比 LIN1 总线，测量插头 C2H254 中的 4 号脚和 1 号脚之间的电压为 12.5V，测量 2 号脚和 1 号脚之间的电压为 12V，断开插头 C2H254 测量 2 号脚和 1 号脚之间的电压为 12V。从两组电压对比中可以判断，LIN2 总线中存在短路。LIN2 线路中一共有 5 个步进电动机，每个电动机的 2 号脚为输入端，3 号脚为输出端，可以逐一断开插头测量 LIN 线中的电压。断开插头 C2H253 测量 2 号脚和 1 号脚之间的电压为 12V；插上插头 C2H253 测量 2 号脚和 1 号脚之间的电压为 0.2V。插头 C2H253 所对应的电动机是左侧后方温度混合电动机。由于 2 号脚是输入，3 号脚是输出，拔下 C2H253 插头，用一根电线将 2 号脚和 3 号脚短接将此电动机跳过。起动车辆并打开空调，此时驾驶人侧能够出热风。用 SDD 删除故障码并重新读取故障码，发现暖风控制模块中只报出 "B1364-87 左后部-减振器电动机温度" 故障码。拆下左侧后方温度混合电动机，将其分解发现步进电动机内部的集成块烧坏，如图 7-26 所示。

用万用表测量步进电动机上的 1 号脚和 3 号脚之间的电阻为 0.2Ω，由此可见集成块内部击穿导致短路。

故障排除 更换原厂全新的左侧后方温度混合步进电动机并删除所有故障码，试车发现驾驶人侧空调出风口可以吹热风但出风量与右侧不同步，并且温度无法调节。用 SDD 读取相关故障码，无故障码。怀疑是空调风道步进电动机位置记忆错误，用 SDD 将所有的步进

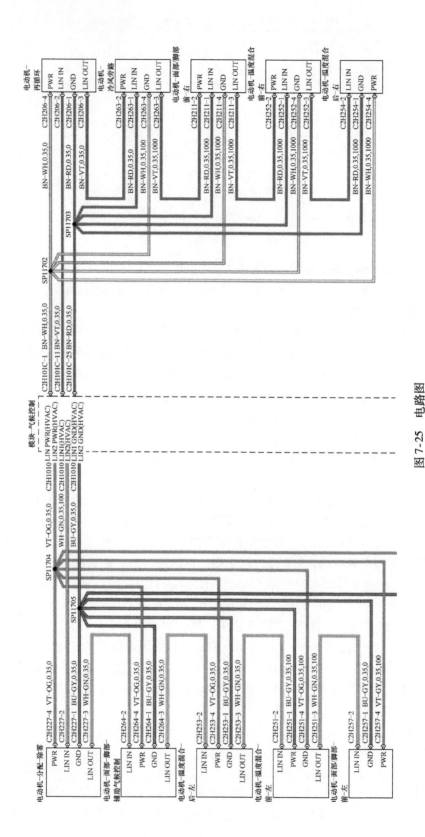

图 7-25 电路图

图 7-26　故障点

电动机进行初始化，故障依旧。用 SDD 对暖风控制模块软件进行升级，试车故障依旧。试着切换左侧除雾、面部、脚部的风向位置，除雾可以正常工作。当对面部、脚部的风向进行切换时发现左侧出风口的风量变大、温度变低。拆下左侧前方温度混合步进电动机和左侧前方面部脚部步进电动机，切换面部、脚部的风向发现两个电动机都在工作。用手拨动风道拉杆传动机构，并未发现存在卡滞的现象。正常情况下，在切换风向时温度步进电动机是不会转动的，而步进电动机会出现工作紊乱的情况，唯一的可能就是步进电动机的安装位置被调换过。尝试将左侧前方温度混合步进电动机和左侧前方面部脚部步进电动机的安装位置进行调换，故障排除。

技巧点拨　观察两个步进电动机外观一样，并且电动机上的针脚都有 4 个，唯一的区别是左侧前方面部脚部步进电动机插头上的线只有 3 根，因为此电动机是串行在 LIN 总线的最后一个，所以不需要再向下传输。为了验证两个步进电动机的不同点，通过配件查询软件查出左侧前方温度混合步进电动机和左侧前方面部脚部步进电动机的配件号不同，虽然从外观上看不出不同点，但是电动机内部程序肯定不同。后询问驾驶人得知此车在其他修理厂检修过，由此推测在别的修理厂检修的时候把两个步进电动机的安装位置调换了，所以在更换了新的左侧后方温度混合步进电动机后左侧空调还是不能正常工作。

在维修此类故障时应该先结合故障码及故障现象进行判断，在检查 LIN 总线的时候一定要测量其线路中的电压，不可盲目地任意调换步进电动机的位置，否则空调将无法正常工作。

二、保时捷卡宴空调制冷效果差

故障现象　一辆 2011 年的保时捷卡宴，搭载 3.0T 发动机和自动变速器，行驶里程 8 万 km。该车因空调系统制冷效果差而进厂检修。

故障诊断　接车后试车验证故障，接通点火开关起动发动机，发动机顺利起动。接通空调开关，空调出风口有冷风吹出。经询问驾驶人得知，该车的空调系统并非完全不制冷，而是在运转约 30min 后才会出现制冷效果变差的故障现象。于是持续对空调出风口温度进行监测，发现空调出风口逐渐吹出自然风。

立刻将车辆重新起动，但故障依旧。将车辆熄火，等待一段时间后再次起动车辆对空调系统进行测试，空调系统又恢复正常工作了。用凉水冲洗车辆前部的空调冷凝器，并用故障检测仪查看空调系统的实际值，空调系统高压侧压力为 11.8bar，占空比信号为 85%，空调压缩机调节阀电流为 0.80A。让空调系统持续运转 15min 后，再次用故障检测仪读取空调系统的实际值，空调系统高压侧压力变为 10.9bar，占空比信号为 40%，空调压缩机调节阀电流为 0.41A。等待 20min 后，空调系统制冷效果再次变差，且空调出风口的出风量也随之降低。用故障检测仪测得空调系统高压侧压力降至 9.4bar，占空比信号为 0%，空调压缩机调节阀电流为 0A，说明此时空调系统已经不再工作了（此时空调系统操作面板上的 "AC MAX" 和 "AC" 灯都是点亮的），怀疑空调控制系统或空调压缩机有问题。

然而就在此时，仪表信息中心突然出现"蓄电池保护用电设备已关闭"的提示信息（图 7-27），难道是蓄电池管理系统对空调系统进行了干预？当蓄电池管理系统监测到故障后，会根据情况逐级对车内用电设备进行干预。为此，决定重点对蓄电池管理系统及其监测的相关部件进行检查。

测量蓄电池电压，为 13.09V，在正常范围内；测量发电机的发电电压，为 14.2V，正常；测量蓄电池的起动功率，为 86%，也正常。根据

图 7-27 仪表信息中心提示"蓄电池保护用电设备已关闭"

上述检查结果可以判定蓄电池和发电机均正常，怀疑蓄电池管理系统存在问题，无法对蓄电池电量和发电机的发电量进行准确判断。

本着由简到繁的诊断原则，首先尝试与试乘试驾车调换蓄电池电量传感器（集成在蓄电池负极电缆上），试车约一个小时，空调系统制冷效果依然良好。再看试乘试驾车的测试结果，空调系统制冷效果差的故障已经转移到了试乘试驾车上。至此，故障点已经明确。

故障排除　将故障车更换新的蓄电池负极电缆后，故障排除。

> **技巧点拨**　该车空调系统制冷效果变差是由蓄电池电量传感器损坏引起的。蓄电池电量传感器损坏，蓄电池管理系统误认为蓄电池电量不足，于是限制了鼓风机和空调压缩机的工作。

三、玛莎拉蒂吉博力行驶过程中空调突然失灵

故障现象　一辆 2014 年的玛莎拉蒂吉博力 M157，配置 F160A0 发动机，行驶里程 18674km。该车在行驶过程中空调突然失灵，出风口不出风。

故障诊断　驾驶人描述该车的空调出风口突然不出风，操作空调控制面板显示都正常，但是出风口还是不出风。到店后维修人员根据驾驶人描述，起动车辆，操作空调控制面板，把风速调到最大以及最小并切换风门开关，所有出风口都没有风吹出来，验证了该车存在的故障现象。

首先要对玛莎的空调系统有所了解。查阅相关资料，发现空调系统由一个单独的 HVAC

（暖风通风空调系统）控制单元控制，控制系统功能框图和鼓风机调速控制接线示意图如图7-28 和图 7-29 所示。这款车的空调控制系统工作原理是车身模块 BCM 接收空调控制面板以及空调系统各个温度传感器的温度信号后，通过 CAN-Ⅰ与空调 HVAC 模块进行信息交换，然后控制鼓风机的打开和关闭。通过控制线路图我们可以看出，风机的供电是由 RDU 后部熔丝盒提供的，但是供电通断是由 BCM 车身模块控制的，空调风机的转速 PWM 控制信号是由 HVAC 空调控制单元提供的。至此，我们对这款车的空调系统工作原理已经基本了解，可以入手检查。

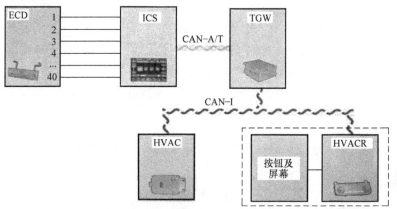

图 7-28　空调控制系统功能框图

ECD—空调控制面板　ICS—娱乐系统中央控制器　TGW—通信网关　HVACR—后空调控制面板

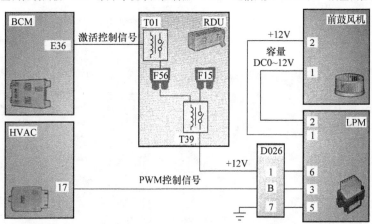

图 7-29　鼓风机调速器接线示意图

BCM—车身控制模块　RDU—后部电源分配模块　HVAC—空调控制模块

LPM—数字化调速模块（鼓风机电阻）

本着由简到繁的诊断原则，接上通用型诊断仪读取车辆故障码，发现无任何故障。看来，从故障码入手是不可能了。根据故障现象分析，操作空调面板的时候，显示器上显示鼓风机档位一切正常，到此可以排除 ICS 和 BCM 的故障。然后从鼓风机供电入手，拔掉鼓风机供电插头测量，2 号针脚电压为 0，与搭铁断路。根据线路图检查各熔丝，找到 RDW 中的 F56 和 F15，用万用表测量通断，发现熔丝正常。

通过操作空调控制面板，打开鼓风机，用万用表测量 F15 处电压为 12.2V，正常；测量 F56 处电压为 12.2V，正常，说明 T01 继电器正常。然后测量右前脚坑空调鼓风机上插头 1

号针脚电压为 0，依然没电。紧接着拔掉鼓风机电阻上的插头测量 1 号针脚电压也是 0，至此可以确定，从 RDU 到空调鼓风机电阻处中间线路或部件出现了开路，导致鼓风机无供电。

拔掉 T39，用万用表通断档测量熔丝盒到鼓风机供电线针脚，通断正常，排除导线故障。重回操作空调控制面板开关，打开鼓风机，用万用表测量 T39 的 86 号供电针脚电压为 12.2V，30 号供电针脚电压为 12.2V。至此基本可以确定问题就在这个 T39 继电器上了。为了验证自己的判断，用万用表的通断档测量 T39 继电器的 85 和 86 针脚，发现 85 和 86 针脚断路。85 和 86 针脚是继电器线圈供电搭铁脚，此时线圈断路，说明继电器肯定无法正常工作了。于是在车上找到一个一样的继电器，测量 85 和 86 针脚间电阻为 73.1Ω（图 7-30），用一个正常的继电器代替 T39 后，着车打开鼓风机，测量鼓风机插头供电端子电压，为 12.2V（图 7-31），正常。熄火后插上鼓风机插头，重新着车操作空调控制面板，出风口出风正常，并且各档位出风量都恢复正常，确认故障排除。

故障排除　与驾驶人沟通，更换 T39 继电器后空调可以正常使用，长时间试车后无故障现象，数天后跟踪回访确认一切正常。

> **技巧点拨**　该车由于空调鼓风机供电继电器损坏导致空调鼓风机不能正常工作，在维修过程中，我们首先对本款车型的空调鼓风机控制系统有了一定的了解，并根据故障现象一步一步地排查、诊断、验证，最终锁定故障部件。本车有一个特殊的地方就是，该车鼓风机供电是由两个继电器同时控制的，无论其中任何一个有问题，空调鼓风机都会受影响，这也是一个重要细节。

 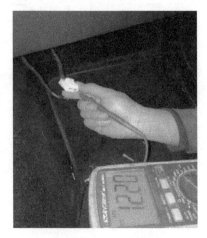

图 7-30　85 和 86 针脚间电阻　　　　图 7-31　更换部件后电压值

四、景逸 S50EV 纯电动车空调不工作

故障现象　一辆景逸 S50EV 纯电动车空调不工作。接车后进行初步检查，开启空调面板上的鼓风机开关和 A/C 开关后，鼓风机能正常工作，空调控制面板上的 A/C 指示灯能点亮，但冷却风扇和空调压缩机不工作。

故障诊断　景逸 S50EV 纯电动车配备自动空调，使用 R134a 制冷剂，其制冷原理与传统燃油车型一致，但控制系统元件的组成与传统车辆不同，具体区别如下：

① 该车在空调管路中增加了空调主管路开关，开启空调时空调主管路开关打开，制冷剂才能进行循环。

② 传统汽车的空调压缩机通过电磁离合器进行控制，纯电动汽车的空调压缩机和暖风加热器由空调控制面板模块控制。

③ 取消了传统汽车的发动机 ECU，增加了整车控制器，用于协调纯电动汽车各系统电控单元的工作，通过整车控制器控制外充充电模块、电动机控制模块、直流转换模块、电池包管理模块、空调控制模块等。

随着技术发展及产品改进的需要，各厂家将各种电动控制模块进行部分集成或高度集成，如比亚迪 E5 的"四合一"方式。景逸 S50EV 纯电动车空调控制系统的组成如图 7-32 所示。根据上述分析，开始进行检查。

正常上电后，利用故障检测仪读取故障码，无故障码存储。读取车外温度传感器、蒸发器温度传感器、空调压力传感的数据流，均正常。分析故障现象，怀疑整车控制器未接收到空调的开启信号，也有可能是空调压缩机、暖风加热器、整车控制器和空调控制面板同时出现故障，后者的可能性非常小。通过检测仪的动作测试功能发现冷却风扇可以工作，可以排除整车控制器和冷却风扇的故障。由于无法对空调压缩机进行动作测试，先检查空调压缩机的供电和控制信号。经检查，空调压缩机的供电正常。根据图 7-32 得知暖风加热器与空调压缩机共用 LIN 线，在开启暖风时系统正常加热供暖，且线路连通良好，因此认为空调压缩机的信号良好，推断故障部位是在空调压缩机。做好高压防护后，更换新的空调压缩机后试车，发现故障依旧。

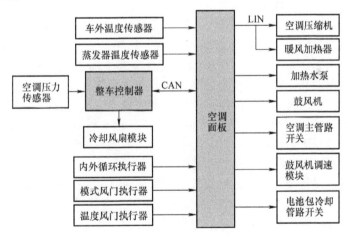

图 7-32　景逸 S50EV 纯电动车空调控制系统组成

仔细思考纯电动车空调压缩机和传统空调压缩机的区别，发现纯电动车空调压缩机要保证高、低压电源供电均正常才能正常工作。重新检查空调压缩机的高、低压电路的供电情况，低压电源供电正常。

故障排除　在高压电路检测上又遇到新问题，目前在新能源汽车维修行业中没有高压实电检测设备，且高压电的检测操作存在许多安全隐患，因此，下电后断开低压蓄电池，通过检测高压线路的方式进行。在逐段拆检及测量中，发现在高压分配装置中空调压缩机的熔丝座有松动现象，且接触片有部分烧蚀状态，通过清洁和紧固处理，上电后接通空调，空调压缩机和冷却风扇恢复正常工作。

> **技巧点拨** 新能源汽车的空调与传统汽车空调控制方式有所不同,维修思路也有所不同,目前新能源汽车维修资料相对偏少,维修人员如何通过传统基础知识构建新能源汽车维修思路尤为重要。
>
> 根据传统汽车关于车载网络通讯的知识,景逸S50EV纯电动车的空调压缩机容易被误认为是只接收LIN信号的终端,其实空调压缩机除了接收整车控制器的信号,还将自身的工作状态反馈给整车控制器。虽然高压元件电路的接通由低压控制电路保证,但当高压电路出现故障无法保证正常供电时,低压电路也立即关闭相应功能。

五、华晨阁瑞斯空调有时不制冷

故障现象 一辆2009年的华晨阁瑞斯,装备V19 2.0L电控汽油发动机和5速手动变速器,行驶里程9.8万km。驾驶人描述,该车近段时间在使用过程中常出现空调有时制冷有时不制冷的现象,尤其在热车时故障现象更容易出现,但故障现象不是每次都出现。

故障诊断 在夏季汽车空调维修工作中,常会遇到空调时而制冷时而不制冷的故障,通过维修实践得知,每辆车的故障现象基本一致,但最终故障点却完全不同。对于空调系统时而制冷时而不制冷,可能的原因有冷凝电磁风扇时转时不转、空调压缩机故障、温控器故障、发动机冷却系统温度过高、压缩机继电器及其控制线路故障、冷凝电磁风扇继电器及其线路故障、空调系统管路有堵塞现象、空调放大器故障、压缩机传动带过松、压力开关故障、制冷剂内含有空气或制冷剂过多等。

接车后,首先对故障车空调系统静态高、低压侧的压力进行了检测,通过空调歧管压力表检测,高、低压两侧的压力值均为120kPa左右,属正常;而空调系统在发动机怠速工况下,高压侧的压力为2200kPa左右,低压侧的压力为300kPa左右。根据歧管压力表检测的数据可以看出,该车的高、低压数值均偏高,但制冷效果良好。让发动机怠速运行30min左右,故障开始出现了,出风口吹出的风由凉风逐渐变成自然风,过了一会儿,空调压缩机处便开始出现异常的"嘎叽、嘎叽"的尖叫声,且声音越来越刺耳。于是,马上将发动机熄火,拆下空调传动带及张紧轮进行检查,经检查空调传动带及张紧轮无异常,说明故障应该出在压缩机本体,只有更换压缩机总成才能解决问题。

故障排除 经征得驾驶人同意,将该车空调系统管路制冷剂进行释放,拆下旧的压缩机(图7-33),更换一台新的压缩机,之后进行氮气加压,确认系统管路无泄漏后再进行抽真空,加注适量的冷冻机油、制冷剂。之后空调系统工作正常,再次测量高、低压侧的压力,低压侧压力为300kPa左右,高压侧的压力为1700kPa左右,如图7-34所示。经反复路试,故障现象没有再次出现。

> **技巧点拨** 空调系统管路压力与环境温度以及制冷剂的加注量有着一定的关系,如果系统管路制冷剂加注量过多,也会导致系统压力过高,甚至造成系统不制冷(在发动机怠速时,压缩机会出现"吧嗒、吧嗒"的吸合声;在发动机加速时,压缩机排气阀还可能会出现排气的声音)。当环境温度升高,空调系统压力会随之升高,环境温度降低,系统压力会随之降低。通常情况下,环境温度在15~18℃时,此车型空调系统高压侧压力为1100~1300kPa,而低压侧压力为100~120kPa。

图 7-33 拆下的旧压缩机总成　　　　图 7-34 更换新压缩机后空调
系统高、低压侧工作压力

六、比亚迪 S6 空调压缩机不工作，空调没有冷风吹出

故障现象　一辆比亚迪 S6，行驶里程 15 万 km。驾驶人反映该车空调不制冷，打开 A/C 开关，指示灯亮，但是压缩机不工作，空调没有冷风吹出。

故障诊断　接车后使用故障诊断仪读取故障码，发现并没有空调系统的故障码存在，只有关于进气系统的故障码。造成空调压缩机不工作的原因有很多种，一般常见的有以下几种情况：压缩机内部磨损严重，导致无法正常工作；存在制冷剂泄漏的地方，导致压缩机无法进行压缩或输送；电路系统故障；空调压缩机控制线路的插接器松动；空调压缩机电磁离合器故障。

本着从易到难的维修宗旨，维修人员首先检查了是否存在制冷剂泄漏的地方，对各处管路和连接位置均做了泄漏检查，确认无泄漏。接着对压缩机控制线路的插接器进行检查，插接器并没有松动的情况，插接器里的端子也没有腐蚀或烧灼痕迹。根据电路图对电路系统进行了全面的检测和排查，线路均为通路，没有短路或断路的情况。使用高、低压表进行测量，数值都在正常范围内，没有出现压力过高或过低的情况，说明压缩机本身也没有问题。那为什么会出现压缩机不制冷的情况呢？

维修人员重新回到车内，起动车辆并打开 A/C 开关，发现压缩机开始工作了，而且制冷效果很好。但是关闭 A/C 开关后再次打开，压缩机又不能正常工作了（图 7-35）。根据多年的维修经验，出现这种情况很有可能是哪里出现了线路虚接的情况。而刚才已经检查了各个部位的插接器，并没有发现有什么异常，所以怀疑问题应该出在空调的控制面板上。与驾驶人沟通后了解到，前段时间因为孩子在车里玩闹，不小心把水洒在了面板上，当时就及时擦干了，也没有发现什么异常，所以就没有太在意。至此维修人员基本确定了故障原因，很有可能是洒出来的水导致空调面板上的 A/C 开关出现了问题。

故障排除　更换空调面板上的 A/C 开关，故障排除。

> **技巧点拨**　只有了解了这款车空调系统的工作和控制原理，认真排查，才能提高一次性修复率。

图 7-35　比亚迪 S6 A/C 开关

七、2013 款东风悦达起亚 K3 空调不制冷

故障现象　一辆 2013 年的东风悦达起亚 K3，配备 1.6L 发动机和手动变速器，行驶里程 48411km。该车因空调不制冷到店维修。

故障诊断　首先确认故障现象，着车开空调，将温度调到最低，并未听到空调压缩机吸合的声音，空调的确不制冷，但 A/C 开关能点亮。同时还发现发动机故障灯也点亮。使用诊断仪器检测有故障码 0532（图 7-36），经查得知此故障码内容为"空调压力传感器电路"。将故障码清除，未再次出现。检查空调制冷剂的量正常。读取发动机控制模块和空调控制相关的数据流，见表 7-2。

图 7-36　故障信息

表 7-2　发动机控制模块和空调控制相关的数据流

工作条件	数据流参数	工作条件	数据流参数
A/C ON 条件	关闭	风扇低速	关闭
空调请求到 ECU（空调开关）	打开	A/C 压力	6.235bar
空调压缩机 ON	关闭	节气门打开	2.75%
风扇高速	关闭	冷却液温度传感器电压	0.11V

通过数据流得知，发动机控制模块能够接收到空调请求信号，冷却液温度和节气门开度信号也正常，并非因节气门开度过大发动机控制模块出于动力输出优先原则将空调压缩机关闭，也不是因冷却液温度过高发动机控制模块为防止发动机进一步升高温度而关闭压缩机。由此分析，故障可能原因包括：①空调压缩机本身故障；②空调压缩机控制线路；③发动机控制模块故障。

经查阅维修资料得知，空调压缩机熔丝和继电器位于 EMS 盒内，EMS 安装在发动机舱熔丝/继电器盒内（图 7-37）。将 EMS 盒的上盖拆下，经检查空调压缩机熔丝并未熔断，将空调压缩机继电器和燃油泵继电器互换，发动机仍然能着车，但压缩机还是不吸合，确认压缩机继电器工作正常。拆下压缩机继电器，用试灯测量继电器的线圈供电和压缩机供电，均正常。将EMS盒从发动机舱熔丝/继电器盒上拆下，拔下插接器，找到空调压缩机电磁离合器的供电插脚，从蓄电池处直接连一根串上10A熔丝的导线向该针脚供电，空调压缩机正常吸合。从压缩机继电器线圈的控制线处连出一根导线，着车并开启空调制冷，将一个连接蓄电池正极的试灯连到此导线上，试灯未点亮。

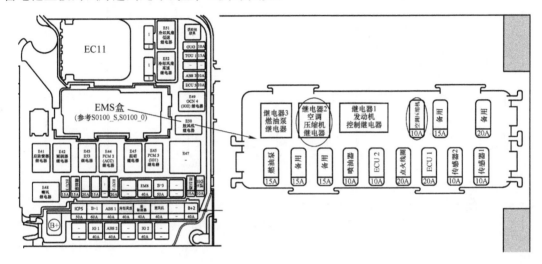

图7-37　空调压缩机和继电器位置

故障排除　查阅压缩机控制线路图（图7-38）得知，压缩机继电器由发动机控制模块83号脚控制，但测量压缩机继电器线圈的控制线和发动机控制模块连接器83号脚并不导通，难道是线路开路了？仔细检查了线束外观，没有损伤的地方。加之车况较新，也未发生过事故，线路开路的可能性较小。是线路图有误？接着又测量了压缩机继电器线圈的控制线和发动机控制模块插接器其他针脚的导通性，发现和52号脚导通。将EMS盒和发动机控制模块装复，着车并开空调制冷，发现空调压缩机吸合，制冷正常了。反复试车，故障未再出现。

技巧点拨　经询问驾驶人得知，此车不久前因不规范操作致发动机控制模块损坏而更换过发动机控制模块，再想到故障码0532的设置，此故障应是发动机控制模块插接器安装不当导致。这时再看图7-38线路图，压缩机控制线旁是有"52（配备钥匙防盗/智能钥匙）"这样的标注的，不过"83"也确实挺误导人的。下来又仔细查看了空调部分的线路图，终于找到了标注较明确的那幅电路图（图7-39）。

八、江淮瑞风空调系统工作不良

故障现象　一辆2004年的江淮瑞风旅行车，行驶里程10万km。据驾驶人反映，该车在近期出现一种现象，按下A/C开关空调系统工作后，开始制冷效果良好，仪表台出风口吹出凉风，但在汽车正常行驶过程中，出风口吹出的风逐渐变为热风，空调系统失去制冷

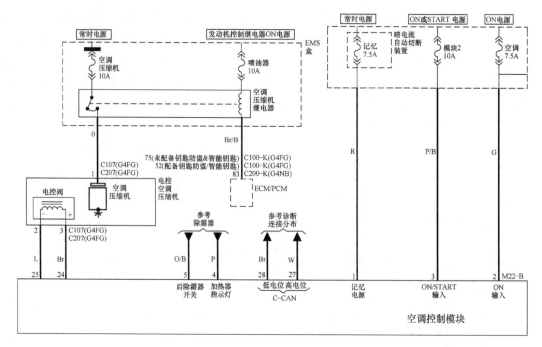

图 7-38 空调控制模块相关电路

效果。

故障诊断 接车后,对驾驶人所叙述的故障现象进行重新演示。开空调后,起初一段时间,出风口吹出阵阵凉风,此时用手摸压缩机的制冷剂进出管路的温度状况,一根较为烫手(压缩机与冷凝器之间),另一根表面较潮湿(聚集小水珠)且感到冰手(蒸发器到压缩机之间);行驶一段时间后,出风口吹出风的温度逐渐升高,让人感到空调所起的作用越来越弱,下车后再摸压缩机的两根管路,温差较小且刚才表面的水珠消失,制冷系统不工作了。由此得出结论,空调制冷系统在发动机热车后不工作了。

发动机刚工作时,空调工作良好;发动机热车后,空调系统逐渐停止工作。那么当空调系统不工作时,压缩机是否还继续工作呢?带着这个疑问等发动机温度下降后进行试验,将试灯两端分别串接在空调压缩机电磁离合器接线及搭铁间,闭合 A/C 开关后,在空调压缩机投入工作的同时,与压缩机电磁离合器的线圈并联在一起的试灯点亮,这说明空调压缩机工作正常;随着发动机温度的升高,试灯突然熄灭,同时压缩机也不工作了,再摸两根管路的温差逐渐减少。压缩机不工作,分析原因可能是压缩机控制电路中的温度或压力等方面的控制开关检测到的温度或压力信号超过正常值的范围而切断压缩机的工作。

下一步取出空调系统的歧管压力表等检测工具,分别将歧管压力表接在空调系统的高、低压管路间,发动机起动后,按下 A/C 开关使空调压缩机投入工作,分别观察歧管压力表上的高压和低压读数。在制冷系统开始工作的瞬间,低压表的压力逐渐下降,高压表的压力逐渐上升,随着时间的推移,高压表的压力上升变慢,发动机转速升高,当高压表的压力上升到 2.23MPa 左右时,压缩机突然停止工作,同时歧管压力表上的高压表的指针逐渐回落。这种情况可以说明,是高压管路中的高压过高导致空调控制系统切断空调压缩机的工作。

是什么原因导致高压过高?分析原因,一方面膨胀阀冰堵会导致高压过高,但膨胀阀冰

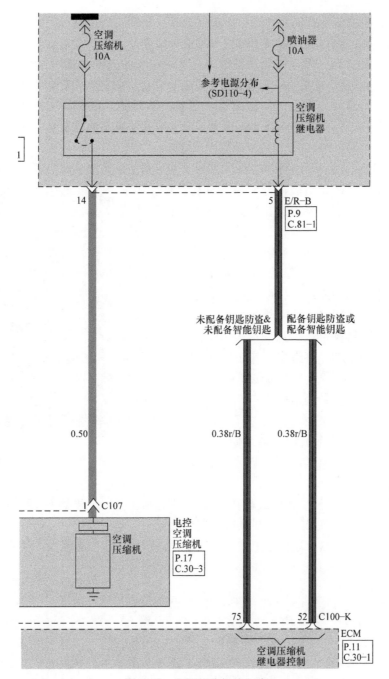

图 7-39 空调部分相关电路

堵的前提是空调系统管路内混有水分，正常使用的空调系统一般是不会出现这种情况的。经再次询问驾驶人，了解到前一段时间空调系统的工作良好，出现这种现象是近几天的事，而且空调系统中的制冷剂是原车的，从购车到现在一直没有更换过，以前使用效果良好，从没有出现目前这种情况。由此可以排除在空调系统管路中混入水分的问题，因为正常的没有动过的系统管路中是不会混入水分的，只有在更换空调管路或更换系统部件后，进行抽真空不彻底时才会出现混入水分。

另一方面,根据制冷剂的特性分析,温度过高会导致压力过高。但驾驶人从没有说起过发动机高温的情况,而且我们在试车过程中也没有出现过散热器开锅的情况。发动机工作一段时间(路试)后,打开发动机舱重新审视,的确没有出现散热器开锅的情况;但刚才在发动机工作后闭合A/C开关的一个异常引起了维修人员的注意:开空调的同时,发动机怠速上升了,但冷凝器风扇没有转。出现这种现象是不对的。正常情况是A/C开关闭合后,发动机的怠速上升,目的是防止发动机熄火;同时冷凝器风扇低速旋转,加速对空调冷凝器和散热器热量的散发。

针对这种现象,为了验证是冷凝器风扇电动机问题还是控制电路问题,将冷凝器插头拔掉后分别接上蓄电池的正负极进行试验,通电后冷凝器风扇运转良好,那么问题可能出现在控制电路上。找到发动机舱内的熔丝盒,从盒盖上查找到对应的风扇继电器的位置,拔掉继电器,可以看到风扇继电器座和继电器表面均已烧焦、变形,如图7-40所示。还能闻到有一股焦糊的气味。用万用表电阻档测量继电器线圈电阻大小,发现电阻值的大小超过正常范围(上千欧姆),说明继电器已损坏,需更换。同时继电器座也已烧焦变形,为验证是否为继电器损坏所造成风扇不转,将继电器座上的30端子和87端子用跨接线进行短接,短接后冷凝器风扇运转。

冷凝器风扇不运转是否是造成空调系统工作不良的原因?于是在跨接线连接的情况下,按下A/C开关进行路试,长时间行车也再没有出现空调系统工作不良的情况。由此可以说明,风扇继电器损坏就是造成空调系统工作不良的原因。

图7-40 瑞风的继电器盒

在此故障中,如只是更换继电器的话,过一段时间还会出现接触不良而导致继电器第二次烧坏的情况。为确保维修质量,更换继电器盒总成。

故障排除 继电器盒及风扇继电器更换完毕,进行路试,空调系统制冷效果良好,故障排除。

技巧点拨 在此故障中,是冷凝器风扇不工作导致空调系统工作不良,那么,冷凝器风扇不工作为什么不会导致发动机散热器开锅(高温)呢?究其原因,个人认为汽车正常行驶时,散热器受到较强的迎面风的吹拂,由此起到了一个良好的散热作用,从而使发动机不致于高温,同时散热器的散热效果较好也是其不开锅的一个重要原因。那么又是什么原因导致空调制冷系统工作不良的呢?个人认为,散热器达到100℃可能不开锅,但空调系统中冷凝器的温度最高一般不会超过70~80℃,在两个热交换器安装在一起又没有强力的热交换的情况下,冷凝器温度短时间内会超过允许温度,温度过高又会导致空调制冷系统管路内压力过高,当管路内的压力超过制冷系统的允许值时,高压开关将会切断电磁离合器的电流,使空调系统停止工作。此故障是一个较为隐蔽的故障,发现及判断故障发生的部位比较困难。

九、荣威 550 空调不制冷

故障现象 一辆 2009 年的荣威 550，搭载 18K4C 发动机，行驶里程 7.3 万 km。驾驶人反映该车空调不制冷。

故障诊断 接车后试车，操作空调控制面板，显示一切正常，且鼓风机正常运转；但接通空调开关后，空调指示灯点亮约 3s 后自动熄灭，空调不制冷。进一步检查发现，空调压缩机不工作。分析认为，导致空调指示灯自动熄灭的可能原因包括：发动机动力不足；制冷管路压力过高或过低；空调压缩机控制电路故障或反馈信息告知发动机控制模块（ECM）执行过程未完成；空调控制模块抑制空调压缩机请求或 ECM 拒绝空调压缩机请求。

根据上述分析，观察发动机运行情况，发动机运转平稳无异常。用故障检测仪强制输出功能测试空调压缩机工作电路，空调压缩机离合器可以正常吸合和分离，说明 ECM 能够控制空调压缩机离合器吸合；测试冷却风扇的工作电路，冷却风扇能够高、低速运转，说明 ECM 能够控制冷却风扇工作。诊断至此，排除空调压缩机和冷却风扇工作电路存在故障的可能。

连接故障检测仪，读取 ECM 中的故障码，无故障码存储；读取与空调系统有关的数据流（图 7-41），发现空调压力约为 1.5MPa，发动机冷却液温度为 102℃（当冷却液温度高于 118℃时，ECM 控制空调压缩机停止工作），空调请求状态为打开，未发现能够导致 ECM 切断空调压缩机的异常信号。既然空调请求状态为打开，说明 ECM 已经收到了空调的请求信号，而"空调离合器继电器状态"为关闭，说明 ECM 未发出控制空调压缩机继电器吸合的指令。

连接故障检测仪，重新选取数据项，发现机油温度、环境温度数据不正常，机油温度在 -45 ~ -30℃变化，环境温度在 42 ~ 78℃变化（当时车外温度约为 35℃），怀疑机油温度传感器显示温度错误导致空调压缩机不工作。根据连续可变正时系统控制策略，ECM 始终需要参考机油温度和冷却液温度，对比分析当前发动机工作环境下机油的真实数据，当机油温度传感器反馈的信息和冷却液温度传感器反馈的信息相差太大时，ECM 会暂停连续可变正时控制和切断负载设备运转，这样一来，就表现出发动机排放、油耗增加，空调压缩机不工作的现象。

举升车辆，脱开机油温度传感器导线插接器，测量机油温度传感器的供电和搭铁，均正常；测量机油温度传感器的电阻，为∞（环境温度 36℃时，正常电阻应为 1.8kΩ），说明机油温度传感器损坏。更换机油温度传感器后，起动发动机，机油温度显示正常；接通空调开关，空调压缩机能够正常吸合，但空调压力快速上升，空调压缩机工作了约 30s，空调压力达到 3.2MPa，接着空调压缩机停止工作。这次是由于空调压力过高导致空调压缩机停止工作的，可能的故障原因有空调压力传感器损坏、制冷剂加注过多和冷却风扇散热不良。

连接空调歧管压力表，起动发动机，接通空调开关，发现当高压管路的压力上升至 1.7MPa 左右时，冷却风扇开始运转，但冷却风扇运转后高压管路的压力还在继续上升；用手触摸低压管，烫手（正常情况下应很凉）；继续观察，当高压管路的压力上升至 3.2MPa 左右时，空调压缩机再次停止工作。向冷凝器喷水，空调压力慢慢下降，空调压缩机又开始工作。拆检冷凝器，发现其表面已经堵满异物；清洗冷凝器后试车，空调压力恢复正常，制冷效果良好。

长时间观察空调压缩机的运转情况，看看空调压缩机会不会由于环境温度显示错误而停止工作，结果发现空调压缩机工作了约3min后停止工作。更换环境温度传感器，环境温度显示为36℃，正常。再次长时间观察空调压缩机的运转情况，故障未再现。正常情况下，ECM中与空调系统有关的数据流如图7-42所示。

故障排除　把损坏的机油温度传感器和环境温度传感器装到试驾车上试车，故障再现，进一步验证了故障诊断的准确性。更换机油温度传感器和环境温度传感器，并清洗冷凝器后试车，空调制冷恢复正常，故障排除。

> **技巧点拨**　空调控制模块采集环境温度信号用来修改气候控制算法，以达到最好的制冷效果。当环境温度过低（约3℃）时，ECM会切断空调压缩机，并且会在仪表信息显示区点亮"小心路滑"指示灯，以提醒驾驶人安全驾驶；当环境温度过高时，ECM会对比蒸发器温度，长时间运行，当超出ECM的实际气候控制计算值时，ECM同样会切断空调压缩机。

项目	数值	单位
空调压力	15079.2	百帕
环境空气压力	975.7	百帕
环境空气温度	42	摄氏度
发动机冷却液温度	102	摄氏度
冷却风扇1继电器状态	关闭	
冷却风扇2继电器状态	关闭	
空调请求状态	打开	
空调离合器继电器状态	关闭	（正常情况下应显示为打开）
空调打开	关闭	
空调压缩机请求	打开	

图7-41　故障车ECM中与空调系统有关的数据流

项目	数值	单位
环境空气温度	36	摄氏度
空调压力	19994.52	百帕
发动机冷却液温度	93	摄氏度
发动机油温	90	摄氏度
发动机转速	791.25	转/分钟
进气空气温度	57	摄氏度
空调压缩机扭矩值	5.46	%
发动机实际扭矩	17.55	%
空调请求状态	打开	
空调离合器继电器状态	打开	
空调打开	打开	
空调压缩机请求	打开	
冷却风扇1继电器状态	打开	
冷却风扇2继电器状态	关闭	
空调请求状态	激活	

图7-42　正常车ECM中与空调系统有关的数据流

参 考 文 献

[1] 李晓娜,刘春晖,张文志. 汽车空调系统原理与检修 [M]. 3 版. 北京:机械工业出版社,2019.
[2] 孙伟. 奔驰 S400 车空调不制冷 [J]. 汽车维护与修理,2017(02)57 - 58.
[3] 刘春晖,王云辉. 2005 年奔驰唯雅诺空调不制冷 [J]. 汽车维修与保养,2019(06)40 - 42.
[4] 王志力. 奔驰 E300 车空调系统中央出风口不出风 [J]. 汽车维修技师,2018(08)91 - 92.
[5] 林宇清. 2017 款奔驰 V 级 MPV 空调功能失常 [J]. 汽车维修与保养,2018(06)58 - 60.
[6] 张明顺. 上汽大众朗逸轿车空调不制冷 [J]. 汽车电器,2018(08)34.
[7] 杨明. 2016 年宝马 730Li 空调系统乘客侧空调不制冷 [J]. 汽车维修技巧,2018(07)81 - 82.
[8] 邓志军. 一汽 - 大众奥迪 A6L 空调不出风 [J]. 汽车与驾驶维修,2018(12)58.
[9] 曹砚奎,王超. 奥迪 A6 轿车空调故障 2 例 [J]. 汽车电器,2016(10)63 - 64.
[10] 张迪. 上汽大众朗逸轿车空调不制冷 [J]. 汽车维修与保养,2016(08)64 - 65.
[11] 崔锁峰. 大众帕萨特自动空调不制冷 [J]. 汽车维修技师,2018(06)130 - 131.
[12] 邹烘. 雷克萨斯 ES240 车空调出风模式无法调节 [J]. 汽车维护与修理,2018(12A)27.
[13] 刘春晖,王云辉. 2007 款雪佛兰景程空调不制冷 [J]. 汽车维修与保养,2019(07)46 - 48.
[14] 陈开禹. 2012 款高尔夫 A6 车空调不开作 [J]. 汽车维护与修理,2018(09)43 - 44.